Historia Universal Asimov
Los Estados Unidos
desde 1816 hasta el final de la Guerra Civil

Isaac Asimov

Los Estados Unidos desde 1816 hasta el final de la Guerra Civil

Historia Universal Asimov

Título original: *Our Federal Union – The Union States from 1816 to 1865*
Traducción de Néstor Míguez

Primera edición: 1983
Tercera edición, con traducción revisada: 2012
Sexta reimpresión: septiembre 2025

Diseño de colección: Estrada Design
Diseño de cubierta: Manuel Estrada
Ilustración de cubierta: Alexander Gardner: *Retrato de Abraham Lincoln* (1863)
© Index / Bridgeman
Selección de imagen: Laura Gómez Cuesta

Reservados todos los derechos. El contenido de esta obra está protegido por la Ley, que establece penas de prisión y/o multas, además de las correspondientes indemnizaciones por daños y perjuicios, para quienes reprodujeren, plagiaren, distribuyeren o comunicaren públicamente, en todo o en parte, una obra literaria, artística o científica, o su transformación, interpretación o ejecución artística fijada en cualquier tipo de soporte o comunicada a través de cualquier medio, sin la preceptiva autorización.

Copyright © Asimov Holdings LLC. World rights reserved and controlled by Asimov Holdings LLC.
© Alianza Editorial, S. A., Madrid, 1983, 2025
  Calle Valentín Beato, 21
  28037 Madrid
  www.alianzaeditorial.es

PAPEL DE FIBRA
CERTIFICADA

ISBN: 978-84-206-7182-6 (T. 13)
ISBN: 978-84-206-5082-1 (O. C.)
Depósito legal: M. 8.680-2012
Printed in Spain

Índice

- 11 1. El comienzo de la división
- 47 2. Colonias y aranceles
- 73 3. Andrew Jackson
- 111 4. Fronteras inestables
- 142 5. De mar a mar brillante
- 182 6. El último compromiso
- 215 7. El camino del enfrentamiento
- 246 8. La Unión se divide
- 280 9. Comienza la guerra
- 310 10. La furia en ascenso
- 342 11. Robert E. Lee
- 378 12. Ulysses S. Grant

- 411 Cronología

- 425 Índice analítico

*A Steve Odell y Victor Serebriakoff,
quienes pusieron la historia
más cerca de mí*

1. El comienzo de la división

Unionismo contra derechos de los estados

En 1816, los Estados Unidos celebraron el cuadragésimo aniversario de su Declaración de Independencia. En esos cuarenta años, habían arrancado esa independencia a Gran Bretaña por la fuerza de las armas, y luego habían elaborado una Constitución que establecía una compleja forma federal de gobierno, por la cual los estados cedían lo necesario para formar un gobierno central lo bastante fuerte como para llevar el control de la nación.

Pero la naturaleza exacta del federalismo así establecido seguía en disputa. ¿Cuánto poder, exactamente, habían cedido los estados? ¿Cuánto poder, exactamente, había obtenido el gobierno federal? En caso de discrepancia sobre si un determinado poder correspondía a cada estado en particular o al gobierno federal, ¿quién debería decidir?

Sin duda, existía una Constitución escrita de forma clara, pero sus palabras podían ser matizadas e interpretadas en diferente sentido. Algunos sostenían que los estados eran la autoridad última y que los derechos básicos eran esencialmente los suyos, mientras que la Unión Federal de los Estados sólo poseía aquellos derechos otorgados por la Constitución específicamente. De quienes defendían esta opinión puede decirse que se pronunciaban por los derechos de los estados.

Por otro lado, estaban aquellos que sostenían que, si la Unión Federal había recibido ciertos derechos, era natural suponer que también había recibido implícitamente poderes que permitían poner en práctica esos derechos. Para ellos, la Unión tenía todos los derechos posibles excepto los que la Constitución le prohibía y reservaba a los estados. Podemos llamar «unionistas» a quienes así pensaban.

En aquellos tempranos años, posteriores a la adopción de la Constitución, se formaron dos partidos. Uno de ellos era el Partido Federalista, el cual, como indica su nombre, creía en una Unión Federal poderosa y era de filosofía unionista. El otro era el Partido Demócrata Republicano, que defendía los derechos de los estados.

Durante 12 años los federalistas estuvieron en el gobierno, bajo los presidentes Washington y Adams, y el rumbo de la nación tomó la dirección de una centralización creciente y una unión cada vez más fuerte. Siguieron 16 años de gobierno demócrata republicano, bajo los presidentes Jefferson y Madison, y aunque los Estados Unidos adquirieron un espíritu más democrático en esos años, las realizaciones del federalismo no fueron anuladas.

1. El comienzo de la división

Bajo los primeros cuatro presidentes, Estados Unidos pasó por un difícil período de revoluciones y guerras en Europa, y luego sobrevivió a una segunda contienda contra Gran Bretaña, la Guerra de 1812, en la que Estados Unidos no obtuvo ninguna victoria clara, pero tampoco sufrió ninguna derrota evidente*.

Y ahora, en 1816, la lucha parecía haber terminado. Europa estaba en paz, lo mismo que Estados Unidos. Un bien acogido velo de paz parecía haber caído incluso sobre la lucha partidista interna. El Partido Federalista había sido mortalmente herido durante la Guerra de 1812 porque parecía haber abrigado intenciones que se consideraban traidoras, y después de terminada la guerra eran cada vez menos los que se declaraban federalistas. Al parecer, la nación se estaba volviendo totalmente demócrata republicana.

Pero esto no significaba que todo el mundo estuviera de acuerdo en todo. Todos podían decirse demócratas republicanos, pero algunos deseaban una Unión más fuerte y otros defendían los derechos de los estados. Extrañamente, aunque fue el partido defensor de los derechos de los estados el que ganó y sobrevivió, su ala unionista, en los días que siguieron a la guerra, se convirtió en la más fuerte.

Y así se evidenció en la cuestión de la existencia de un banco nacional. En 1791 se había creado el Banco de los Estados Unidos a sugerencia de Alexander Hamilton, el primer secretario del Tesoro y el más brillante de los fe-

---

* Detalles sobre el período temprano de la historia de nuestra nación se hallan en mi libro *El nacimiento de los Estados Unidos* (Madrid, Alianza Editorial, 2012).

deralistas. Los demócratas republicanos se sintieron alarmados, pues lo consideraban un medio por el cual los inversores extranjeros, en combinación con los representantes de los intereses comerciales del Noreste, podían someter al resto de la nación.

En 1811, pues, cuando expiró el plazo de 20 años fijado al Banco, los demócratas republicanos –entonces con un completo control del gobierno– no lo renovaron, y el Banco de los Estados Unidos dejó de existir.

Pero su inexistencia debilitó la estructura financiera de Estados Unidos e hizo considerablemente más difícil para la nación llevar adelante con eficiencia la Guerra de 1812. Después de la contienda, pues, el ala unionista del Partido Demócrata Republicano decidió tratar de corregir lo que para ellos había sido un error.

En el último año de la guerra, el presidente Madison, preocupado por la creciente desorganización de las finanzas americanas y la práctica bancarrota del Tesoro, nombró a Alexander James Dallas (nacido en Jamaica en 1759 de padres escoceses) secretario del Tesoro. Dallas inmediatamente persuadió al Congreso de que votase mayores impuestos, mejoró el Tesoro y recomendó la creación de nuevo del Banco de los Estados Unidos.

Los esfuerzos para crearlo empezaron de inmediato en el Congreso, y la lucha fue conducida por un brillante joven miembro del Congreso, John Caldwell Calhoun (Carolina del Sur, 1782), quien en 1811 fue elegido miembro de la Cámara de Representantes, donde inmediatamente se destacó como uno de los principales «halcones de la guerra», como se denominaban los que deseaban la guerra con Gran Bretaña.

También entre los halcones de la guerra estaba Henry Clay, de Kentucky (Virginia, 1777). Clay había participado en la política de Kentucky desde que viajó por primera vez al Oeste, a este estado concretamente, a la edad de 23 años; había sido miembro del Senado en dos ocasiones. En 1811 renunció a su escaño en el Senado a fin de presentarse a las elecciones para la Cámara de Representantes (considerada por entonces la rama más prestigiosa del Congreso).

Así como Calhoun y Clay habían trabajado para provocar la Guerra de 1812, también ahora, después de la guerra, actuaron juntos en el ala unionista del partido para crear un nuevo Banco de los Estados Unidos. Calhoun presentó el proyecto de ley para su creación, y Clay trabajó para hacerlo aprobar.

Entre los que se oponían al proyecto estaba Daniel Webster (New Hampshire, 1782), quien había entrado en la Cámara de Representantes en 1813. Nueva Inglaterra había sido desafecta al resto de la Unión durante la Guerra de 1812, y los restos de ese descontento dejaron en Webster algunos persistentes rastros de sentimientos favorables a los derechos de los estados.

El 10 de abril de 1816, el proyecto fue aprobado y se creó el segundo Banco de los Estados Unidos con una carta que mantendría su validez por 20 años. La mitad de su capital de 35 millones de dólares fue proporcionada por el gobierno, que también designó a la mitad de sus directores. El resto se hallaba en manos privadas. Al igual que el primer Banco, el segundo también tuvo su sede central en Filadelfia. Las operaciones comenzaron el 1 de enero de 1817.

Los defensores de los derechos de los estados no estaban totalmente derrotados. Pero los estados podían emprender acciones. En Maryland, por ejemplo, se aprobaron leyes que exigían duros impuestos a la sección del Banco que se había establecido en Baltimore. El Banco se negó a cumplir con esas leyes, alegando que eran inconstitucionales, y en 1819 la disputa llegó al Tribunal Supremo.

El presidente del organismo era John Marshall (Virginia, 1755). Había sido nombrado para el cargo por el presidente John Adams en 1801 y era un declarado y obstinado federalista. Aunque el Partido Federalista había desaparecido y sus miembros habían muerto o se habían retirado –o convertido–, Marshall estaba vivo y activo, y era tan federalista como siempre.

El caso llegó al Tribunal Supremo como la causa «McCullough contra Maryland», pues James McCullough era el cajero de la sección de Baltimore que se había negado a obedecer la ley de Maryland.

Daniel Webster se había vuelto lo bastante unionista como para ser uno de los abogados defensores del Banco. El Tribunal Supremo escuchó los argumentos que se presentaron, y entonces Marshall anunció una de las decisiones judiciales más importantes de la historia americana.

Adoptó la posición unionista de los poderes implícitos. El gobierno federal tenía poder para crear un banco, dijo, aunque la Constitución no lo expresara de manera concreta, porque para gobernar con eficiencia debía disponer de tal poder si lo juzgaba necesario, y la Constitución no decía específicamente que no pudiera hacerlo.

1. El comienzo de la división

Además, puesto que el gobierno federal podía crear el Banco, esto significaba que ningún estado podía destruirlo, lo cual, a su vez, significaba que ningún estado podía cobrarle impuestos, pues, decía Marshall, «el poder de cobrar impuestos es el poder de destruir». Yendo aún más lejos, Marshall sostenía que el gobierno federal no era responsable ante los estados, sino directamente ante el pueblo.

Así como el Banco estaba destinado a fortalecer internamente la economía americana, otra medida tomada aproximadamente por la misma época apuntaba a la situación externa. La intención era limitar la dependencia americana de productos manufacturados en el exterior a fin de estimular la industrialización doméstica. Esto podía lograrse mediante un arancel o impuesto sobre los artículos importados.

Los aranceles estaban, claramente, dentro de los poderes que la Constitución otorgaba a la Unión Federal, pero el propósito original de este impuesto sobre las importaciones era simplemente el de elevar los ingresos. De ahí que los aranceles eran por lo general tan reducidos como fuera posible, puesto que si eran demasiado elevados podían interrumpir totalmente el comercio, con la consiguiente disminución de las rentas.

Pero ahora el propósito era limitar el comercio. Si los aranceles eran tan elevados que los productos importados se volvían demasiado caros para que los comprasen los americanos, éstos se verían obligados a adquirir productos de fabricación interna, aunque no fuesen de tan buena calidad. En ese caso, las fábricas americanas serían inundadas por los pedidos, aumentarían su producción, se expandirían y mejorarían la calidad de sus productos; la consecuencia era que todos los americanos mejorarían su nivel de vida.

Puesto que tal arancel estaba destinado a proteger productos americanos como el cuero, el papel, los sombreros, los textiles, etc., de la competencia por parte de sus equivalentes más adelantados del exterior, fue llamado «arancel protector». Nuevamente, Calhoun y Clay se mostraron enérgicamente a favor de él, y el arancel de 1816, la primera tarifa proteccionista de la historia de la nación, se convirtió en ley el 27 de abril. Fue otra victoria unionista.

Clay y Calhoun actuaron también en otra dirección. La Guerra de 1812 había demostrado que la nación tenía serias dificultades para desplazar sus ejércitos a través de su enorme y subdesarrollado territorio. Y lo que era problemático para los fines de la guerra, también lo era para el comercio; la falta de caminos en las regiones solitarias limitaba la prosperidad y también obstaculizaba la eficiencia de las acciones del gobierno federal.

Clay, por ello, propuso lo que llamó el «sistema americano» (con referencia a toda la nación, y no ya a uno u otro estado concreto). Propuso «mejoras internas», un sistema completo de caminos, puentes y canales por el que las personas y los bienes pudieran trasladarse de una parte del país a otra. Esto no podían hacerlo los estados por separado, puesto que habría sido casi imposible asegurarse la cooperación de todos, y algunos estados eran menos ricos que otros. Tenía que hacerlo el gobierno federal.

Calhoun trató de hacer aprobar un proyecto de ley por el cual se recaudaría dinero para este fin, dinero que debía ser administrado por el Banco de los Estados Unidos. El proyecto fue aprobado por el Congreso, pero el presidente Madison, que era un defensor de los derechos de los estados, lo vetó, pues pensó que el gobierno federal adquiriría un poder excesivo si el proyecto se convertía en ley.

Aunque el sentimiento unionista era fuerte después de la Guerra de 1812, y aunque la decisión de Marshall en la causa «McCullough contra Maryland» había sentado las condiciones para un gobierno federal fuerte, el bando defensor de los derechos de los estados no estaba derrotado. Tenía sus partidarios, y en ocasiones, como en el caso del veto de Madison, sus victorias. De hecho, en los cuarenta años siguientes, el enfrentamiento entre el unionismo y los adeptos del derecho de los estados se haría cada vez mayor, y con el tiempo llegaría a estar al borde de destruir la nación.

El curso de este enfrentamiento, y el modo en que los Estados Unidos difícilmente lograron sobrevivir a la crisis que provocó, constituyen el tema de este libro.

Continúa la «Dinastía de Virginia»

El año 1816 no fue solamente el año de la creación del Banco y del arancel proteccionista. Fue también un año de elecciones. James Madison, cuarto presidente de los Estados Unidos, estaba en el último año de su segundo mandato.

Era un virginiano, nacido en el estado que había sido la colonia más antigua, la más populosa y, a sus propios ojos, con mucho, la más importante. De hecho, de los primeros cuatro presidentes de Estados Unidos, tres (Washington, Jefferson y Madison) habían sido virginianos, y cada uno había tenido dos mandatos. La única interrupción se había producido con la presidencia de un solo mandato de John Adams.

Madison favoreció la permanencia de la «Dinastía de Virginia» y apoyó a James Monroe (Virginia, 1758), que había combatido en la Guerra Revolucionaria y había resultado herido en la batalla de Trenton. Íntimo amigo de Thomas Jefferson, Monroe era un firme defensor de los derechos de los estados; había figurado entre los que negociaron la Compra de Luisiana bajo Jefferson, y fue nombrado secretario de Estado bajo Madison, en 1811, cargo en el que permaneció hasta la conclusión del mandato de éste.

Cuando los miembros demócratas republicanos del Congreso se reunieron para elegir un candidato, no todos estaban de acuerdo con Monroe, quien, cuando había representado a la nación en Francia y otros lugares, había ido en alguna ocasión más allá de sus poderes de un modo precipitado. Los miembros más jóvenes eran partidarios de elegir a William Harris Crawford, quien también era virginiano de nacimiento (1772), pero su familia se había trasladado a Georgia, y en 1807 había sido elegido senador por dicho estado. En 1815 entró en el gabinete de Madison, primero como secretario de Guerra, y más tarde, como secretario del Tesoro.

Pese al apoyo presidencial a Monroe, y al hecho de que Crawford no hiciera campaña electoral, Crawford obtuvo 54 votos, frente a 65 de Monroe. La prueba de que la popularidad de éste no era abrumadora no alteraba el hecho de que Monroe fuera el candidato demócrata republicano en un año en el que el candidato de este partido no podía perder. Para equilibrar la candidatura (es decir, para tener dos candidatos de diferentes partes de la nación) se eligió como candidato a la vicepresidencia al gobernador de Nueva York, Daniel D. Tompkins (Scarsdale, 1774).

Los federalistas que quedaban en el Congreso eligieron como candidato presidencial al neoyorquino Rufus King (que se había presentado sin éxito como candidato a vicepresidente en 1804 y 1808). Para la vicepresidencia, eligieron a John Eager Howard (Maryland, 1752), un veterano de la Guerra Revolucionaria, en la que fue herido, y que había servido a su estado como gobernador y senador.

En sentido estricto, no hubo lucha. Los federalistas sólo podían ganar en Massachusetts y Connecticut; todos los demás estados votaron a los demócratas republicanos. Monroe recibió 183 votos electorales contra 34 de King, y la «Dinastía de Virginia» continuó.

El Decimoquinto Congreso fue elegido al mismo tiempo; en el Senado, los escaños demócratas republicanos sumaban 34, por 10 de sus oponentes, mientras que en la Cámara de Representantes eran de 141 a 42.

El crecimiento de la nación continuó. El 11 de diciembre de 1816, Indiana entró en la Unión como estado decimonoveno. Como territorio, había recibido su nombre antes de la época de la Compra de Luisiana, cuando era la región de las tribus indias mejor organizadas que quedaban en suelo americano.

En los tres años siguientes, otros tres estados se añadieron a la lista. Misisipi, en las orillas orientales de los tramos inferiores del río de igual nombre, ingresó como el vigésimo estado el 10 de diciembre de 1817; Illinois, como estado vigesimoprimero, el 3 de diciembre de 1818, y Alabama, como vigesimosegundo estado, el 14 de diciembre de 1819. «Illinois» y «Alabama» son versiones de los nombres dados a estas regiones por las tribus indias.

El continuo incremento del número de estados hizo que fuese necesario modificar la bandera americana. Como estaba muy difundido el sentimiento de que el número de bandas y estrellas debía reflejar el número de estados, el dibujo original de 13 franjas y 13 estrellas había sido aumentado a 15 después de la admisión de Vermont y Kentucky. Pero estaba claro que no se podía aumentar más el número de franjas, pues si se introducían 11 franjas rojas y 11 franjas blancas para reflejar la situación existente a finales de 1819, la bandera se vería a distancia como una mancha uniforme de color rosa. Por ello, el 4 de abril de 1818 se decidió fijar el número de franjas en 13 (7 rojas y 6 blancas) y aumentar solamente el número de estrellas, a medida que aumentase el número de estados. Desde entonces, se ha mantenido esta regla.

El censo de 1820 reveló que la población de Estados Unidos era de 9.638.453 personas, un incremento de dos veces y media sobre la cifra del primer censo, en 1790, sólo tres décadas antes. Nueva York y Filadelfia superaban los 100.000 habitantes.

Los barcos de vapor comenzaron a navegar por el río Misisipi y los Grandes Lagos; el primer barco de vapor que cruzó el Atlántico fue americano: el *Savannah*, que hizo el viaje en 1819.

Aunque el gobierno federal no podía financiar estas mejoras internas, varios de los estados sí lo hicieron. Nueva York, en particular, empezó a construir un canal del lago Erie al río Hudson, de modo que se extendiera una vía acuática continua a todo lo largo de los Grandes Lagos que llegara hasta el océano Atlántico. (En aquellos días, era mucho más fácil y rápido transportar mercancías por agua que por tierra.)

La nación también precisó sus fronteras con razonable éxito.

Cuando Monroe ocupó la presidencia, Estados Unidos tenía dos vecinos extranjeros: Gran Bretaña, que dominaba Canadá al norte, y España, presente en Florida y México al sur. Cabría pensar que Gran Bretaña debía de ser la más inquietante, ya que era la más fuerte de las dos potencias y acababa de finalizar una guerra con ella. De hecho, después de la guerra, parecía a punto de comenzar una carrera en la que Estados Unidos y Gran Bretaña intentarían superarse mutuamente en lo relativo a la militarización de los Grandes Lagos y el lago Champlain. La perspectiva parecía ser la de una frontera intensamente fortificada, sumamente costosa para ambas naciones, y que daría origen a frecuentes incidentes militares y amenazas de guerra.

Afortunadamente, ni Estados Unidos ni Gran Bretaña deseaban estos riesgos, y que ello no ocurriera se debió en gran medida a John Quincy Adams (Massachusetts, 1767), por aquel entonces embajador americano en Gran Bretaña.

Los Estados Unidos desde 1816 hasta el final de la Guerra Civil

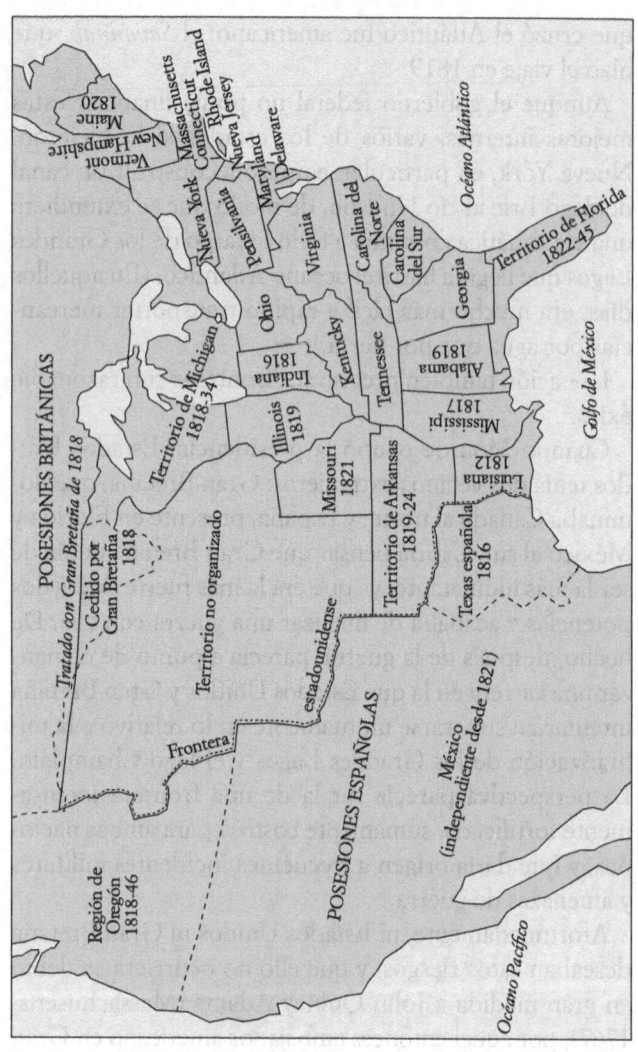

Los Estados Unidos de 1812 a 1822

1. El comienzo de la división

John Quincy Adams era el hijo mayor de John Adams, el segundo presidente de Estados Unidos. A los 8 años, el pequeño Adams había contemplado la batalla de Bunker Hill, y, en 1781, cuando sólo tenía 14 años, hizo su primer viaje a Europa. Fue embajador en los Países Bajos, durante la presidencia de Washington, y más tarde en Prusia, durante la de su padre.

En un comienzo había sido federalista, pero se pasó al bando demócrata republicano bastante antes de la Guerra de 1812, de modo que no compartió la decadencia del Partido Federalista. Fue embajador en Rusia bajo Madison y luego contribuyó a negociar el Tratado de Gante, que puso fin a la Guerra de 1812. Más, tarde fue nombrado también embajador en Londres.

Siendo sin duda el diplomático más competente del país por entonces, y uno de los más competentes de la historia de la nación, Adams promovió la idea del desarme en los Grandes Lagos. A principios de 1816 logró persuadir al gobierno británico de que aceptase este principio. Las negociaciones sobre esta cuestión continuaron en Washington, D. C., cuando Monroe subió a la presidencia.

El secretario de Estado de Monroe era Richard Rush (Pensilvania, 1780), quien había sido ministro de Justicia bajo Madison. Entabló conversaciones con Charles Bagot, el embajador británico en los Estados Unidos, y juntos elaboraron el Tratado Rush-Bagot, que fue aprobado por el Senado el 16 de abril de 1818.

Todo lo que hizo el Tratado Rush-Bagot fue limitar los barcos de guerra que cada nación mantendría en los Grandes Lagos, permitiendo sólo un pequeño número de ellos para funciones policiales y aduaneras. No se dijo nada acerca de la frontera terrestre, y ambas partes podían dar fin al tratado con seis meses de aviso. Si hubiera habido una continua enemistad entre las dos potencias, el tratado no habría servido de nada.

Pero ambas partes se beneficiaron tan claramente con el desarme que todos los cambios posteriores se hicieron siempre en el sentido de reducir aún más las fuerzas. El límite entre los Estados Unidos y Canadá llegó a convertirse en la más larga frontera no fortificada del mundo, y siguió siendo un permanente ejemplo de cómo las naciones podían vivir en paz y superar las disputas que pudiesen surgir entre ellas.

Y hubo disputas. No había ningún límite definido entre Estados Unidos y los dominios británicos al oeste del lago de los Bosques. El lago de los Bosques, situado a unos 400 kilómetros al oeste del lago Superior, señalaba el extremo noroeste de los Estados Unidos de acuerdo con el Tratado de París de 1783, que había puesto fin a la Guerra de Independencia. Excepto en lo concerniente a la frontera septentrional de Maine, que aún era incierta, el límite entre los Estados Unidos y el Canadá Británico había sido fijado por el tratado.

Pero, en 1803, Estados Unidos había comprado el Territorio de Luisiana a Francia, y nadie sabía cuáles eran sus límites septentrionales, pues la región nunca había sido explorada apropiadamente.

Estados Unidos consideraba que la manera más razonable de dirimir la cuestión era prolongar la línea existente al oeste del lago de los Bosques. Puesto que aproximadamente por el centro del lago pasaba la línea de los

49° de latitud norte, la sugerencia equivalía a hacer de esta línea la frontera entre los Estados Unidos y Canadá y prolongarla hasta el Pacífico.

Los británicos discrepaban por dos motivos. En la región del lago de los Bosques, querían que la frontera estuviera bastante al sur de la línea de los 49° para que el curso superior del río Misisipi estuviese en suelo británico. En segundo lugar, no admitían que la línea se extendiese más allá de las Montañas Rocosas. Reclamaban hasta los 42° de latitud norte, es decir, la región situada al oeste de las montañas (el Territorio de Oregón), que era el límite septentrional del territorio dominado por los españoles.

Finalmente, los británicos retiraron su demanda del lago de los Bosques, que los Estados Unidos no aceptaba en modo alguno, aunque sí admitía la demanda sobre las Montañas Rocosas. La frontera fue establecida a lo largo de la línea de 49° desde el lago de los Bosques hasta la divisoria de aguas continentales; este límite ha permanecido sin cambio hasta hoy.

En cuanto al Territorio de Oregón, quedaría bajo una ocupación conjunta británico-americana; el problema no se resolvería hasta un cuarto de siglo más tarde.

Florida

Al sur, las cosas eran diferentes. España no había estado en guerra con los Estados Unidos, pero tampoco era una potencia amiga. Estaba resentida por la compra americana de Luisiana a Francia, pues Francia había arrancado la región ilegalmente a España. Además, Estados Unidos había interpretado la compra de una manera generosa y se había apoderado unilateralmente de la región de la costa occidental del golfo de Florida, incluyendo la ciudad de Mobile, que había tomado por la fuerza en 1813.

Además, aunque España, por enemistad con Gran Bretaña, había ayudado a Estados Unidos a conquistar su independencia, el ejemplo americano era peligroso para su dominio, cada vez menos sólido, de México, América Central y buena parte de América del Sur. Así, aunque España no tomó medidas manifiestas contra Estados Unidos, ciertamente no estaba dispuesta a ayudar a los americanos contra sus enemigos.

Y entre esos enemigos estaban los indios del Suroeste americano, los cuales ya habían guerreado contra Estados Unidos en el curso de la Guerra de 1812 y habían sido derrotados por un hombre duro, oriundo de Tennessee: Andrew Jackson (nacido en la frontera con Carolina en 1767), quien se convertiría en héroe nacional al obtener una gran victoria sobre los británicos en la batalla de Nueva Orleans, el 8 de enero de 1815*.

Algunos de los indios derrotados se retiraron a la Florida septentrional, adonde las fuerzas americanas legalmen-

---

* Hay una divertida anécdota vinculada con este tema. En medio de la cólera y las pasiones que hervían, se levantó para hablar Felix Walker, un representante recientemente elegido de Buncombe County, Carolina del Norte, quien se embarcó en un largo y tedioso discurso totalmente ajeno a la cuestión. Cuando el auditorio se impacientó y protestó, Walker gritó: «Estoy haciendo este discurso para mi gente de Buncombe». Inmediatamente la voz *Buncombe* se difundió por toda la nación con el significado de «charla insensata o tonta». La palabra fue reducida primero a *bunkum* y luego a *bunk,* y aún está en uso en Estados Unidos.

te no podían seguirlos y donde las fuerzas españolas no veían ninguna razón para actuar contra ellos. A los indios se unieron negros que escapaban de la esclavitud. Los indios y los negros en conjunto se llamaban a sí mismos seminolas (de una palabra india que significa «fugitivos»).

El río Apalachicola corre hacia el sur a través de la Florida occidental, y en su desembocadura, a 320 kilómetros al este de Mobile, los británicos habían fundado Fort Apalachicola durante la Guerra de 1812. Los seminolas se habían adueñado de este fuerte y lo usaban como base para hacer incursiones por los campos de Georgia y Alabama. Peor aún, desde el punto de vista de estos estados, la existencia de Fort Apalachicola era un constante incentivo a la fuga de esclavos.

Por ello, en 1816, Estados Unidos envió una fuerza armada a Florida, y el 27 de julio destruyó el fuerte. Esto no tuvo mayores repercusiones, pues si bien el territorio era teóricamente español, no había fuerzas españolas en la vecindad, y aunque España probablemente ayudara a los seminolas subrepticiamente, no estaba dispuesta a hacer de eso un problema real.

Pero los seminolas contraatacaron, y lo que siguió fue la llamada Primera Guerra Seminola. Puesto que Estados Unidos no podía librar eficazmente la guerra si los indios usaban Florida como su santuario, el ejército americano recibió órdenes de perseguir a los seminolas por la península hasta los mismos puestos españoles.

El 26 de diciembre de 1817, se otorgó el mando del ejército al vigoroso y muy poco sutil Andrew Jackson. Sus instrucciones le parecieron confusas, y escribió a Washington pidiendo aclaraciones; preguntó si tenía permiso para hacer lo que juzgase mejor, en cuyo caso podía apoderarse de toda Florida, de un extremo a otro, en 60 días. El secretario de Guerra con el presidente Monroe era John C. Calhoun. Ni él ni el presidente consideraron adecuado contestar la carta de Jackson.

Presumiblemente, la idea era dejar que Jackson hiciese lo que quisiera (y sabían que éste actuaría de manera audaz). Si las cosas salían bien, sería magnífico. En caso contrario, Monroe y Calhoun podían decir que Jackson había actuado sin órdenes y arrojarlo a los lobos.

Jackson tomó el silencio por consentimiento (como el gobierno sabía que haría) y se abalanzó sobre Florida. Entró en San Marcos el 7 de abril de 1818 y en Pensacola el 24 de mayo, ocupando toda la faja noroccidental de la región. No se trataba de puestos indios, sino de fortificaciones españolas.

Esto ocurría en el mismo momento en que John Quincy Adams, ahora secretario de Estado de Monroe, estaba negociando con Luis de Onís, el embajador de España en Estados Unidos, sobre los límites en disputa y sobre el permiso que daba España para que los indios usasen la Florida como refugio. Podía parecer que la vigorosa ofensiva de Jackson ponía en mala situación a Adams, pero de hecho no era así. Adams lamentó la cuestión ante el embajador español, pero era muy consciente de que Jackson estaba demostrando a España que no podría mantener la Florida por mucho tiempo y que causaba más trastornos de lo que valía.

Pero entonces, Jackson fue demasiado lejos. Encontró a dos súbditos británicos, Alexander Arbuthnot y Robert C. Ambruster, y sospechó que suministraban material de guerra a los seminolas. Quizá lo hicieran, pero no eran americanos ni actuaban en suelo americano, y además los americanos estaban allí ilegalmente. Pasando todo esto por alto, Jackson hizo fusilar a uno de los comerciantes y ahorcar al otro. Luego, sin pedir permiso a nadie, nombró un gobernador militar de Florida y retornó a su país.

Naturalmente, España protestó con vehemencia, y si bien el gobierno británico optó por no hacer nada, la opinión pública británica reaccionó furiosamente y parecieron cernirse nuevamente las nubes de la guerra.

Monroe tuvo que tomar una decisión y reunió a su gabinete, la mayoría del cual optó por la retirada; Calhoun, en particular, estuvo a favor de formar un consejo de guerra a Jackson como manera de apaciguar a España y Gran Bretaña. El bando más cauteloso del Congreso, conducido por Henry Clay, pensaba que Jackson debía ser censurado.

Pero Adams apoyó las acciones de Jackson y argumentó de manera decidida que Estados Unidos debía seguir una política firme y no volverse atrás. Hacía más aceptable esta opinión el hecho de que la aventura de Florida hubiese resultado ser enormemente popular entre los americanos (como siempre ocurre con las aventuras militares... cuando tienen éxito). Monroe finalmente respaldó a Adams, y Jackson no fue reprendido.

Adams envió entonces una nota al gobierno español en la que tomaba la ofensiva, acusando a los españoles de alentar la anarquía y las actividades antiamericanas en Florida. Defendió a Jackson, alegando que había actuado en defensa propia, y ofreció a España la alternativa de conservar Florida en paz y en orden, o cederla a los Estados Unidos. Luego, salvó las apariencias para España restituyendo el territorio que Jackson había tomado.

España comprendió claramente que debía ceder Florida a los Estados Unidos de manera voluntaria o sufrir la humillación de que la tomasen por la fuerza. Por ello, el 22 de febrero de 1819, el secretario de Estado y el embajador español firmaron el Tratado Adams-Onís, rápidamente ratificado y convertido en ley.

Por este tratado, Florida era cedida a Estados Unidos, con lo que llegaron a su fin tres siglos de dominación española en la zona (salvo el período comprendido entre 1763 y 1783, cuando la Florida fue británica). Estados Unidos no pagó por Florida, pero convino en hacerse cargo de las deudas –que ascendían a 5.000.000 de dólares– que España debía pagar a ciudadanos americanos.

Además, el tratado establecía una línea fronteriza definida a través de todo el continente, desde el golfo de México hasta el océano Pacífico, que separaba los territorios de Estados Unidos de los españoles. A diferencia de la línea establecida en el norte, esta del sur, y la del oeste, no durarían más de una generación.

¿La era de los buenos sentimientos?

El gobierno de Monroe parecía funcionar a las mil maravillas. Era un período de paz y prosperidad. Se imponía el desarme en algunas fronteras y límites fijados pacíficamente en otras, con un poquito de gloria militar como condimento.

1. El comienzo de la división

El arancel de 1816 fue seguido por algunos años de expansión económica, particularmente para Nueva Inglaterra, que prosperó detrás de la muralla aduanera a medida que se imponían los intereses industriales a los comerciales. Cuando Monroe visitó Nueva Inglaterra, en el verano de 1817, esta próspera región olvidó su legado de federalismo –por no hablar de su actitud cercana a la traición en la Guerra de 1812– y saludó al presidente con gran entusiasmo. El 12 de julio de 1817 un periódico de Boston, el *Columbian Centinel,* definió el período como la «era de los buenos sentimientos»; el gobierno de Monroe ha pasado con este calificativo a los libros de historia.

Al parecer, existían razones para esa denominación. En las elecciones para el Congreso de 1818, decreció la lucha partidista, o, al menos, aumentó la desproporcionada mayoría demócrata republicana. El número de federalistas en el Senado disminuyó de 10 a 7 en el Decimosexto Congreso, y en la Cámara de Representantes su número se redujo de 42 a 27.

Cuando llegó el momento de llevar a cabo la elección presidencial de 1820, no hubo ninguna pugna, por primera (y última) vez desde Washington. Monroe y Tompkins fueron reelegidos como candidatos por los demócratas republicanos; los federalistas sencillamente no se molestaron en elegir a ningún candidato. Fue una elección con un solo partido y no hubo campaña electoral.

El 6 de diciembre de 1820, se emitieron los votos electorales; estaba claro que Monroe obtendría los 232 votos. Sin embargo, hubo un hombre que puso objeciones. William Plumer (Massachusetts, 1759), un elector de New

Hampshire que estaba terminando su tercer mandato como gobernador de este estado, deliberadamente votó por John Quincy Adams; la razón que adujo fue que, en su opinión, ningún otro americano, excepto George Washington, debía ser elegido unánimemente. Y hasta hoy, ningún otro lo ha sido.

Pero William Plumer es importante en la historia americana por otro motivo. El más antiguo y más famoso colegio de New Hampshire, Dartmouth, tenía una junta directiva federalista. Plumer, que era demócrata republicano, luchó para convertirlo en una universidad estatal, de modo que pudieran incorporarse a la junta directiva nuevos miembros de su tendencia política. Dartmouth se resistió y el caso llegó al Tribunal Supremo. Daniel Webster, alumno de Dartmouth, defendió elocuentemente al colegio, y John Marshall, el tenaz federalista, sostuvo que un estado no podía violar un contrato ni, por tanto, entrometerse en el colegio. Ésta fue una importante limitación impuesta por el Tribunal Supremo al poder del gobierno y una importante salvaguardia a los derechos de los gobernados.

Sin embargo, aunque las cosas parecían marchar a las mil maravillas durante el primer año de la presidencia de Monroe, existían problemas, y a poco que se rascara la superficie se podían ver las dificultades.

En primer lugar, la prosperidad se había detenido repentinamente en 1819. El optimismo nacional había conducido a la especulación con tierras en el Oeste mediante el uso de papel moneda que tan alegremente emitían los bancos de los estados. Al haber mucho dinero disponible, la gente estaba dispuesta a hacer ofertas elevadas por las tierras, con la esperanza de venderlas por precios aún mayores. Esto se extendió a todos los productos, que elevaron mucho su precio provocando, como siempre ocurre en tales condiciones, una inflación galopante.

Cuando todo se encaminaba hacia el caos, el Banco de los Estados Unidos emprendió una acción que fue al mismo tiempo demasiado drástica y demasiado tardía. Dejó de conceder nuevos préstamos y exigió el pago de los muchos que había concedido, y lo exigió además en dinero contante y sonante, no en papel. Los bancos de los estados, que estaban endeudados con el Banco de los Estados Unidos, tuvieron que cerrar, las hipotecas fueron ejecutadas, los precios agrícolas cayeron drásticamente y las fábricas cerraron. Fue el «pánico de 1819».

Los perjudicados por esta situación –granjeros y especuladores en tierras del Oeste y el Sur, sobre todo– naturalmente acusaron al Banco. En primera línea del clamor estaba Thomas Hart Benton (Carolina del Norte, 1782). Era un hombre tan duro como Andrew Jackson, y, aunque en un principio fueron amigos, se enfrentaron por un malentendido. Ambos tenían temperamentos violentos y llegaron a batirse en duelo; Jackson estuvo a punto de morir (tuvo que dirigir la campaña contra los indios, al año siguiente, con el brazo en cabestrillo).

Benton se había trasladado a Saint Louis, Missouri, en 1815, y allí, como director de un periódico, empezó a abogar por un mayor peso del Oeste en el gobierno americano; llamó al Banco «el Monstruo», y así fue denominado por todos los que se oponían a él.

Estaba muy claro que el Banco de los Estados Unidos había actuado mal en la crisis, y en medio del pánico estuvo a punto de destruirse a sí mismo. Se nombró nuevo presidente a Langdom Cheves (Carolina del Sur, 1776), antiguo presidente de la Cámara de Representantes, quien reorganizó el Banco adoptando una cautelosísima política de ahorro; bajo su dirección se restableció sobre bases firmes.

En enero de 1823, Nicholas Biddle (Pensilvania, 1786) se convirtió en su tercer presidente, y bajo su eficiente y conservadora administración, el Banco continuó desarrollándose. Pero el Banco nunca comprendió la importancia de las relaciones públicas; sus administradores nunca se molestaron en ocultar su alianza con los grupos empresariales de la nación o su indiferencia hacia los sectores rurales. Por ello, en todo el Sur y el Oeste lo que predominaba era una fuerte oposición al Banco.

El Pánico de 1819 y los años de depresión que siguieron podían haber llevado a una escisión entre las partes meridionales y occidentales de la nación, por un lado, y la parte noroccidental, por el otro. Habría sido similar a la escisión regional que en tiempos de Washington llevó a la fundación de los partidos Federalista y Demócrata Republicano.

Tal escisión habría sido bastante nociva, pero no se produjo. En su lugar, surgió un tipo distinto de regionalismo, sobre otras bases, que fue mucho más serio y contribuyó a hacer de la «era de los buenos sentimientos» la última que la nación conocería por largo tiempo. La nueva escisión concernía a la cuestión de la esclavitud y se produjo del siguiente modo.

1. El comienzo de la división

El problema de la esclavitud no había sido tomado muy en serio por la mayoría de la nación en la época en que fue aprobada la Constitución. Ésta aceptaba el hecho de la esclavitud, aunque no la mencionaba en ninguna parte. Tampoco en la Declaración de Derechos figuraba el derecho a no ser esclavizado. El gobierno federal no estaba facultado para aprobar ninguna ley concerniente a los esclavos. (La única excepción fue que la importación de negros africanos destinados a la esclavitud –el «comercio de esclavos»– debería ser detenida 20 años después de ser adoptada la Constitución: en efecto, el comercio de esclavos fue suspendido 20 años más tarde, el 1 de enero de 1808.)

Se dejó a cada estado la facultad de decidir si permitía o no la esclavitud. Cuando la población de un territorio solicitaba al gobierno ser admitida como estado, podía decidir si permitía la esclavitud o no. (La única excepción fue el territorio situado al norte del río Ohio, donde la esclavitud había sido prohibida antes de que se redactase y aprobase la Constitución.)

Muy pocas personas juzgaban errónea la esclavitud en la época en que se aprobó la Constitución. Se daba por sentado que los negros eran inferiores a los blancos, mental y moralmente, y que sacarlos de sus países bárbaros y otorgarles los beneficios de la civilización y el cristianismo era para su bien.

Pero hubo un número creciente de personas que consideraban la esclavitud algo injusto, y que por tanto debía ser abolida; eran los «abolicionistas». Poco a poco, fueron triunfando en los estados del Norte, y hacia 1819, la esclavitud había sido declarada ilegal en los estados situados al norte de la Línea Mason-Dixon (la línea de este a oeste que señalaba la frontera entre Pensilvania y Maryland). Los estados situados al sur de esta línea aún permitían la esclavitud. Así, la nación se dividió en «estados libres» y «estados esclavistas».

Los abolicionistas mostraban cada vez más abiertamente su descontento ante el hecho de que hubiera estados esclavistas en los Estados Unidos; para ellos, la existencia de la esclavitud en cualquier parte de la nación era una vergüenza para todos los estados, tanto libres como esclavistas.

Es posible que todos los estados hubieran llegado a ser libres como los del Norte, pues había sentimientos abolicionistas incluso en aquellos que eran esclavistas. Virginia, por ejemplo, era un estado esclavista, pero muchos virginianos (Washington y Jefferson, entre otros), con el tiempo, liberaban a sus esclavos. Asimismo, había hombres en los estados esclavistas que se destacaban en los movimientos que aspiraban a devolver a los negros su libertad africana, si no se podía obtener para ellos la libertad americana. En 1816 se fundó la Sociedad Americana de Colonización, y se trasladó a negros a la costa de la protuberancia occidental de África; allí se fundó la nación de Liberia –de la palabra latina que significa «libertad»– y se le dio una capital, Monrovia, así llamada en homenaje al presidente Monroe. La nación aún existe como Liberia, y su capital es todavía Monrovia.

Pero ocurrió algo que cambió esta situación. Eli Whitney, un inventor de Connecticut, había creado, en 1793, la desmotadora, que hacía muy fácil separar las fibras de algodón de las simientes; esto eliminó el principal obstáculo para la producción de algodón, que entonces comenzó a expandirse enormemente. Los estados esclavistas del Sur empezaron a depender cada vez más, año tras año, del algodón que alimentaba a las fábricas textiles de Nueva Inglaterra y Gran Bretaña, y este algodón era recogido por esclavos negros. Puesto que el algodón era la espina dorsal de la economía de la mayoría de los estados del Sur, éstos consideraban que la esclavitud era vital para su prosperidad.

Con este motivo económico como justificación para retener a sus esclavos, la gente de los estados esclavistas empezó a defender la esclavitud como un categórico bien.

Además, a medida que crecía el movimiento abolicionista en los estados libres, aumentó el temor de la gente de los estados esclavistas. Les parecía que los abolicionistas estimulaban a los negros a rebelarse, y la historia de las revueltas de esclavos provocaba pánico: en el siglo anterior, había habido rebeliones de negros en la isla de Santo Domingo, y fueron tiempos de horror para los blancos.

La gente de los estados esclavistas, herida por las acusaciones de inhumanidad y temerosa de la posibilidad de matanzas y violencia a manos de negros rebeldes, cerró filas. Fue imposible predicar el abolicionismo allí; la esclavitud se hizo sacrosanta; no se la podía cuestionar.

Así, durante la llamada «era de los buenos sentimientos», entre los estados libres y los estados esclavistas dichos sentimientos eran notablemente escasos. Había comenzado una división regional que iba a empeorar y hacerse cada vez más peligrosa durante los 40 años siguientes.

El Compromiso de Missouri

A finales del primer mandato de Monroe, los estados esclavistas eran plenamente conscientes de que estaban a la defensiva. Aunque eran mayores en superficie –1.125.000 kilómetros cuadrados frente a 750.000 de los estados libres–, estaban quedando atrás en cuanto a población. En la época del primer censo, en 1790, la población de los que luego formarían los estados libres era aproximadamente igual a la de los estados que luego serían esclavistas, pero en 1820 había 5.000.000 de personas en los estados libres y sólo 4.400.000 en los estados esclavistas.

Más aún: al menos 1.500.000 habitantes de los estados esclavistas eran esclavos, y la Constitución sólo permitía contar tres quintos de ellos para la representación en la Cámara de Representantes. Eso significaba que en ésta, mientras que en 1790 los estados libres y los esclavistas habían tenido una representación casi igual, ahora los miembros del Congreso de los estados libres superaban a los de los esclavistas en una proporción de tres a dos.

Era obvio que esta desproporción entre las poblaciones iba a aumentar. Los estados libres estaban pasando por un proceso de industrialización y ofrecían mayores oportunidades a los inmigrantes que llegaban de Europa en grandes cantidades. Para éstos, no tenía sentido ir a los estados esclavistas, donde las tareas agrícolas las efectuaban los negros y el trabajo industrial era inexistente.

Los estados esclavistas conservaban mayor homogeneidad en la población y un modo de vida más antiguo, más aristocrático y más grato (para los miembros de las clases superiores), pero eran los estados libres los que se estaban haciendo ricos y prósperos. Los esclavos y el algodón fueron una trampa en virtud de la cual los estados esclavistas cayeron en una situación de dependencia económica con respecto a los banqueros e industriales de los estados libres, pero los propietarios de esclavos se negaban a hacer frente a este hecho.

Los presidentes de Estados Unidos eran elegidos por electores, y cada estado tenía un número de electores igual al número total de sus senadores y representantes. Esto implicaba que los estados libres, con un número sustancialmente mayor de representantes, tenían mayor peso en la elección de presidentes. Así, de los cinco primeros presidentes, cuatro (Washington, Jefferson, Madison y Monroe), elegidos un total de ocho veces, habían procedido del estado esclavista de Virginia, y sólo John Adams, elegido una vez, provenía del estado libre de Massachusetts. Pero no era probable que se mantuviese esta tendencia, y muchas personas reflexivas de los estados esclavistas pensaron que sería cada vez más probable que los presidentes provinieran de los estados libres, y así, con el tiempo, decidiesen apoyar el movimiento abolicionista.

Sólo parecía quedar una muralla protectora, y ésta era el Senado. Cada estado tenía dos senadores, cualquiera que fuese su población, y, como en efecto ocurrió, el número de estados esclavistas era igual al de estados libres. Había 11 de cada lado en 1819: New Hampshire, Vermont, Massachusetts, Rhode Island, Connecticut, Nueva York, Nueva Jersey, Pensilvania, Ohio, Indiana e Illinois eran estados libres; Delaware, Maryland, Virginia, Carolina del Norte, Carolina del Sur, Georgia, Alabama, Misisipi, Luisiana, Tennessee y Kentucky eran estados esclavistas. Esto significaba que había 22 senadores de los estados libres y 22 de los estados esclavistas.

Mientras los senadores de los estados esclavistas resistieran firmemente, no podía aprobarse nada insoportable para sus estados, independientemente de lo que ocurriese en la Cámara de Representantes o de quién ocupase la Casa Blanca. Por ello era esencial, para los estados esclavistas, vigilar para que, a medida que se incorporaban nuevos estados a la Unión, el número de estados libres no superase al de los esclavistas.

Los ciudadanos de los estados libres tampoco eran ciegos a la situación, y se mostraron cada vez más renuentes a admitir en la Unión a nuevos estados esclavistas. Pocos ciudadanos de los estados libres eran realmente abolicionistas; la mayoría era partidaria de que se dejase a los estados esclavistas seguir siéndolo, pero esto no significaba que desearan más estados esclavistas.

En 1819, la cuestión llegó a un punto decisivo a causa de Maine. Esta región, la extensión situada más al noreste de los Estados Unidos desde el momento de la independencia hasta la actualidad, había formado parte de la colonia de Massachusetts antes de la Guerra Revolucionaria y parte del estado de Massachusetts posteriormente. Maine no estaba en situación de inferioridad respecto del gobierno de Boston, pero no estaba conectado con Massachusetts por tierra y consideraba que sus intereses eran distintos. No era tan rico ni tan populoso como Massachusetts, y su población demócrata republicana

1. El comienzo de la división

había sido sofocada políticamente por el Massachusetts federalista en los primeros años de la independencia. Maine siguió aspirando a formar un estado separado, y el movimiento se aceleró después de la Guerra de 1812.

Massachusetts no podía esperar beneficiarse mucho de un distrito escasamente poblado y separado de él por mar, sobre todo si ese distrito se mostraba cada vez más descontento; así, finalmente convino, el 19 de junio de 1819, en permitir que Maine formase un estado separado. En el resto de la Unión, no parecía haber ninguna razón para negarse, si Massachusetts estaba de acuerdo con ello, de modo que nadie en Maine esperaba hallar problemas.

Por supuesto, Maine, como parte de Massachusetts, había proscrito la esclavitud mucho tiempo antes, y se daba por sentado que entraría en la Unión como estado libre.

Mientras tanto, la parte del Territorio de Luisiana situada a los lados de los tramos inferiores del río Missouri, con la floreciente Saint Louis como ciudad principal, deseaba entrar en la Unión como estado de Missouri; la gente de la región, conducida por Benton, había presentado una petición a tal fin en diciembre de 1818. El territorio había permitido la esclavitud desde los días anteriores a su incorporación a los Estados Unidos; la mayoría de los inmigrantes del territorio procedía de estados esclavistas, y en 1819 ya contaba con 2.500 esclavos. Los habitantes, pues, pidieron entrar en la Unión como estado esclavista.

Hasta entonces se había supuesto siempre que un territorio podía entrar en la Unión como esclavista o como libre, a su elección; por eso, los habitantes de los estados esclavistas se horrorizaron cuando el representante James Tallmadge, de Nueva York, introdujo una enmienda al proyecto de ley que aceptaba a Missouri como estado por la cual los esclavos que ya existían en Missouri serían gradualmente liberados y no se permitiría la entrada de nuevos esclavos. La enmienda fue aprobada por la Cámara de Representantes, pero, por supuesto, fue rechazada por el Senado.

Los estados esclavistas vieron esta acción como la concreción de sus peores temores. Estaba claro para ellos que los abolicionistas iban a impedir la incorporación de nuevos estados esclavistas y que, de este modo, se adueñarían del Senado, el último baluarte de los estados esclavistas. Se prepararon por tanto para una lucha a muerte y se propusieron impedir que Maine entrase en la Unión como estado libre a menos que Missouri se incorporase como estado esclavista.

El Decimoquinto Congreso se disolvió y se reunió el Decimosexto Congreso. Después de un verano en el que las pasiones públicas, por ambos lados, habían llegado a extremos sin precedentes, la cuestión fue abordada nuevamente en un acalorado y tenso debate.

Se tenía que llegar a un compromiso, y finalmente propuso uno el senador por Illinois Jesse Burgess Thomas (Virginia, 1777). Fue hecho aprobar por Henry Clay (quien luego sería llamado «el Gran compromisario»), que convenció a algunos de los demócratas republicanos de los estados libres de la necesidad de un compromiso, amenazándolos con la ruptura del partido y la resurrección de los federalistas.

1. El comienzo de la división

Por el Compromiso de Missouri de 1820, pues, se permitió a Missouri entrar como estado esclavista, y a Maine, como estado libre. Fue una victoria de los estados esclavistas, que de este modo conservaron un poder igualitario en el Senado, con 12 estados y 24 senadores de cada lado.

Pero también se llegó a un acuerdo, por estrecho margen, según el cual, a partir de entonces, se excluiría la esclavitud de todos los territorios restantes de los Estados Unidos aún no organizados como estados y que estuviesen al norte de los 36° 30' de latitud norte, la línea que formaba el límite meridional de Missouri.

Ésta fue una victoria de los estados libres, pues ese límite estaba muy al sur. (Más tarde, la región no organizada dentro de las fronteras americanas, y situada al sur de esta línea, constituiría la totalidad o la mayor parte de tres estados, mientras que el territorio al norte de la línea comprendería la totalidad o la mayor parte de 11 estados.)

¿Por qué, pues, aceptaron el Compromiso los estados esclavistas? En primer lugar, existía la difundida creencia de que la parte septentrional del Territorio de Luisiana –una pradera sin árboles– era «desértica» y que no era probable que se formasen estados allí. En segundo lugar, el dominio español sobre el territorio del suroeste de los Estados Unidos se hacía cada vez más débil, y la gente de los estados esclavistas aspiraba a expandirse hacia México, donde, por los términos del Compromiso, se podían crear cualquier número de nuevos estados esclavistas.

Así, por el momento, el Compromiso de Missouri pareció dirimir la cuestión y brindar una fórmula para impedir problemas similares en el futuro. Pero, en realidad, fue un legado de perturbaciones. Los estados esclavistas comprendieron que sólo aumentando su poder podían estar seguros. El gobierno federal iba a estar dominado con el tiempo por los cada vez más populosos estados libres, en cuyo caso una Unión fuerte sería ruinosa para los estados esclavistas.

Como resultado de ello, el unionismo empezó a decaer en los estados esclavistas y floreció en su lugar una sólida filosofía de los derechos de los estados. Antes de 1820, la lucha por el unionismo contra los derechos de los estados había sido conducida vigorosamente en todos ellos. Pero después de 1820, se convirtió cada vez más en un problema regional: los estados libres optaban firmemente por el unionismo, y los estados esclavistas lo hacían por los derechos de los estados.

Poco a poco, todos los problemas se fueron soslayando ante la amenaza creciente de lo que se consideraba el único gran debate: libertad contra esclavitud. Este problema no iba a ser resuelto ni rápida, ni fácil ni, por desgracia, pacíficamente.

2. Colonias y aranceles

La Doctrina Monroe

La esperanza, por parte de muchas personas de los estados esclavistas, de una futura expansión hacia el oeste y el sur no era una fantasía remota. Mientras España vendía Florida a Estados Unidos, el resto de su imperio americano se estaba derrumbando.

Había habido insurrecciones en una y otra parte de las colonias españolas en el siglo XVIII, que habían sido sofocadas. Pero en la primera década del siglo XIX, España sufrió el huracán de las guerras napoleónicas. En 1807, Fernando VII fue depuesto por Napoleón, que proclamó rey de España a su propio hermano José Bonaparte.

Las colonias españolas de América se negaron a aceptar al nuevo gobernante, y cuando parecía que el dominio napoleónico de España podía durar largo tiempo, varias colonias declararon su independencia. Pero Napoleón fue derrotado y, en 1814, Fernando VII fue restaurado en el trono. De inmediato, Fernando trató de dar marcha atrás y declaró que las antiguas colonias eran... aún colonias.

Pero esto no lo aceptaron las diversas partes de lo que antaño había sido el Imperio Español de América del Norte y del Sur. Región tras región, mantuvieron y extendieron sus pretensiones de independencia. Al mismo tiempo, también el enorme Brasil se rebeló contra su madre patria, Portugal.

Mucha gente en los Estados Unidos se regocijaba de esta situación, en especial, los estados esclavistas, que estaban particularmente ansiosos de ver a España y Portugal totalmente fuera del hemisferio occidental. Abandonadas a sí mismas, las recientemente independizadas naciones latinoamericanas* serían más fáciles de tratar y quizá pudieran ser zonas adecuadas para la expansión estadounidense.

Naturalmente, la región más importante del Imperio Español en lo concerniente a Estados Unidos era México, con el que lindaba al sur y al oeste. Allí, España logró mantener una vacilante autoridad hasta 1820, cuando estalló la revolución en el país. Como hubo un periodo de crisis que hizo tambalearse a la monarquía española, México se separó. El 24 de febrero de 1821 se declaró independiente de España.

Ya en 1818 Henry Clay había propuesto el reconocimiento americano de las nuevas repúblicas. Tal recono-

---

* Las regiones situadas al sur de Estados Unidos son llamadas América Latina porque las lenguas que se hablan allí son el español y el portugués, lenguas derivadas del latín, y no el inglés, que es una lengua germánica.

2. Colonias y aranceles

cimiento permitiría a Estados Unidos brindarles su ayuda en su enfrentamiento con España, como antaño Francia había reconocido y ayudado a Estados Unidos en rebelión contra Gran Bretaña.

Pero el secretario de Estado, Adams, se negó a apresurar las cosas mientras estuvieran en marcha las negociaciones sobre Florida. Sólo cuando Estados Unidos se hubiese anexionado y ocupado formalmente Florida sería seguro ir más adelante. Entonces, el 12 de diciembre de 1821, Estados Unidos reconoció a México como nación independiente.

La cuestión era si Estados Unidos se comprometía a ir a la guerra por esta cuestión. Puesto que España aún no había reconocido la independencia de sus colonias, era posible que considerase la medida tomada por Estados Unidos como un acto hostil.

Esta posibilidad, por sí sola, no preocupó a Estados Unidos. España se hallaba en tal estado de parálisis que, cualquiera que fuese su reacción, no podía hacer nada. Pero más allá de España estaba el resto de Europa. Las potencias europeas que habían derrotado a Napoleón después de muchos años de lucha –principalmente, Gran Bretaña, Prusia, Austria-Hungría y Rusia– estaban decididas a mantener, en lo sucesivo, al continente seguro y en paz. Incluso Francia, ahora libre de Napoleón y nuevamente gobernada por su viejo linaje de reyes, estaba de acuerdo en esto.

Estas naciones pensaban que todos sus problemas con Napoleón habían comenzado con la Revolución Francesa de 1789; por ello, decidieron que las revoluciones debían ser aplastadas a toda costa desde el comienzo. Así, cuando España pasó por una revolución en 1820 y pareció que se establecería en ella una monarquía más liberal, las otras naciones intervinieron. Tras una reunión sobre la cuestión en 1822, convinieron en permitir a Francia que enviase un ejército a España para sofocar la revolución. Francia lo hizo sin problemas, y el 31 de agosto de 1823 la revolución llegó a su fin.

La nación más fanáticamente antirrevolucionaria era Rusia. De hecho, el zar Alejandro I de Rusia había apelado emotivamente a crear una «Santa Alianza» contra los principios demoníacos de la libertad y el republicanismo. El llamamiento no logró nada. Aunque otras naciones se enrolaron para complacer a Rusia, ninguna de ellas pretendía salir de cruzada a los confines de la tierra ni hacer de policía en todo el planeta.

Pero Estados Unidos temía que lo hicieran. La Santa Alianza se convirtió en una pesadilla para los americanos. Una vez que la monarquía española fue restablecida nuevamente en su forma completamente antiilustrada, ¿no podría la Santa Alianza devolver las colonias españolas en revolución a la madre patria? ¿No podría la Santa Alianza decidir que los Estados Unidos habían surgido de una revolución ilegal y tratar de devolverlos a Gran Bretaña? Esto era muy improbable, por supuesto, pero los americanos se sentían lo bastante nerviosos como para preocuparse por ello.

Lo que hacía parecer a la Santa Alianza particularmente peligrosa era que la misma Rusia, la abanderada de la idea, tenía posesiones en el continente americano. Durante el siglo XVIII, los rusos se habían dedicado al comercio de pieles a lo largo de las costas de Alaska, y en

2. Colonias y aranceles

1800 Rusia inició la ocupación real del país. Bajo el mando de un competente gobernador, Alexander Baranov, la influencia rusa se expandió. En 1799, Baranov fundó como capital Nueva Arcángel, en la costa del Pacífico, bien al sur de la península de Alaska. (La ciudad siguió siendo la capital de Alaska durante un siglo y hoy es llamada Sitka.) Se construyeron fuertes incluso más al sur, y en 1811 se edificó uno (aunque sólo temporal) inmediatamente al norte de San Francisco.

En 1821, el zar anunció que Rusia reclamaba como suya la costa del Pacífico hasta la línea de los 50° de latitud norte. Esta reclamación alcanzaba el extremo septentrional de la isla de Vancouver y se adentraba bastante en el Territorio de Oregón, que Estados Unidos reclamaba como propio. Se prohibió a los barcos extranjeros, incluidos los americanos, acercarse a menos de 160 kilómetros de la costa reclamada por Rusia.

Estados Unidos estaba furioso, pero ¿qué podía hacer? No podía luchar contra la Santa Alianza.

Gran Bretaña, sin embargo, se alineó con Estados Unidos en lo concerniente a los nuevos países latinoamericanos. Mientras España y Portugal habían conservado sus imperios, la posibilidad de Gran Bretaña de comerciar con esas regiones era pequeña, pero una vez que las naciones latinoamericanas se hicieron independientes, los barcos británicos podían comerciar allí libremente, lo cual convenía enormemente a los grandes intereses comerciales de Gran Bretaña.

Pero Gran Bretaña no deseaba reconocer como naciones independientes a las colonias, pues era una monarquía y no quería alentar el republicanismo de forma demasiado abierta, ni tampoco deseaba crearse enemigos en Europa. Así que no le importaba dejar que Estados Unidos hiciera el trabajo sucio por ella, y estaba totalmente dispuesta a protegerlos el tiempo que durara ese trabajo sucio. Mientras Gran Bretaña dominase los mares, ninguna otra nación europea podía embarcar un ejército para América sin permiso británico, y menos librar una guerra allí, de modo que, realmente, Estados Unidos estaba seguro.

El ministro de Relaciones Exteriores británico, George Canning, planteó unirse a los Estados Unidos en una declaración conjunta por la cual no se permitiría ninguna invasión europea de América. El embajador americano en Gran Bretaña, Richard Rush (quien había negociado el acuerdo Rush-Bagot), se sintió tentado. Cuando las noticias llegaron al presidente Monroe, también se sintió tentado, lo mismo que Jefferson y Madison, a quienes pidió consejo Monroe.

Pero el secretario de Estado, Adams, se opuso firmemente a realizar una declaración conjunta con Gran Bretaña. Si lo hacían, el mundo la consideraría enteramente británica, y Estados Unidos haría el papel de un ridículo enano que repetía «yo también». Además, una declaración de este tipo no afectaría a Gran Bretaña.

Adams insistió en que Estados Unidos hiciese su propia declaración, tanto contra Gran Bretaña como contra cualquier otro país. Gran Bretaña apoyaría la declaración por su propio interés, de modo que ninguna otra nación podría desafiarla seriamente. Además, Adams sugirió que fuese acompañada por una especie de soborno: Estados Unidos prometía no intervenir en el hemisferio oriental; no alentaría revoluciones en Europa ni intentaría ganar poder allende los mares.

Mientras los funcionarios gubernamentales americanos discutían entre ellos, los británicos fueron perdiendo interés, pues comprobaban que realmente nadie planeaba invadir las Américas.

Monroe, pues, convino en emitir una declaración puramente americana. Adams quería que se enviasen copias de la declaración a los principales gobiernos del mundo, pero el secretario de Guerra, Calhoun, se opuso juiciosamente a ello. Esos gobiernos podían sentirse ofendidos y negarse a recibir la comunicación. En su lugar, sugirió Calhoun, puesto que pronto tendría lugar la alocución anual del presidente al Congreso, ¿por qué no hacer, sencillamente, que la declaración formase parte de la alocución? El mundo escucharía, si es que quería hacerlo.

Fue lo que hizo Monroe. El 2 de diciembre de 1823 anunció lo que años más tarde se conocería como la «Doctrina Monroe».

La Doctrina Monroe anunciaba que los continentes americanos estaban cerrados a una ulterior colonización por potencias europeas (advertencia dirigida principalmente a los intentos de Rusia de extender sus posesiones en Alaska). También declaraba que las potencias europeas no debían tratar de subvertir los modelos americanos de gobierno por métodos distintos de la guerra. En contrapartida, Estados Unidos no intervendría en las colonias europeas de América existentes por entonces, ni se mezclaría en los asuntos internos de las potencias europeas ni en guerras estrictamente europeas.

Equivalía a decir: «Dejadnos en paz y nosotros os dejaremos en paz».

La Doctrina Monroe no fue tomada en serio por ninguna nación, ni siquiera por las nuevas repúblicas latinoamericanas, que prefirieron confiar en la flota británica.

Afortunadamente para los Estados Unidos, Gran Bretaña, por sus propios intereses, llevó a cabo una política que coincidía con la Doctrina Monroe, por lo que la proclamación americana pareció surtir efecto. Con el tiempo, por supuesto, Estados Unidos llegaría a ser lo bastante fuerte como para hacerla valer sin la cooperación de Gran Bretaña.

Gran Bretaña también hizo a Estados Unidos otro favor. Estaba tan inquieta como Estados Unidos por la expansión rusa aguas abajo de la costa del Pacífico, y podía demostrar su disgusto de una manera más enérgica. Rusia decidió que no merecía la pena querellarse por esa cuestión, y el 17 de abril de 1824 convino en reducir su reclamación a los 54° 40' de latitud norte, que era la frontera septentrional del Territorio de Oregón. Esta concesión parecía una respuesta a la Doctrina Monroe, y los americanos se hincharon de orgullo.

La elección de los cinco candidatos

Pero el segundo mandato de Monroe estaba llegando a su fin, y ya era una tradición bien establecida que ningún presidente tuviera más de dos mandatos. Se planteó entonces la cuestión del sucesor; el mismo Monroe favorecía a su secretario del Tesoro, William H. Crawford (quien 8 años antes había estado a punto de arrebatar la candidatura a Monroe).

Crawford, aunque georgiano, había nacido en Virginia y era un defensor de los derechos de los estados al viejo estilo de Jefferson, Madison y Monroe. Éste pensó que Crawford sería el que mejor continuaría las tradiciones de la «Dinastía de Virginia».

En el pasado, la manera habitual de elegir un candidato presidencial había consistido en que los diversos miembros del Congreso de un partido determinado se agruparan en lo que se llamaba una «reunión electoral» y votaran sobre la cuestión. Pero esta vez, el viejo sistema no funcionó. No había federalistas para celebrar una reunión electoral, y parecía haber demasiados demócratas republicanos con demasiados puntos de vista diferentes para efectuar otra.

Pese a todo, se celebró una pequeña reunión electoral con 66 miembros del Congreso, de un total de 216, y el 14 de febrero de 1824 eligieron candidato a Crawford. Fue un espectáculo sin relieve, y la última reunión electoral para elegir candidatos que se llevó a cabo.

En todo el país habían surgido protestas contra el sistema. La reunión electoral parecía una manera de mantener el control en manos de los políticos profesionales para actuar sobre seguro, eligiendo a un colaborador eficaz tras otro. Nunca habría cabida para héroes populares fuera de la tradición del Congreso.

La reunión electoral no había significado nada, ni siquiera en el seno del gobierno. El secretario de Guerra, Calhoun, que había estado negociando para llegar a la presidencia desde 1821, se proclamó candidato, mientras que el 18 de noviembre de 1822 la asamblea legislativa de Kentucky eligió candidato a presidente al orgullo de Kentucky, Henry Clay. Éste, que era un político sumamente hábil, había maniobrado para hacer que el Congreso aprobase el Compromiso de Missouri, lo cual tenía mucho mérito.

Pero la candidatura de mayor resonancia surgió en Tennessee. Allí, el clamor no era por un miembro del gabinete o del Congreso, sino por un héroe de guerra que se había destacado en la batalla de Nueva Orleans y en Florida. Ya el 20 de julio de 1822 la cámara legislativa de Tennessee había elegido a Jackson candidato a presidente, y luego lo envió a Washington como senador. No había duda de que este activismo rudo y vigoroso complacía a gran parte de la nación.

Estos cuatro candidatos eran de Georgia, Carolina del Sur, Tennessee y Kentucky, todos ellos estados esclavistas. Surgió un quinto candidato en Boston, el 15 de febrero de 1824; nuevamente, se trataba de un personaje notable, John Quincy Adams, el arquitecto de la Doctrina Monroe. Era el único representante de los estados libres en la carrera presidencial.

Nunca antes ni después hubo cinco candidatos fuertes que se disputasen la presidencia, y la «era de los buenos sentimientos» llegó a su fin definitivamente.

En el curso de la campaña, las cosas se simplificaron un poco cuando Calhoun, juzgando la situación con un criterio práctico, llegó a la conclusión de que no iba a ser elegido. Por lo tanto, se retiró y aceptó la candidatura a la vicepresidencia que le ofrecieron las fuerzas de Adams y de Jackson. Más tarde Crawford sufrió un ataque que le provocó una parálisis parcial, y aunque se negó a retirarse de la carrera presidencial, su posición quedó muy debilitada.

Además del número de candidatos, hubo otra complicación en la elección de 1824. Se estableció una forma de votación prácticamente nueva. Hasta entonces, el presidente había sido elegido por un grupo de electores –tantos por cada estado– que habitualmente eran elegidos por las cámaras legislativas estatales.

Pero poco a poco se hizo cada vez más frecuente que la gente de cada estado votase directamente a los electores. La mayoría generalmente elegía una de las listas de electores en competencia, cuyos miembros se comprometían todos a votar por el candidato particular deseado por esa mayoría*. Así, en 1824 no sólo había un voto electoral, para elegir a un presidente, sino también un «voto popular», que mostraba cuál era el sentir de la población en general.

En la elección de 1824, la primera en la que se registró un voto popular, Jackson fue el más votado, con 153.544 votos, frente a los 108.740 de Adams. Pero los otros dos rivales, Crawford y Clay, recibieron algo más de 45.000 cada uno, lo que significaba que el triunfo de Jackson estaba lejos de contar con una clara mayoría popular; había recibido sólo el 43,1% de los votos.

Por supuesto, eran los votos electorales los que contaban, pero la situación era la misma: Jackson tenía 99 vo-

---

* En realidad, ningún elector estaba –ni está– obligado a votar de un modo determinado. De tanto en tanto, surge algún elector que decide votar de forma contraria al voto de su estado. Pero esto no ha sucedido hasta el punto de que un candidato del que se pensase que fuera elegido en teoría no lo fuese en la práctica.

tos electorales; Adams, 84; Crawford, 41, y Clay, 37. Puesto que se necesitaban 131 votos, nadie cumplía con las condiciones para ser elegido. (El caso fue diferente en la vicepresidencia: Calhoun, apoyado por Adams y Jackson, obtuvo 182 votos electorales y fue elegido.)

Por segunda vez en la historia americana* terminaba una elección presidencial sin que ningún candidato obtuviese una clara mayoría. De acuerdo con la Constitución, esto implicaba que los tres candidatos con más votos debían hacer frente a un voto de decisión en la Cámara de Representantes. Clay, que salió en cuarto lugar, fue excluido.

Puesto que Clay no podía ser presidente, tenía el privilegio de elegir a quién apoyar de los tres restantes, y su apoyo realmente resultó influyente. Como era un unionista, no sentía ninguna simpatía por Crawford, un firme partidario de los derechos de los estados. En cuanto a Jackson, sus inclinaciones políticas eran desconocidas, y a Clay no le gustaba particularmente. Adams, en cambio, era el más cercano a sus ideas unionistas, así que Clay, aprovechando al máximo su considerable influencia entre los representantes, apoyó vigorosamente a Adams.

Cada estado tenía un voto en este caso, y cuando Clay terminó y se emitió el voto, el 9 de febrero de 1825, resultó que 13 de los 24 estados votaron por Adams, mientras que Jackson obtenía 7 votos y Crawford 4. Esto significaba que, si bien Adams ocupaba el segundo lugar tanto en el voto popular como en el electoral, era el ele-

---

* La primera vez fue en 1800. Véase *El nacimiento de los Estados Unidos*, Alianza Editorial, Madrid, 2011.

gido, y tres semanas más tarde comenzó su mandato como sexto presidente de los Estados Unidos. (Éste fue el único caso en la historia americana en que un padre y su hijo obtuvieron la presidencia, hasta George Bush y George W. Bush. John Adams, que había sido el segundo presidente de los Estados Unidos, aún estaba vivo y se estaba acercando a los 90 años.)

Los adeptos de Jackson estaban horrorizados por lo que había hecho la Cámara de Representantes y se sentían particularmente amargados por el papel que había desempeñado Clay. Aunque ahora comprendamos que las actuaciones de Clay habían sido motivadas por sus principios, esto no era tan visible para quienes estaban ciegos de cólera. Muchos de ellos insistían en que Clay había vendido su influencia por algún cargo con Adams; y el mismo Jackson, un hombre de intensos odios, que nunca olvidaba y nunca perdonaba, parecía creerlo.

Adams, como su padre, era de una enorme capacidad e integridad, y es totalmente inconcebible que se hubiese entregado a maniobras poco limpias para ganar la elección. Pero también, como su padre, tenía una marcada carencia de tacto y de sentido común político. Incapaz de imaginar que alguien pudiese dudar de su honestidad, ofreció a Clay el cargo de secretario de Estado.

Clay, que era un político consumado, debería haber comprendido que, en esas circunstancias, habría sido mejor alejarse de Adams hasta que se apaciguasen las protestas de la elección del Congreso. Pero fue incapaz de resistir la tentación de ese alto cargo, sobre todo porque, en aquellos días, la Secretaría de Estado conducía directamente a la presidencia. Jefferson, Madison,

Monroe y el mismo John Quincy Adams habían ocupado el cargo de secretario de Estado antes de ser presidentes.

Naturalmente, las atronadoras quejas de los partidarios de Jackson alcanzaron nuevas alturas. Eran muchos los que vociferaban: «¡Un trato corrupto!», y eran muchos los que lo creían. No había ninguna posibilidad de que se produjera una reconciliación. Los adeptos de Jackson pasaron a la oposición con tal fuerza que fue como si se hubiesen formado dos partidos: uno, encabezado por el gobierno, se mostraba a favor de Adams y Clay, y otro, de los jacksonianos. La campaña para la elección de 1828 empezó inmediatamente.

La aparente división partidista se convirtió en una división de hecho. Clay pronto formaría un Partido Republicano Nacional, así llamado para diferenciar a sus seguidores de los demócratas republicanos de Jackson. En el curso de los años siguientes, las dificultades que suponía tener dos tipos de republicanos fueron tales que las fuerzas de Jackson acentuaron la primera mitad de su nombre; se convirtieron simplemente en demócratas, y este nombre ha persistido hasta la actualidad.

En general, los republicanos nacionales* tendieron a ser unionistas, y los demócratas se inclinaron hacia el bando de los defensores de los derechos de los estados.

El Decimonoveno Congreso, elegido en 1824, fue partidario del gobierno, pues las fuerzas jacksonianas eran

---

* Este partido no es el actual Partido Republicano. Este último sólo surgiría un cuarto de siglo después.

superadas por 26 a 20 en el Senado y por 105 a 97 en la Cámara de Representantes. Pero los efectos del alboroto del «trato corrupto» aparecieron en las elecciones de mitad del mandato, en 1826, cuando el Vigésimo Congreso se inclinó por el bando de Jackson, quien tuvo ahora una mayoría de 28 a 20 en el Senado y de 119 a 94 en la Cámara de Representantes.

Adams, que había sido un gran secretario de Estado en el pasado e iba a ser un gran miembro del Congreso en el futuro, demostró ser un mediocre presidente, pues optó por conservar su integridad hasta el suicidio político. Mantuvo en su puesto a hombres que habían actuado contra él alegando que hacían bien sus tareas, designó a opositores en cargos del gobierno sobre la base de que estaban cualificados para ellos, y se negó a entregarse a ninguno de los juegos políticos que ganan amigos y debilitan a los enemigos, con lo que debilitó a sus amigos y aumentó el número de sus enemigos.

También operó contra Adams la continua liberalización del proceso de las elecciones. Originalmente, los estados habían establecido requisitos de propiedad para votar, lo que había mantenido el voto mayormente en manos de personas ricas y cultas, poco propensas a dejarse arrastrar por entusiasmos populares. Los nuevos estados incorporados desde la Guerra de 1812 carecían de tales requisitos, y los viejos estados empezaron a eliminarlos.

Naturalmente, todo aquello que favoreciera el voto de todo el mundo redundaba en beneficio de Jackson, que era un héroe popular.

El Arancel de las abominaciones

La impopularidad de Adams y el implacable odio que sentían hacia él los jacksonianos obstaculizaron toda su actividad, incluso en el campo en que era más experto: los asuntos extranjeros. Resultaba muy natural, considerando la larga historia de Adams como diplomático y su hoja de servicios como creador de la Doctrina Monroe, que se interesase particularmente por el destino de las repúblicas latinoamericanas; pero sus esfuerzos en esta tarea fueron erróneos.

Canning, el ministro de Relaciones Exteriores británico, también se interesaba por la América Latina. Había ofrecido unirse a los Estados Unidos en lo que fue luego la Doctrina Monroe y había sido rechazado. Sentía cierto fastidio por ello y estaba decidido a golpear a Estados Unidos en su propio terreno. No necesitaba violar la Doctrina Monroe para hacerlo (aunque probablemente no le habría preocupado). Gran Bretaña no necesitaba colonizar América Latina ni subvertir su política; le bastaba comerciar con las nuevas naciones y reducirlas a la servidumbre económica.

Gran Bretaña tenía enormes ventajas sobre Estados Unidos por esa época, pues las mismas naciones latinoamericanas preferían la protección y el comercio británicos a los de los estadounidenses. Gran Bretaña era más fuerte y más rica, y por ello podía ser de mucha más ayuda. Así, cuando Simón Bolívar, uno de los líderes de la revolución latinoamericana, convocó un congreso interamericano en Panamá para crear medios de protección mutua, invitó a Gran Bretaña y no a Estados Unidos.

2. Colonias y aranceles

Pero algunas de las naciones latinoamericanas (particularmente México, que lindaba con Estados Unidos y no deseaba tener un enemigo innecesario) también invitaron a Estados Unidos. Adams y Clay aceptaron prestamente la invitación y nombraron dos delegados.

El único problema era que los jacksonianos no estaban dispuestos a aceptar nada que propusiera el gobierno. Se negaron a asignar fondos a los costes de la misión, y la disputa fue larga y agotadora. Finalmente, ganó el gobierno, mas para entonces uno de los delegados ya había muerto y, en cualquier caso, la reunión de Panamá había sido suspendida. Fue un asunto humillante para Estados Unidos, y para Adams en particular.

La rivalidad británico-americana en América Latina podría haberse perpetuado y enconado peligrosamente, pero Canning murió en 1827 y sus sucesores no estaban interesados en competir con los Estados Unidos en esa región del mundo. Una vez más, Estados Unidos ganó por buena suerte más que por buen sentido.

Otro problema —y mucho peor— surgido por la enemistad de los jacksonianos era el concerniente a los aranceles.

Los aranceles proteccionistas de 1816 no habían protegido lo bastante a las industrias americanas. Los productos británicos aún dejaban en desventaja a los americanos. Aunque los aranceles sobre ciertas mercancías fueron elevados en 1818 y 1822, todavía continuaban siendo bajos.

Los estados industriales del Noreste presionaban al gobierno para que efectuase nuevos aumentos, pero los estados esclavistas, que seguían siendo agrícolas, estaban firmemente en contra de tales aumentos, pues preferían productos manufacturados más baratos de Gran Bretaña que los productos más caros del Noreste. Para ellos, estaba claro que los aranceles superiores aumentarían la prosperidad del Noreste industrial a expensas del Oeste y el Sur rurales.

En los últimos días del Decimonoveno Congreso, cuando el gobierno todavía mantenía el control (pero sabiendo ya que lo perdería en el futuro Vigésimo Congreso), se intentó conseguir la aprobación de un aumento en los aranceles antes de que fuese demasiado tarde. El aumento arancelario fue aprobado por la Cámara de Representantes, pero se produjo un empate en el Senado.

Calhoun, como vicepresidente, ocupaba la presidencia del Senado y tenía el privilegio de votar para romper el empate. (En verdad, no podía votar en ninguna otra ocasión.) Como miembro del gobierno y como unionista, cabía esperar que votase por el aumento arancelario. Pero había figurado en la lista electoral de Jackson, y era más un jacksoniano que un hombre del gobierno. Además, había empezado a pasar del unionismo a la defensa de los derechos de los estados, como ahora demostraba: su voto fue contra el aumento arancelario y el proyecto de ley quedó anulado.

Luego, cuando el Vigésimo Congreso se reunió por primera vez, en 1827, los jacksonianos, que predominaban en el Congreso, elaboraron un plan verdaderamente maquiavélico: prepararon un arancel con tasas extremadamente elevadas, establecidas de tal modo que afectasen a los intereses de Nueva Inglaterra.

2. Colonias y aranceles

Como los representantes y senadores de Nueva Inglaterra se verían obligados a votar contra él, serían acusados del fracaso del proyecto de ley. Los jacksonianos, en cambio, podían decir a quienes estaban a favor del arancel elevado que ellos mismos habían presentado el proyecto de ley y que sus opositores habían conseguido hacerlo fracasar. El resultado final, pensaban confiadamente los jacksonianos, sería que todo el mundo se decantaría por Jackson y nadie por Adams.

La estrategia jacksoniana en el Congreso era conducida, claro está, por Calhoun. Lo secundaba hábilmente Martin Van Buren (Nueva York, 1782), senador por su estado natal desde 1821 y partidario de los derechos de los estados.

Van Buren había apoyado la construcción del canal de Erie, en Nueva York, con la financiación del estado; el proyecto fue completado el 26 de octubre de 1825, gracias al vigoroso impulso que le dio el gobernador De Witt Clinton. Clinton (Nueva York, 1769) era sobrino de George Clinton, que había sido vicepresidente bajo Jefferson y Madison. El Canal de Erie fue un éxito enorme y convirtió a la ciudad de Nueva York en el principal puerto por el cual podía efectuarse el comercio entre Europa y el interior americano. Este acceso condujo al fenomenal crecimiento de Nueva York e hizo de ella, con el tiempo, la mayor y más notable ciudad de Estados Unidos y, en muchos aspectos, del mundo.

Van Buren había afilado sus dientes políticos en una larga lucha con De Witt Clinton y finalmente había ganado. Fue uno de los primeros políticos en crear un sistema de fieles secuaces (una «maquinaria de partido») que gobernaban su estado originario mientras él se encontraba en Washington; fue un temprano ejemplo de «jefe de partido».

Como era un hombre de escasa estatura y de gran encanto personal, que tenía el arte de ganarse a la gente con una conversación suave y amable, era llamado «el Pequeño Mago». (Posteriormente, fue llamado «el Viejo Kinderhook» *[Old Kinderhook],* por su lugar de nacimiento; se cree que fue el uso de distintivos electorales con las iniciales OK *[okey]* lo que dio origen al uso generalizado del término en los Estados Unidos para significar «sí», «muy bien» o «todo está en orden».)

Había sido Van Buren quien había convocado la última reunión política electoral de miembros del Congreso, en 1824, y había maniobrado para que se nombrase candidato a Crawford. Pero Van Buren percibió claramente la dirección del viento después de la elección y se pasó al bando de Jackson. En adelante no hubo jacksoniano más firme que él.

Con su acostumbrada habilidad, Van Buren activó rápidamente el proyecto de ley de elevados aranceles proteccionistas en el Congreso, al tiempo que obstaculizaba a los delegados de Nueva Inglaterra cada vez que proponían enmiendas para hacer más sensato el arancel. Finalmente, se llegó a la votación, en la que mientras los hombres de Jackson sonreían con aire satisfecho, los representantes de Nueva Inglaterra votaron a favor del proyecto. Se emitieron los votos necesarios para que fuese aprobado. Adams lo firmó, y el 19 de mayo de 1828 se convirtió en ley.

Los horrorizados defensores de los derechos de los estados de las zonas rurales del país llamaron a la ley el «Arancel de las abominaciones». Los jacksonianos se quedaron sin habla: habían caído en su propia trampa. Sus seguidores, si hubiesen tenido otro partido al cual apoyar, habrían abandonado a los jacksonianos inmediatamente.

La desaparición de lo viejo

El inesperado resultado de la maquinación arancelaria dejó a los estados rurales, particularmente a los esclavistas, en el más alto grado de frustración. Se acercaba la elección presidencial de 1828, que seguramente enfrentaría de nuevo a Jackson contra Adams en otra ronda como la disputada decisión de 1824. Puesto que no podían votar por Adams y el Noreste industrial, los estados esclavistas tendrían que votar por el jacksonismo, cuyo historial había sido bastante pobre hasta entonces.

De un modo u otro, los estados esclavistas daban la impresión de ser siempre vencidos en las elecciones por los intereses industriales del Noreste. Además, los estados occidentales, aun los que tenían esclavos, poseían una tradición democrática que les hacía sentir escasa simpatía por el aire aristocrático de los estados costeros, más viejos; era dudoso, pues, que se pudiera confiar en el Oeste.

Este sentimiento de desconfianza hacia la mayoría de los otros estados o hacia todos ellos era más fuerte en Carolina del Sur, donde el espíritu de la aristocracia de viejo estilo estaba aún vivo. Carolina del Sur, por ejemplo, elegía electores presidenciales por el voto de la cámara estatal, no por elección popular. Por ello, no era sorprendente que Carolina del Sur fuese el más radical de los estados esclavistas en su hostilidad hacia las fuerzas mayoritarias que veía alinearse contra él en el resto de la Unión. Un número creciente de ciudadanos de Carolina del Sur pensó que sólo podían hallar seguridad en la más extrema posición de defensa de los derechos de los estados.

El 2 de julio de 1827, Thomas Cooper, presidente del College de Carolina del Sur, planteó en un discurso si era posible que Carolina del Sur recibiese una apropiada consideración de sus justas necesidades por parte de una coalición hostil de estados con tradiciones diferentes de las suyas, y si la opción no se estaba convirtiendo en la de «sumisión o separación».

La aprobación del Arancel de las abominaciones había levantado protestas en muchas cámaras legislativas sureñas, pero la de Carolina del Sur fue extremada en su reacción: el 19 de diciembre de 1828 la cámara de Carolina del Sur aprobó resoluciones que denunciaban el arancel en términos enérgicos. Al mismo tiempo, se publicó un ensayo titulado «Exposición y protesta de Carolina del Sur». No llevaba nombre de autor, pero había sido escrito por Calhoun, el vicepresidente de Estados Unidos, quien ahora completaba de este modo su paso del unionismo a los derechos de los estados.

El punto principal de la argumentación de Calhoun era que la soberanía estaba realmente en los estados, es decir, que eran ellos los que finalmente debían decidir en

2. Colonias y aranceles

cuestiones legislativas. La unión creada por la Constitución sólo era un acuerdo voluntario entre los diversos estados, y ninguno se hallada obligado a cumplir una ley si pensaba que ésta violaba ese acuerdo, lo cual significaba que un estado, frente a una ley federal que consideraba intolerable, podía anularla (declararla inexistente) dentro de sus límites.

Esta idea no era nueva. Ya en 1798, cuando, bajo John Adams, Estados Unidos había aprobado leyes represivas que limitaban la libertad de expresión y de prensa, el estado de Kentucky había aprobado resoluciones que apoyaban la idea de la anulación. Estas resoluciones también habían sido escritas, anónimamente, por un vicepresidente de Estados Unidos, que a la sazón era Thomas Jefferson. Más aún, bajo los presidentes Jefferson y Madison, algunos sectores de Nueva Inglaterra habían desafiado y anulado la ley federal en la práctica.

Pero con cada década que pasaba, la idea de la anulación se hacía más difícil de defender. Medio siglo había transcurrido desde la Declaración de Independencia, y un tercio de siglo desde que la Constitución había creado la Unión Federal. Por entonces, la mayoría de la población había nacido y vivido en la Unión, y estaban habituados a considerarse americanos, no nativos de un estado particular. Estados Unidos había luchado contra Gran Bretaña en la Guerra de 1812, resuelta en un empate, había obtenido vastos territorios nuevos y cada día era más rico, más fuerte y más populoso. La idea de desmembrarlo en regiones o estados individuales y destruir la fuerza, las dimensiones y la riqueza propia de la Unión era cada vez más difícil de digerir.

Tampoco la mayoría de la nación aceptaba la teoría de que la Constitución era meramente el producto de un acuerdo entre estados. Su preámbulo, al exponer las razones de su creación, empezaba con las palabras: «Nosotros, el pueblo de los Estados Unidos...», y no: «Nosotros, los estados que constituyen los Estados Unidos...», o «Nosotros, el pueblo de los estados».

Además, John Marshall, el duro federalista que todavía era presidente del Tribunal Supremo, había declarado firmemente que el gobierno federal era responsable ante el pueblo, y no ante los estados, y que sólo el Tribunal Supremo, no los estados, podía decidir si una ley era inconstitucional o no; y los americanos se habían acostumbrado a considerar que la palabra de Marshall era la ley.

La desaparición de los viejos sentimientos favorables a los estados, no a la Unión, hizo difícil para Carolina del Sur hallar apoyo en el asunto del arancel. Otros estados podían simpatizar con ella, pero no admitían su posición extrema, y Carolina del Sur quedó aislada.

Aunque sólo los hombres con más de 60 años recordaban los días anteriores a la Constitución, ahora, bajo el gobierno de Adams, se produjeron algunas intensas manifestaciones nostálgicas de aquellos viejos días.

El 14 de agosto de 1824, llegó a Nueva York un recuerdo viviente de la guerra. Se trataba nada menos que del marqués de Lafayette, quien de joven había combatido bajo el mando de Washington y desempeñado un papel de particular importancia en la fundamental batalla de Yorktown*. Había sido invitado por los Estados Uni-

---

* Véase *El nacimiento de los Estados Unidos,* Madrid, Alianza Editorial, 2012.

dos a visitar el país que había ayudado a crear, y allí acudió con su hijo para ser honrado y aclamado durante una gira que duró un año. Tenía 67 años y había luchado por la libertad toda su vida. Había tomado parte en la Revolución Francesa como ardiente defensor de la libertad, había sido expulsado de la nación cuando la revolución se hizo demasiado radical y se despreocupó de la libertad, y había retornado bajo Napoleón. Pero se opuso también a éste y luchó por sus ideas liberales después de la caída del emperador francés.

El 17 de junio de 1825, mientras Daniel Webster pronunciaba un discurso, Lafayette puso la piedra angular del monumento a Bunker Hill en Charlestown. El 8 de septiembre volvió a Europa, y allí, durante 9 años más, hasta su muerte, ocurrida el 20 de mayo de 1834, mantuvo firmemente las mismas ideas que lo llevaron a combatir como voluntario junto a los americanos por la independencia y la libertad más de medio siglo antes.

Un signo más triste del paso del tiempo se produjo el 4 de julio de 1826, el quincuagésimo aniversario de la Declaración de Independencia. Dos de los firmantes, y sólo dos, habían llegado a ser presidentes de Estados Unidos: John Adams y Thomas Jefferson. Habían sido enconados adversarios políticos a finales de siglo, pero en su retiro, en su vida madura y al apaciguarse las pasiones, se habían hecho amigos; se escribieron frecuente y afectuosamente durante más de 13 años.

Al acercarse el quincuagésimo aniversario de la independencia, John Adams había cumplido 90 años, y Jefferson, 83, y ambos estaban enfermos. Era dudoso, en efecto, que Jefferson viviera para ver el aniversario, pero se aferró a la vida lo suficiente para darse cuenta, después de medianoche, de que era el 4 de julio; luego, se dejó morir.

John Adams murió unas pocas horas más tarde, y sus últimas susurrantes palabras fueron: «¡Jefferson aún vive!». Pero, ¡ay!, no era así.

Que los dos presidentes signatarios muriesen el mismo día y que este día fuese el del cincuentenario de la independencia americana es, seguramente, una de las coincidencias más notables de la historia americana.

Con la muerte de Adams y Jefferson, sólo un firmante de la Declaración seguía con vida: Charles Carroll, de Maryland, quien tenía 89 años por entonces. Él y dos signatarios supervivientes de la Constitución, Rufus King y James Madison, eran los únicos «Padres Fundadores» que seguían vivos.

3. Andrew Jackson

La segunda competición

Nadie dudaba de que la elección presidencial de 1828 fuera a ser una repetición de la de 1824. De hecho, fue una continuación de ésta, pues se trataba de una vieja batalla que nunca se había detenido. Jackson estaba firmemente resuelto a invertir una elección que, estaba convencido, le habían robado, y la campaña jacksoniana por la presidencia llenó el final del mandato de John Quincy Adams. En octubre de 1825, sólo siete meses después de que Adams asumiera su cargo, la cámara legislativa de Tennessee ya había nombrado nuevamente a Jackson candidato a presidente, y éste renunció al Senado para concentrarse en su campaña.

A continuación, fue elegido, para presentarse junto a él, Calhoun, que era el vicepresidente de Adams. Esto no era una traición, pues en 1824 Calhoun había figurado en la lista electoral de Jackson y en la de Adams.

Los republicanos nacionales, que ahora constituían definidamente un partido separado, volvieron a nombrar candidato a Adams, por supuesto, y como candidato a la vicepresidencia eligieron a Richard Rush, que era secretario del Tesoro en el gobierno de Adams.

La gradual democratización del proceso de votación había eliminado barreras y aumentado el número de los capacitados para votar. Mientras que unos 350.000 habían votado en 1824, más de 1.150.000 votarían en 1828, una expansión del derecho de voto de unas tres veces y cuarto. La era en que las elecciones estaban en manos de los hombres cultos y acomodados había terminado.

Esto significaba que los políticos tenían que rivalizar por los votos de la gente sencilla y sin educación, lo cual, a su vez, implicaba que se podían usar para provecho propio graves acusaciones, exageraciones y manifiestas mentiras.

Las elecciones de 1828 fueron las primeras en que se utilizaron las tácticas sucias de campaña electoral a las que Estados Unidos se ha acostumbrado desde entonces. Adams, por ejemplo, que fue uno de los hombres más honestos que hubo nunca en la vida pública, fue acusado de toda clase de corrupciones por hombres que sabían que mentían al hacer sus denuncias.

Otro factor novedoso fue la aparición de un nuevo tipo de partido.

Hasta 1828, los partidos de Estados Unidos habían actuado sobre la base de alguna filosofía de líneas muy generales que atravesaba todo el espectro de sus opiniones

3. Andrew Jackson

y de su actividad política. Había habido dos tendencias bien diferenciadas en sus ideas fundamentales con dos partidos en cada bando: el unionismo de federalistas y republicanos nacionales frente a los defensores de los derechos de los estados de demócratas republicanos y demócratas.

Pero en 1826 se creó un partido que se basaba en un solo punto fundamental, y durante un tiempo creció con sorprendente velocidad. Surgió en relación con una organización llamada masonería, cuyas reuniones eran secretas, confería cargos a sus miembros y efectuaba ritos misteriosos pero esencialmente inocuos.

Los orígenes de la masonería se remontan a tiempos medievales; se había destacado en las Islas Británicas a principios del siglo XVIII y desde allí se había difundido por el resto de Europa y las colonias americanas. En 1734, por ejemplo, Benjamin Franklin fue elegido Gran Maestre de los masones de Filadelfia. Muchas de las figuras del período revolucionario –entre ellas, el mismo George Washington– eran masones; tal vez hubo hasta tres docenas de ellos entre los Padres Fundadores.

La gran debilidad de la organización masónica era su carácter secreto y el hecho de que sus miembros se complacieran en esta clandestinidad y no le pusieran ninguna objeción, lo que provocaba en la imaginación de la gente toda clase de ritos y poderes misteriosos. Como resultado de ello, se hicieron sospechosos de realizar actividades sediciosas; y no se creía en sus negaciones a causa de su secreto. Así, en Europa, estaba difundida la creencia de que los masones se hallaban detrás de toda actividad revolucionaria.

En Estados Unidos también había vagas sospechas, y éstas estallaron por la actividad de William Morgan (Virginia, 1774), un veterano de la batalla de Nueva Orleans que se había establecido en Batavia, Nueva York, en 1823. Había sido masón, pero anunció que había roto con la orden y estaba preparando un libro que exponía todos sus secretos.

El 12 de septiembre de 1826, desapareció, y hasta hoy nadie sabe con certeza qué le ocurrió. Por supuesto, inmediatamente circuló por todos los lados el rumor de que los masones lo habían raptado y asesinado. Se produjo una histeria general, especialmente cuando, unas semanas más tarde, se publicó la primera parte del libro de Morgan, que estaba lleno de espeluznantes detalles de las presuntas actividades conspirativas de los masones.

Cuando se empezó a investigar la cuestión, resultó que la mayoría de los funcionarios de Nueva York, incluido el mismo gobernador, eran masones. Surgió la cuestión de si no podía haber una nación dentro de la nación, un gobierno dentro del gobierno, si los masones no estarían gobernando secretamente a los Estados Unidos para sus propios fines misteriosos y ocultos.

Un periodista y político de Nueva York llamado Thurlow Weed (1797) fundó el Partido Antimasón, que se expandió de Nueva York a los estados vecinos. Era un partido sin principios ni intereses, aparte de su oposición a los masones, y se declaró adversario de Jackson, pues también él era masón.

El Partido Antimasón fue el primero de los «terceros partidos» de Estados Unidos y también el primer partido «de un tema» (y en modo alguno iba a ser el último).

3. Andrew Jackson

En 1828, había alcanzado fuerza suficiente para provocar el temor de que Jackson perdiera el estado de Nueva York. Van Buren tuvo que postularse personalmente al cargo de gobernador y hacer una intensa campaña en el estado para ponerlo a favor de Jackson.

Gracias a Van Buren, Jackson triunfó en Nueva York, pero la elección estuvo muy equilibrada: 140.000 frente a 135.000. En el conjunto de la nación, Jackson ganó en todo el Sur y el Oeste, y lo hizo por una buena mayoría: 650.000 a 500.000 en el voto popular, y 178 a 83 en el voto electoral. Los sucesos de 1824 fueron así vengados.

El 4 de marzo de 1829, Jackson ocupó el cargo de séptimo presidente de Estados Unidos. También dominó el Congreso, pues el Vigesimoprimer Congreso, que inició sus sesiones en 1829, era demócrata por 26 a 22 en el Senado y por 139 a 74 en la Cámara de Representantes.

La democracia se expande

La investidura de Jackson marcó una fuerte ruptura en la tradición americana. Hasta entonces, la presidencia había sido ocupada por hombres de las clases superiores, criados en la culta tradición de las regiones costeras: en los 40 años transcurridos desde la aprobación de la Constitución, el cargo había sido ocupado por hombres de Virginia durante 32 años y por hombres de Massachusetts durante 8.

Jackson era de Tennessee y sólo había recibido una instrucción general. Violento y rudo, era conocido como «el Viejo nogal», para indicar que era duro y rugoso como la madera de ese árbol. Tenía gran confianza en el hombre común, lo cual significaba que albergaba algunas sospechas con respecto a los hombres cultos. En tanto que los anteriores presidentes podían jactarse de su ascendencia familiar, Jackson había nacido en una cabaña de troncos; su éxito (y el crecimiento de la población votante entre los menos acomodados) hizo prácticamente obligatorio para los políticos jactarse de tener orígenes humildes y rechazar toda pretensión de educación culta y refinada. (La riqueza estaba muy bien en sí misma: los políticos podían ser ricos, siempre que fueran toscos.)

De hecho, el desprecio de los demócratas jacksonianos por la educación era tal, que los amargados nacionales republicanos, para representar al Partido Demócrata utilizaron un asno, símbolo que ha subsistido hasta hoy.

Jackson fue el primer presidente de Estados Unidos que le quiso dar «colorido» a su investidura. Antes de él, los presidentes eran investidos en un solemne retiro. Pero Jackson invitó al público a la Casa Blanca para celebrarlo, aunque, en su entusiasmo, hombres vociferantes y totalmente bebidos arruinaron todo el mobiliario.

Jackson tampoco mantuvo la solemnidad ni actuó sólo como ejecutor de las leyes aprobadas por el Congreso. Presentó activamente proyectos de las leyes que deseaba y no vaciló en vetar aquellas que no le gustaban; fue el primer presidente que representó el tipo de líder poderoso y activo al que nos hemos acostumbrado hoy. Sabía que tenía al pueblo de su lado, y se apoyó en él contra el Congreso, e incluso contra el Tribunal Supremo.

El gradual crecimiento de la democracia, que se mostraba del modo más triunfal en el carácter del nuevo pre-

3. Andrew Jackson

sidente, también se manifestó de otras maneras. Así, llegaron a introducirse ideas radicales en el pensamiento americano.

Por ejemplo, en la ciudad de Nueva York, trabajadores en paro fundaron, en 1829, un Partido de los obreros siguiendo un intento similar llevado a cabo en Filadelfia el año anterior. Este partido no duró mucho ni logró nada, pero fue el primer intento de organizar a los obreros. También consiguió dar publicidad a ciertas ideas nuevas –como la creación de escuelas públicas gratuitas y la abolición de la prisión por deudas– que, si bien fueron consideradas ridículas por aquel entonces, con el tiempo llegarían a ser aceptadas.

También la idea de la abolición de la esclavitud y la extensión de las ideas americanas de libertad e igualdad a todos los hombres alcanzaron un nuevo nivel de intensidad.

Antes del decenio de 1830, la palabra «abolicionista» era poco conocida, y quienes creían en el fin de la esclavitud eran amables filósofos y cuáqueros que se contentaban con razonar apaciblemente. Benjamin Lundy (un cuáquero nacido en Nueva Jersey, 1789) era un hombre así; había organizado la Sociedad Humanitaria de la Unión en 1815 y publicaba un periódico antiesclavista que abogaba por la gradual emancipación de los negros y su retorno a África.

En 1829 conoció a William Lloyd Garrison (Massachusetts, 1805) y lo convirtió a su causa. Pero Garrison fue más radical. No quería la emancipación gradual, sino la inmediata y total libertad para los negros, quienes entonces se convertirían en americanos libres, iguales a los blancos en todos los aspectos. Con él se difundió la palabra «abolicionismo», promovida con un lenguaje impaciente, extremista y violento que hizo difícil para la causa ganar adeptos.

El 1 de enero de 1831 Garrison fundó *The Liberator*, que, en su mayor parte, fue financiado por negros libres. Aunque su circulación nunca pasó de los 3.000 ejemplares, *The Liberator* se convirtió en el órgano más destacado del movimiento abolicionista en el país. No sólo se oponía a la esclavitud, sino también a la guerra, la masonería, la prisión por deudas y el consumo de alcohol y tabaco. Garrison denunció a las Iglesias como órganos del orden establecido; hasta se declaró por la igualdad de los sexos (mientras que la mayoría de los que deseaban liberar a los negros estaban totalmente en contra de todo intento por liberar a la mujer).

Garrison encarnaba todo lo que los estados esclavistas odiaban y temían. Tampoco eran particularmente populares en los estados libres, ni él ni otros abolicionistas. Pocos ciudadanos estaban preocupados por la esclavitud, y casi nadie pensaba en conceder la igualdad a los negros; mientras no hubiera esclavos (o negros) en su vecindad, estaban satisfechos. Para el habitante medio de los estados libres, Garrison era un radical perturbador por todas las causas que apoyaba ruidosamente, y no sólo por la antiesclavista. (En octubre de 1835, Garrison estuvo a punto de ser linchado por una muchedumbre en Boston; tuvo que ser encarcelado y escoltado temporalmente fuera de la ciudad para así proteger su vida.)

También surgieron nuevas ideas en temas religiosos. Así, Joseph Smith (Vermont, 1805), quien pasó su juventud en el Nueva York occidental, decía haber tenido visiones. Afirmaba que el 22 de septiembre de 1827, cerca de Palmyra, Nueva York, había hallado unas placas de oro escritas en caracteres egipcios, que él mismo había traducido con la ayuda divina. El resultado fue el *Libro de Mormón* (publicado en 1830), que pretendía relatar la historia de un grupo de judíos que habían escapado de Jerusalén cuando ésta cayó en manos de Nabucodonosor y con el tiempo llegó a lo que sería Estados Unidos.

Surgió un grupo de creyentes –popular pero inexactamente llamados «mormones»– que se adhirió a ese relato y formó el núcleo de la Iglesia de Jesucristo de los Santos del Último Día. Creado el 6 de abril de 1830, el mormonismo fue el primer movimiento religioso importante de origen totalmente americano.

Otro aspecto de la nueva democracia provino de la creencia de Jackson en el hombre medio. Jackson consideraba de escasa importancia qué hombre ocupase un cargo determinado. Puesto que todos los hombres eran iguales, cualquier hombre podía realizar la tarea, y por lo tanto, ¿por qué no darle el cargo a un amigo, y no a un enemigo?

Hasta la investidura de Jackson, los presidentes habían seguido, más o menos, el principio de permitir que las personas permaneciesen en sus cargos gubernamentales, al menos hasta que se mostrasen incompetentes. De Jefferson a John Quincy Adams había habido una serie de cuatro presidentes, los tres últimos de los cuales habían figurado en los gabinetes de sus predecesores. Los hombres que habían servido a un presidente podían fácilmente servir al siguiente.

Pero entonces llegó Jackson, que era un enconado enemigo de su predecesor, y no quería saber nada de los hombres de confianza del gobierno anterior. ¿Por qué no echarlos, sin consideración a su competencia y experiencia, y llenar los cargos con fieles jacksonianos?

Fue lo que hizo, y este proceso recibiría a partir de entonces un nombre gracias a William Marcy (Massachusetts, 1786), un abogado de Nueva York que era un leal aliado de Martin Van Buren. En 1831 entró en el Senado por un breve período, y allí, en enero de 1832, pronunció un discurso defendiendo a Van Buren contra las acusaciones de Henry Clay. Hablando de los políticos de Nueva York y su método de recompensar a los hombres de su bando con nombramientos políticos, Marcy dijo: «No veo nada malo en la regla de que los despojos pertenezcan al vencedor». La voz «despojos» alude a la armadura y al resto del equipo de un soldado muerto, los cuales, por una larga tradición, pertenecían al soldado que lo había matado. Este modo de considerar los cargos públicos como un botín, no como una responsabilidad, ha sido llamado por ello, desde entonces, «sistema de despojos».

Jackson, en realidad, usó este sistema moderadamente, pero sentó el precedente. En el medio siglo siguiente, el sistema de despojos asoló la política americana, degradando la calidad de quienes ocupaban cargos y la eficiencia de la labor de gobierno, para incalculable perjuicio de la nación. Además, impuso a todos los funcionarios del gobierno que ocupaban cargos elevados la tarea de asignar los «despojos», sometiéndoles así a interminables solicitudes de políticos menores y cazadores de

3. Andrew Jackson

puestos, y haciéndoles perder innecesariamente el tiempo. Y, por supuesto, todo el que era rechazado se convertía en un enemigo, mientras que no todos los aceptados se podían considerar amigos.

Pese a todo, bajo el gobierno de Jackson Estados Unidos aumentó mucho su poder. El censo de 1830 mostró que su población era de 12.866.020 personas, aproximadamente igual a la de Gran Bretaña por aquel entonces. Estados Unidos la había alcanzado finalmente, y sin duda la superaría.

Era seguro que sería así, no sólo por su vasto territorio, sino también porque se estaban ideando nuevos métodos para penetrar en esas extensas tierras. A comienzos del siglo XIX, la máquina de vapor fue utilizada para accionar las ruedas de un vehículo que podía desplazarse sobre rieles metálicos lisos, eliminando de este modo las dificultades del viaje terrestre por terrenos accidentados. Este artefacto –la locomotora de vapor– no sólo podía moverse por sí mismo, sino también arrastrar un largo tren de coches. Así nació el «tren de vía férrea».

Gran Bretaña había estado a la cabeza del desarrollo de la locomotora, pero Estados Unidos no le iba muy a la zaga. En 1825, un tal John Stevens construyó la primera locomotora de los Estados Unidos que marchaba sobre rieles una distancia de 800 metros, cerca de su casa de Hoboken, Nueva Jersey.

En 1827. fue inaugurado el Ferrocarril de Baltimore y Ohio. El 4 de julio de 1828. se comenzó a construir el primer ferrocarril de pasajeros y carga de los Estados Unidos (el primer azadazo lo dio Charles Carroll, el último firmante superviviente de la Declaración de la Independencia, que a la sazón tenía 92 años). El 24 de mayo de 1830, se inauguraron los primeros 20 kilómetros; Estados Unidos había entrado en la era del ferrocarril. A los 10 años, sus kilómetros de vías férreas ascendían a 3.500, y a los 30 años, a 50.000.

El ferrocarril abriría el interior mucho más que los ríos y los canales, y haría de la vastedad de Estados Unidos una fuerza, no una debilidad.

«Nuestra Unión Federal...»

Los estados esclavistas sacaron el máximo provecho de la elección de Jackson. La política de éste era vacilante, pero se oponía a los industriales del Noreste, pues provenía de un estado esclavista (al igual que cuatro de los seis presidentes que lo precedieron), y él mismo era propietario de esclavos.

En conjunto, su elección bastó para que los defensores extremistas de los derechos de los estados de Carolina del Sur tomasen la ofensiva. La «Exposición y Protesta de Carolina del Sur» contra el Arancel de las abominaciones apareció casi inmediatamente después de la elección de Jackson. Stephen D. Miller, gobernador de Carolina del Sur, proclamó audazmente que la esclavitud no era un mal nacional, sino un beneficio nacional.

Pero lo que necesitaba Carolina del Sur era el apoyo de los otros estados, e hizo todos los esfuerzos posibles para unir a los estados del Sur y del Oeste (esclavistas o libres) bajo su liderazgo y aislar al Noreste.

3. Andrew Jackson

Se presentó una ocasión cuando el Noreste cayó presa de su particular desasosiego: que el Oeste en crecimiento pudiera ahogarlo, convirtiendo a los estados del Noreste, donde se había iniciado la Guerra de la Independencia, en una minoría de la que se hiciera caso omiso. Con este temor en la mente, en diciembre de 1829 el senador Samuel A. Foot, de Connecticut, propuso que se restringiera la venta de tierras occidentales para reducir la migración hacia el Oeste.

El senador Benton, de Missouri, se manifestó contra toda posibilidad de frenar el crecimiento occidental, y en enero de 1830 acusó al Noreste de conspirar contra el Oeste.

Se levantó gozosamente para apoyarlo el senador Robert Young Hayne, de Carolina del Sur (1791), quien defendió vigorosamente la posición de Benton y trató de formar una alianza del Sur y el Oeste contra el Noreste. Al hacerlo, Hayne logró retorcer su argumentación para convertirla en un enérgico alegato a favor de los derechos de los estados y en contra de una Unión fuerte. Su exposición fue muy elocuente, con palabras escritas para él por el más destacado de todos los defensores de los derechos de los estados, Calhoun.

Inmediatamente, Daniel Webster, de Massachusetts, recogió el desafío, y se produjo el «debate Hayne-Webster», el mayor despliegue de oratoria que había visto nunca la nación. Webster, que fue sin discusión el más grande orador de la historia de la nación, había pasado del bando de los derechos de los estados al del unionismo, así como Calhoun se había desplazado en la dirección opuesta.

Webster negó que el Noreste fuese hostil al Oeste, y como aquí estaba en terreno poco sólido, aprovechó la oportunidad de seguir el ejemplo de Hayne y abordó la cuestión del unionismo frente a los derechos de los estados. Ambos pronunciaron discursos sobre las cuestiones fundamentales: si la Constitución fue creada por los estados o por el pueblo; si era o no un acuerdo al que cualquier estado podía dar fin según su voluntad; si se podía servir mejor a la libertad mediante la Unión o si un estado que aspirase a su libertad no estaría justificado si abandonara la Unión.

El 26 y el 27 de enero de 1830, Webster pronunció un discurso de dos días que, por consenso general, fue considerado el más grande de los suyos. (Desgraciadamente, esto fue antes de los fonógrafos, las radios y la televisión, y no tenemos manera de saber cómo fue, excepto por los informes admirativos de quienes lo oyeron.)

Webster proclamó inflexiblemente que la Unión Federal estaba por encima de los estados y era responsable sólo ante el pueblo. Insistió en que únicamente la Unión podía asegurar la libertad y la prosperidad, y en que la desunión sólo traería el desastre. No había modo de establecer diferencias entre la libertad y la Unión. Esperaba no ver nunca el día en que la Unión llegase a su fin; éstas fueron las últimas frases de su discurso:

> Cuando mis ojos contemplen por última vez el sol en el cielo, que no lo vea yo brillar sobre los fragmentos rotos y deshonrados de una Unión antaño gloriosa; sobre estados separados, discordantes, beligerantes; sobre una tierra desgarrada

por las disputas civiles o, quizá, anegada de sangre fraterna. Que su débil y persistente mirada contemple, en cambio, la magnífica enseña de la república, hoy conocida y honrada en toda la tierra, aún plenamente desplegada, sus armas y trofeos brillando con su lustre original, sin ninguna franja borrada ni manchada, sin una sola estrella oscurecida, llevando como lema, no una miserable pregunta como «¿de qué vale todo esto?» ni esas otras palabras engañosas y absurdas: «la libertad primero y la Unión después», sino, en todas partes, estampada en vivos caracteres, resplandeciente en todos sus amplios pliegues, al ondear sobre el mar y sobre la tierra, y a todos los vientos bajo la totalidad de los de la expresión de este otro sentimiento, caro a todo verdadero corazón americano: ¡Libertad y Unión, ahora y siempre, unidas e inseparables!

El discurso tuvo un profundo efecto sobre muchos ciudadanos de la nación y ha seguido resonando en la historia, pero Carolina del Sur permaneció inmutable. Después de todo, Webster era un senador enemigo, del odiado Noreste; sus palabras podían ser ignoradas. Lo que realmente importaba era la actitud del presidente Jackson.

Hayne concertó con Benton la celebración del Día de Jefferson, para el 13 de abril de 1830, el octogesimosexto aniversario del nacimiento de Jefferson. Sería una demostración de la nueva unidad del Oeste y el Sur. Jackson fue invitado y asistió a la celebración, y se esperaba que en esta ocasión se pusiera del lado de los derechos de los estados junto a Carolina del Sur, aislando y dejando en la impotencia al Noreste. Se hicieron 24 brindis, la mayoría de ellos exaltando los derechos de los estados con arrebatada emoción, mientras Jackson esperaba sentado y en silencio. Había planeado cuidadosamente lo que diría cuando llegase su turno.

Finalmente, los ojos se centraron en él. Se levantó, elevó su copa y dijo, firme y ásperamente: «Nuestra Unión Federal... debe ser conservada».

Y si Jackson decía que debía ser conservada, nadie en los Estados Unidos podía albergar la menor duda de que usaría todo su poder para vigilar que así fuera. Jackson siempre hablaba muy en serio. Ahora no quedaba ninguna duda de que era un unionista.

Para Jackson, sin duda, era una cuestión de principio, pero estaba involucrado también otro factor. Cuando hizo su brindis, miró fijamente a Calhoun, pues era consciente de que su vicepresidente era la fuente misma de la anulación.

Calhoun, nervioso y desalentado, trató de neutralizar el efecto del brindis de Jackson rindiendo homenaje también a la Unión, pero en términos mucho menos absolutos. Dijo: «Nuestra Unión, después de nuestra libertad, es lo más caro para nosotros. Ojalá que siempre recordemos que sólo puede ser conservada distribuyendo los beneficios y las cargas de la Unión».

Pero la torva mirada de Jackson no vaciló ni se suavizó. Los dos hombres habían llegado al punto de ruptura, y con la bien desarrollada capacidad para el odio de Jackson, no había ninguna posibilidad de que apoyase ninguna idea de Calhoun.

Los problemas entre Jackson y Calhoun habían comenzado por una cuestión más trivial.

3. Andrew Jackson

Jackson, con su pasión por el hombre común, había llenado su gabinete de nulidades, excepto Martin Van Buren. (Van Buren, después de presentarse como candidato a gobernador para mantener el estado de Nueva York a favor de Jackson y ser elegido, rápidamente renunció para ocupar la Secretaría de Estado, cargo que por entonces aún era considerado el camino hacia la presidencia.)

Como secretario de Guerra, Jackson eligió a un viejo amigo personal suyo, de escasa distinción, un rico senador de Tennessee, John Henry Eaton (Carolina del Norte, 1790). Su esposa había estado bajo la tutela de Jackson, pero había muerto, y la mirada del viudo se había fijado en los maduros encantos de Margaret («Peggy») O'Neale, de 32 años. Era hija de un tabernero y su primer marido había muerto en 1828.

Circularon muchos rumores sobre Peggy O'Neale; para las mujeres respetables, una «moza de taberna» era necesariamente una persona de poca moral. Se insinuaba que era la amante de Eaton, y algunos decían que su marido había labrado su propia ruina por desesperación, a causa de la infidelidad de su esposa.

Pero Jackson no creía nada de esto. No sólo era un caballero galante (e ingenuo) que siempre gustaba de creer en la resplandeciente pureza de las mujeres, sino que había pasado por una desgarradora experiencia similar con su propia esposa. Él había sido su segundo marido, y se habían planteado algunas dudas sobre la legalidad de su divorcio, y algunos se preguntaban si no vivía con Jackson en pecado. Aunque hubiera habido alguna irregularidad en el divorcio, estaba claro que ni Jackson ni su esposa eran culpables de ella; pero la difamación inseparable de una campaña presidencial sucia había provocado, pensaba Jackson, la muerte de su esposa, por vergüenza y aflicción.

Jackson estaba seguro de que las calumnias contra Peggy O'Neale eran lanzadas por la misma clase de villanos que habían acosado a su propia esposa, y defendió a la primera con el mismo vigor con que había defendido a la segunda. Urgió a Eaton a que se casase con ella. La boda tuvo lugar el 1 de enero de 1829; a continuación, Eaton fue nombrado secretario de Guerra.

Pero ahora se planteaba la cuestión de la aceptabilidad social de la esposa de Eaton. Jackson podía proclamarla casta y pura desde la altura del sillón presidencial, pero ni siquiera él en toda su furia podía obligar a las esposas aristocráticas de los miembros de su gabinete, amuralladas en su superrespetabilidad, a inclinarse ante una moza de taberna. Floride Calhoun, la esposa del vicepresidente, no quiso saber nada de la señora Eaton, y las otras esposas de los miembros del gabinete la imitaron. Estaba claro que Jackson no era un hombre con quien se pudiera jugar, pero los hombres de su gobierno, nerviosos, no podían hacer nada con sus esposas.

Sólo Van Buren adulaba a la camarera esposa/amante del secretario de Guerra, y podía hacerlo porque era viudo y no tenía que enfrentarse a las susceptibilidades de una esposa. El «Pequeño mago» hizo obsequiosas zalemas a la señora de Eaton, y Jackson observó y apreció su cortesía.

Pero Calhoun no perdió el favor de Jackson sólo porque no pudiese persuadir a su esposa de que fuera razonable. Por la misma época en que Jackson fulminó con su mirada al vicepresidente y exigió la conservación de la Unión Federal, también se enteró por primera vez de que 10 años antes, cuando el futuro presidente daba vueltas por Florida, había sido Calhoun quien había pedido que se le hiciese un consejo de guerra a Jackson. (Jackson se enteró de esto por el deliberado cotilleo de William Crawford, uno de los candidatos de 1824, quien se lo contó por enemistad con Calhoun.)

Jackson siempre había creído que Calhoun lo había apoyado y que había sido John Quincy Adams quien había querido formarle consejo de guerra. El descubrimiento de que se había equivocado, que era al revés de lo que había creído y que, por ignorancia, se había aliado con su enemigo llevó a Jackson al borde de la locura. Exigió una explicación a Calhoun, y éste respondió con una larga carta que se iba por las ramas y no consiguió engañar al presidente. Toda relación entre los dos hombres quedó cortada.

Era muy probable que Jackson fuese lo bastante popular como para influir en la sucesión a la presidencia mediante su apoyo a uno u otro candidato, como habían podido hacerlo Jefferson y Madison. Ahora era evidente que este apoyo jamás, jamás, jamás, en ninguna circunstancia, sería para Calhoun.

Calhoun lo sabía, y con la pérdida de toda posibilidad de llegar a la presidencia, todo resto de afecto que pudiese sentir por la Unión desapareció. A partir de ese momento se convirtió en un cabal ciudadano de Carolina del Sur y sus únicos intereses fueron los de su estado.

En cuanto a Van Buren, ofreció aliviar mediante su renuncia la intolerable situación reinante en el gabinete por la cuestión de la señora Eaton. Jackson no quería perder a

Van Buren, pero éste le explicó que, si renunciaba, sería fácil lograr que Eaton lo imitase, lo que permitiría a Jackson reorganizar el gabinete y empezar de nuevo.

Jackson, nuevamente agradecido por el astuto consejo de Van Buren, llevó a cabo el plan y, en la primavera de 1831, nombró un nuevo gabinete, conservando solamente al director general de Correos. Envió a Van Buren y a Eaton al exterior como embajadores, al primero a Gran Bretaña y al segundo a España.

Después de algunos meses, finalmente se efectuó en el Senado la votación concerniente al nombramiento de Van Buren. La votación quedó en un empate y correspondió al vicepresidente Calhoun emitir el voto decisivo, el 25 de enero de 1832. Calhoun no tenía nada que perder, de modo que eliminó al candidato presidencial votando negativamente. Van Buren perdió la embajada, pero esto no importaba, pues Jackson tenía a su disposición otros y mejores dones.

Los franceses y los indios

Fue afortunado el hecho de que, mientras Jackson ocupó la presidencia, hubiera una profunda paz exterior y prácticamente no surgiesen problemas perturbadores en las relaciones con otras naciones. Por su temperamento precipitado y su firme resolución, cualquier dificultad exterior habría aumentado rápidamente hasta convertirse en un serio problema.

Pero había cuestiones pendientes. Estaba, por ejemplo, el caso de las reclamaciones americanas contra Francia por daños a la propiedad americana durante las gue-

3. Andrew Jackson

rras napoleónicas. Otras naciones habían reclamado por daños y Francia les había pagado a todas..., a todas excepto a los Estados Unidos. Era evidente que Francia consideraba que podía ignorar sin riesgos a la joven república del otro lado del mar.

Jackson no era hombre que soportara pacientemente tal tratamiento, así que empezó a presionar para alcanzar un acuerdo con creciente dureza. El 4 de julio de 1831, Francia, finalmente, convino en pagar 25.000.000 de francos en seis plazos anuales, siempre que su parlamento aprobase el acuerdo.

Pero los parlamentarios franceses se negaron a aprobarlo, y el gobierno francés dijo a los Estados Unidos que lo sentía mucho pero que no podía hacer nada. Jackson inmediatamente puso la Armada en pie de guerra y exigió medidas enérgicas, incluso represalias contra las propiedades francesas en Estados Unidos.

Tras esto, los franceses rompieron relaciones y convinieron en aprobar el pago si Jackson se excusaba de ciertas observaciones que había hecho, tapando así su propia ofensa con la ofensa del americano. Pero Francia juzgó mal a Jackson, quien endureció aún más sus palabras, y por un momento pareció (para la considerable inquietud de Francia) que habría guerra.

Afortunadamente, Gran Bretaña se ofreció como mediadora. Francia pagó las reclamaciones, Jackson se vio obligado a desdecirse refunfuñando de algunas acres observaciones hechas y, en la primavera de 1836, todo quedó resuelto*.

---

* Mientras tanto, los últimos vínculos humanos con la época precedente estaban desapareciendo. El 4 de julio de 1831, el 55° aniversario del naci-

Durante el gobierno de Jackson, el largo martirio de los indios llegó a una nueva etapa. Ahora, los indios que quedaban en los diversos estados de la Unión estaban, en su mayoría, inermes ante el poder organizado de los hombres blancos. Ya no podían librar guerras; sólo podían apelar a los tribunales.

Cuando se descubrió oro en Georgia, en una región que había sido asignada a la tribu cherokee, el hombre blanco penetró en ella con total impunidad, y los tratados con los indios fueron rotos tan fácil y tan insensiblemente como se rompieron –y se romperían– todos los demás, antes y después. Los indios los llevaron a juicio y el caso llegó al Tribunal Supremo. El viejo John Marshall decidió que era el gobierno federal el encargado de administrar los territorios indios y que las leyes que Georgia había establecido en contra de los cherokee eran inconstitucionales.

Georgia desafió el veredicto y Jackson se negó a hacer nada. El viejo luchador contra los indios no estaba en el poder para apoyar a los pieles rojas contra el hombre blanco. Se le atribuyeron estas palabras: «John Marshall ha tomado su decisión; ¡pues ahora que la ponga en práctica!».

miento de la nación, murió James Monroe, quinto presidente de Estados Unidos. Fue el tercer presidente (y el último hasta ahora) que murió el Día de la Independencia. El último general superviviente de la Guerra Revolucionaria, Thomas Sumter (Virginia, 1734), murió el 1 de junio de 1832, después de haber llegado a los 97 años de edad. Finalmente, el 28 de junio de 1836, a la edad de 85 años y justamente una semana antes del 60° aniversario del nacimiento de la nación, falleció James Madison, que había sido el cuarto presidente de Estados Unidos y era el último de los Padres Fundadores.

3. Andrew Jackson

En verdad, lo que Jackson impulsó fue el gradual y complejo traslado de todos los indios a tierras situadas al oeste del Misisipi, lo cual se llevó a cabo gradualmente, pero no de modo totalmente pacífico.

Estaba, por ejemplo, el caso de Halcón Negro, jefe de una tribu que vivía en el lado de Illinois del río Misisipi. Halcón Negro, nacido en Illinois en 1767, había combatido en el bando británico durante la Guerra de 1812 y no sentía ningún amor por los americanos, que habían acosado constantemente a su pueblo. En 1831, se convenció a su tribu para que abandonase el territorio que ocupaba desde tiempos inmemoriales y se trasladase al oeste del Misisipi. Pero Halcón Negro sostenía que el acuerdo había sido el resultado de una treta ilegal; además, pronto apareció el hambre al oeste del río, por lo que decidió llevar a 1.000 personas de su tribu, incluidos mujeres y niños, de vuelta a las viejas tierras de Illinois, con la esperanza de que se les permitiera quedarse en ellas.

Pero no se les permitió. El gobernador de Illinois llamó a las tropas estatales y convirtió la cuestión en lo que se denominó la Guerra de Halcón Negro, en la que los indios fueron perseguidos y diezmados sin demasiada dificultad.

Un residente de Illinois que se presentó como voluntario para el servicio y condujo una compañía de soldados (pero no vio a ningún indio ni tampoco entró en acción) fue un joven tendero llamado Abraham Lincoln (nacido en una cabaña cerca de lo que llegaría a ser Hodgenville, Kentucky, el 12 de febrero de 1809). Cuando Halcón Negro fue capturado, su custodia se le confió a un graduado reciente de West Point, el teniente Jefferson Davis (Kentucky, 1808)*.

El único lugar del Este en que los indios aún podían luchar era Florida, que todavía no constituía un estado. Los seminolas de esta región recibieron la orden de evacuarla, pero muchos se negaron a marcharse. Habían combatido contra el general Andrew Jackson en 1818 y ahora estaban dispuestos a hacerlo contra el presidente Andrew Jackson. En noviembre de 1835, bajo el mando de Osceola (Georgia, 1800), tomaron las armas. Así empezó la Segunda Guerra Seminola.

Los seminolas, cuyo santuario eran las tierras cenagosas, rechazaron al ejército americano durante toda la presidencia de Jackson. Osceola fue capturado en octubre de 1837, cuando el ejército americano, a traición, no respetó una bandera de tregua, pero los seminolas siguieron luchando casi hasta que cayó el último de sus hombres.

El 14 de agosto de 1843, Estados Unidos, finalmente, anunció el fin de la guerra, y la paz del exterminio, o poco menos, flotó sobre Florida. Pero no hubo ningún tratado de paz formal, y hasta hoy los 1.000 seminolas que aún quedan en Florida pueden ser considerados, legalmente, en guerra con los Estados Unidos.

La guerra había costado a los americanos 1.500 vidas y unos 20.000.000 de dólares. Fue la guerra india más costosa que libró nunca Estados Unidos.

---

* Las vidas de Lincoln y Davis, ambos involucrados en esta «guerra» insignificante y poco gloriosa, estaban destinadas a cruzarse mucho más fatídicamente un cuarto de siglo más tarde. Habían nacido en lugares situados a unos 50 kilómetros de distancia en el espacio y a nueve meses en el tiempo. Ésta es otra de las más peculiares coincidencias de la historia americana.

El Banco y la reelección

Pero Francia y los indios sólo eran problemas secundarios. Otras cuestiones preocupaban mucho más a Jackson. Una de ellas, por ejemplo, era su enfrentamiento con Calhoun, no por cuestiones meramente personales como la petición de consejo de guerra hecha por Calhoun en 1818 o el desaire de la señora Calhoun a la bonita Peggy Eaton, sino por el enfrentamiento entre el unionismo y los derechos de los estados.

Después de todo, el Arancel de las abominaciones de 1828 estaba volviendo locos a los de Carolina del Sur. Podía acusarse a su defectuosa economía de depender en demasía del cultivo del algodón y de un ineficiente sistema de trabajo esclavista, pero pocos ciudadanos de Carolina del Sur veían la situación de este modo. El estado prefería acusar de todos sus males al arancel, y, conducido por Calhoun, su exigencia de anulación de éste se hizo más ruidosa.

Jackson no podía permitir la anulación. A él mismo le disgustaba el arancel, pero pensaba que no correspondía a cada estado anularlo, ni tampoco hacerlo mediante una ley federal. Sólo el Congreso podía suprimirlo. Por ello, Jackson declaró abiertamente que el arancel de 1828 era constitucional, y luego puso manos a la obra para elaborar otro que fuese más aceptable para los estados esclavistas, y para Carolina del Sur en particular. Lo mejor que pudo lograr en esta dirección fue el arancel de 1832.

Esta ley redujo algunas de las tasas más exageradamente elevadas de 1828, pero aún era fuertemente proteccionista. En modo alguno logró satisfacer a los partidarios de la anulación de Carolina del Sur; las protestas y los espectros del caos siguieron flotando sobre la nación.

Y cuando se acercaban el año 1832 y una nueva elección presidencial, surgió un nuevo problema. Se trataba del Banco de los Estados Unidos.

Bajo Nicholas Biddle, el Banco fue bien administrado de manera eficiente; mantuvo la economía americana en equilibrio. Sin embargo, siempre actuaba de acuerdo con los intereses de los conservadores hombres de negocios del Noreste. Mantenía una rígida política monetaria que era buena para los hombres de negocios, pero mala para los granjeros; buena para los acreedores y mala para los deudores; buena para los ricos y mala para los pobres. Naturalmente, había un difundido resentimiento contra el Banco en todo el Oeste y el Sur.

El senador Benton, de Missouri, enemigo del Banco desde mucho tiempo atrás, lanzó un vigoroso ataque contra él en un discurso pronunciado en febrero de 1831, y estaba claro que tenía el respaldo del presidente Jackson.

Biddle podía haber ignorado la cuestión. El momento de la renovación de la carta del Banco no llegaría hasta 1836, y en cinco años podían suceder muchas cosas.

Pero Biddle no estaba seguro de poder ignorar la situación. La popularidad de Jackson parecía abrumadora, y si tenía cinco años para consolidar su posición, no habría ninguna posibilidad de renovar la carta. ¿No sería mejor actuar ahora, rápidamente, tomando a los jacksonianos por sorpresa, y haciendo aprobar la renovación antes de que la oposición se percatase de lo que estaba ocurriendo?

Biddle consultó a Clay, el astuto político que conducía la oposición a Jackson. Clay conocía el ánimo del Congreso y también tenía muy presente la próxima elección. Le dijo a Biddle que siguiese adelante.

Así, se presentó un proyecto de ley ante el Congreso para renovar la carta del Banco, y en marzo de 1832 fue aprobado por ambas cámaras, gracias al apoyo decidido de Clay y Webster, y al menos claro de Calhoun (que lo hizo no por convicción, sino para debilitar a Jackson).

Luego, el proyecto de ley pasó a Jackson para su firma, lo cual, pensaba Clay, ponía al presidente en un dilema. Si firmaba el proyecto, el Banco estaba seguro y las fuerzas antijacksonianas se fortalecerían. Si vetaba el proyecto, podía ser acusado de irresponsabilidad fiscal en las próximas elecciones, y la gente, temiendo el caos monetario, votaría contra él. En ambos casos, razonaba Clay, Jackson se debilitaría.

Pero mientras Clay confiaba en la razón, Jackson, como siempre, apeló a la emoción. Vetó el proyecto de ley con un enérgico mensaje en el que alimentaba deliberadamente todos los prejuicios del Sur y del Oeste contra el Noreste. Aunque Clay no se daba cuenta de ello, porque aún no había llegado a comprender la nueva democracia, era Jackson quien tenía mejores cartas.

Pero en la elección que se acercaba, ni Jackson ni Clay eran los primeros en la competición. El Partido Antimasón, que se había destacado en Nueva York en 1828, se había expandido hasta el punto de ser un partido nacional, y decidió presentar su propio candidato para la presidencia.

El aspecto antimasón, que había servido de excusa para su formación, había desaparecido, y se habían añadido nuevos principios. Era nacionalista y deseaba mejoras internas, pero, sobre todo, era antiesclavista y defendía la prohibición del alcohol. Se habían fundado muchos periódicos que expresaban el punto de vista del partido, que había sido determinante e incluso había ganado en elecciones locales; ¿por qué no hacer un intento nacional, entonces?

Puesto que los antimasones no tenían representación en el Congreso ni dominaban ninguna de las cámaras legislativas estatales, no podían seguir los viejos métodos para elegir un candidato a presidente (la reunión electoral del Congreso o el voto legislativo). Por ello, los antimasones se vieron obligados a convocar una conferencia de miembros activos del partido de toda la nación para elegir un candidato. En septiembre de 1831, por lo menos 116 miembros provenientes de 13 estados se reunieron en Baltimore en una «convención nacional», lo cual se terminó haciendo costumbre. Los antimasones hicieron, inadvertidamente, una contribución duradera a la política americana, pues desde entonces todas las elecciones de candidatos para la presidencia han sido efectuadas por convenciones nacionales.

Muchos de los antimasones deseaban nombrar candidato a Henry Clay, pues, en general, las ideas del Partido Antimasón se habían acercado a las de los nacionales republicanos. Pero una coalición así habría hundido al Partido Antimasón, de modo que decidieron elegir un candidato independiente.

En la primera votación, la elección recayó en William Wirt, de Virginia (1772), quien había sido un eficiente y capaz ministro de Justicia durante 12 años, bajo Monroe y Adams. Amos Ellmaker, de Pensilvania (1787), fue elegido candidato a vicepresidente. Otra innovación hecha por los antimasones fue adoptar una plataforma política, en la que se esbozaban los principios del partido. También esto se convirtió en una característica regular de las campañas presidenciales.

Los nacionales republicanos, adoptando la idea de la convención, también se reunieron en Baltimore. Podían haber apoyado a Wirt y unido las fuerzas antijacksonianas, pero no podían abandonar a su líder, de modo que eligieron a Clay, quien se preparó para su segundo intento de alcanzar la presidencia. Como candidato a vicepresidente eligieron a John Sergeant, de Pensilvania (1779), el miembro superviviente de la desdichada delegación enviada al Congreso de Panamá por Adams.

En cuanto a los demócratas, se reunieron en Baltimore en mayo de 1832, y eligieron a Jackson (por supuesto) unánimemente. Para vicepresidente, siguieron las órdenes de Jackson y, con menos entusiasmo, eligieron a Martin Van Buren. Ésta fue la primera recompensa por su lealtad en el asunto de Eaton. El deliberado intento de Calhoun de destruir políticamente a Van Buren votando su descalificación como embajador en Gran Bretaña cuatro meses antes tuvo, así, un efecto bumerán.

La convención demócrata adoptó una regla por la cual nadie podía ser elegido candidato a presidente si no obtenía el voto favorable de dos tercios de sus miembros; esta regla aspiraba a que los candidatos elegidos tuviesen un fuerte apoyo del partido; sin embargo, fue una interminable fuente de problemas para el Partido Demócrata en el curso del siguiente siglo.

Clay, convencido aún de que el veto de la ley sobre el Banco era un punto débil para Jackson, lo convirtió en el gran tema de la campaña. Jackson lo abordó de manera directa, y fue él quien estimó correctamente el sentimiento popular. También actuó contra las pretensiones de Clay el Partido Antimasón, que perjudicó a los nacionales republicanos mucho más que éstos a los demócratas, al atraer muchos votos que en otras circunstancias habrían sido para Clay.

El resultado fue la victoria de Jackson, que obtuvo 687.502 votos, contra 530.189 de Clay. Los votos de Wirt, aunque pocos en comparación, costaron a Clay varios estados; en el colegio electoral la votación fue de 219 para Jackson contra sólo 49 para Clay. El Partido Antimasón logró el triunfo en un estado, Vermont, y obtuvo 7 votos electorales. La cámara legislativa de Carolina del Sur (que efectuó la votación por el estado) dio sus 11 votos a John Floyd, de Virginia.

Jackson conservó el dominio de la Cámara de Representantes por la misma mayoría, más o menos, que tenía en los dos Congresos de su primer mandato; pero la minoría nacional republicana decayó, pues no menos de 53 escaños fueron ocupados por los que se llamaban a sí mismos antimasones. (Ningún otro tercer partido ha tenido nunca mayor representación en el Congreso.) En el Senado, los demócratas y los nacionales republicanos tenían 20 escaños cada uno, y 8 los antimasones.

Estas elecciones fueron el fin del Partido Nacional Republicano, de corta vida, que había sido derrotado dos veces por Jackson. Su victoria alarmó a los conservadores de todo el país, que comprendieron ahora lo absurdo que era dividirse en partidos separados. En 1834 se formó un nuevo partido antijacksoniano, con la combinación de los nacionales republicanos y los antimasones. (Los antimasones desaparecieron inmediatamente, sólo dos años después de su meteórico ascenso al plano nacional.)

Se necesitaba un nuevo nombre para el partido, un nombre breve, conciso y carente de significado (para que el partido sólo quedase comprometido con su actitud antijacksoniana). El nombre elegido fue *whig,* que era también el nombre de uno de los dos partidos de Gran Bretaña. El otro partido británico era el de los *tories,* nombre odiado en Estados Unidos, pues se había aplicado a los «leales» probritánicos en los días de la Revolución. Quizá los whigs americanos esperaran que el partido de Jackson quedase salpicado con ese nombre.

Durante un cuarto de siglo, después de la reelección de Jackson, la lucha política en Estados Unidos fue entre los demócratas, que se inclinaban a defender los derechos de los estados, y los whigs, que se decantaban por el unionismo.

La anulación

La negativa de Carolina del Sur a dar sus votos electorales a Jackson fue un signo inquietante de que seguía su propio camino. Ni el furor por la cuestión del Banco ni la campaña presidencial apartaron la atención de Carolina del Sur del arancel. En verdad, mientras se desarrollaba la campaña, la disputa por la anulación parecía anunciar una crisis.

Después de todo, no era sólo el asunto del arancel lo que corroía a los ciudadanos de Carolina del Sur, sino la sensación de formar parte de una nación que les era hostil. En los estados esclavistas eran muchos los que daban por cierto que los abolicionistas de los estados libres estaban estimulando deliberadamente las rebeliones de esclavos, poniendo en peligro así la vida misma de los blancos de los estados esclavistas.

Que el peligro de las rebeliones de esclavos era real parecía probarlo un incidente ocurrido en Virginia. Allí, un esclavo negro llamado Nat Turner (Virginia, 1800), que veía visiones y se sentía guiado por la divinidad, decidió sacar a su pueblo de la esclavitud. El 21 de agosto de 1831, él y 7 seguidores irrumpieron en la casa del amo de Turner y lo mataron, junto a otros 5 miembros de su familia.

Al día siguiente, la banda de Turner aumentó a 53 miembros, y en el curso de esa jornada otros 55 blancos fueron muertos. Se formó un grupo de blancos armados que dispersó a la banda, procedió a perseguir a negros sospechosos y mató a unos 100 (la mayoría inocentes). Nat Turner fue capturado el 30 de octubre, y fue colgado, junto con otros 16 seguidores, días después.

Aunque ningún abolicionista había tenido nada que ver con este incidente, y fueron muchos los esclavos que habían luchado para proteger a sus amos en el curso de ese breve día de horror, la «Insurrección de Turner», como fue llamada, tuvo un efecto tremendo sobre los estados esclavistas: infundió el temor en todos los amos de esclavos, que comenzaron a mirar a sus propios esclavos con sospechas y recelos, y a detestar a los agitadores de los estados libres, a quienes acusaban de estar trastornando a los esclavos. Se intensificaron las medidas policiales contra los esclavos y desapareció la última esperanza de moderación en los estados esclavistas.

No es sorprendente, pues, que Carolina del Sur considerase que no podía sentirse segura, a menos que tuviese el poder de decidir qué leyes federales tendrían vigencia dentro de sus límites. Calhoun continuó su campaña activa y eficaz por la anulación, al igual que el gobernador del estado, James Hamilton (Carolina del Sur, 1786). En octubre de 1832, las elecciones en Carolina del Sur aplastaron completamente el sentimiento unionista en el estado, y Hayne (el del debate Hayne-Webster) fue elegido sucesor de Hamilton.

Tan pronto como terminó la elección, Hamilton convocó una sesión especial de la cámara legislativa para considerar el problema de la anulación. La asamblea, reunida el 22 de octubre, convocó a su vez una convención estatal, que se reunió en Columbia, capital del estado, el 19 de noviembre.

En esta convención se aprobó una ordenanza declarando inconstitucionales los aranceles de 1828 y 1832, que fueron anulados dentro de los límites de Carolina del Sur; se prohibía toda recaudación de impuestos después del 1 de febrero de 1833, se elevaba la cuestión al Tribunal Supremo y se declaraba que si el gobierno federal hacía algún intento de recaudar esos impuestos, Carolina del Sur se separaría totalmente de la Unión.

Jackson reaccionó con su característico vigor. Cuando la situación amenazaba con crear una crisis en octubre, Jackson puso en pie de guerra los fuertes de Charleston

Harbor. Al mando de las fuerzas armadas destacadas en Carolina del Sur puso al general de división Winfield Scott (Virginia, 1786), quien había destacado en la Guerra de 1812* y estaba considerado el soldado más brillante de Estados Unidos.

El 10 de diciembre, Jackson hizo pública una enérgica proclama negando el derecho de cualquier estado a anular leyes o a abandonar la Unión. La anulación y la secesión eran, para Jackson, casos de traición, y se los trataría como tales.

Hayne, quien asumió su cargo el 13 de diciembre, no cedió, sino que mantuvo la ordenanza a pesar de la proclama de Jackson. Carolina del Sur empezó a reclutar tropas, que fueron puestas bajo el mando del ex gobernador Hamilton, quien había luchado en la Guerra de 1812.

Y el 28 de diciembre, Calhoun, a quien sólo le quedaban dos meses en la vicepresidencia, renunció para ocupar el puesto de Hayne en el Senado. Juzgó, con razón, que podía hacer más por la causa de Carolina del Sur como senador activo que como vicepresidente. (Éste es el único ejemplo en la historia de los Estados Unidos de un presidente o vicepresidente que renuncie a su cargo en condiciones honorables.)

Carolina del Sur hacía todo lo posible para persuadir a otros estados esclavistas de que adoptaran su posición, pero fracasó. Había una considerable simpatía por el estado en pie de guerra, pero también una clara renuncia a emprender acciones por él.

---

* Véase *El nacimiento de los Estados Unidos,* Alianza Editorial, Madrid, 2012.

El aislamiento de Carolina del Sur fortaleció la posición de Jackson, quien, el 16 de enero de 1833, pidió al Congreso que aprobase lo que fue llamado «Proyecto de Ley de Uso de la Fuerza», que lo facultaba para recaudar aranceles aduaneros a punta de bayoneta si era necesario. El proyecto fue aprobado por el Congreso y firmado por Jackson, con lo que se convirtió en ley el 2 de marzo de 1833, dos días antes del comienzo del segundo mandato de Jackson.

No hay duda de que, con esta ley, que lo autorizaba a usar la fuerza, Jackson habría enviado un ejército a Carolina del Sur, e incluso se habría puesto a su mando si eso hubiese sido necesario. Que Jackson se echase para atrás era inimaginable. Estados Unidos estaba al borde de la guerra civil.

Pero nadie deseaba realmente un enfrentamiento civil, y aun mientras Jackson estaba tratando por todos los medios de hacer aprobar el Proyecto de Ley de Uso de la Fuerza, los compromisarios trabajaban afanosamente. El más importante de todos ellos era el mismo Clay, «el Gran compromisario». Clay estaba totalmente dispuesto a permitir que se aprobase el Proyecto de Ley de Uso de la Fuerza para que quedase así establecido el principio de que un estado no puede dictar la ley por su cuenta, al tiempo que urgió a que se rebajase el arancel, para que Carolina del Sur tuviese la oportunidad de dar marcha atrás de una manera honorable.

Así se hizo. Se aprobó apresuradamente un arancel inferior, que también incluía una estipulación para su ulterior disminución en un período de 10 años. El mismo día en que Jackson firmó el Proyecto de Ley de Uso de la

Fuerza, también firmó el nuevo arancel, para presentar a Carolina del Sur al mismo tiempo el palo y la zanahoria.

Carolina del Sur decidió aceptar la zanahoria. A regañadientes, suspendió la vigencia de su ordenanza de anulación, el 15 de marzo de 1833, y empezó a pagar los derechos de aduana nuevamente. No fue necesario, por tanto, usar la fuerza. Carolina del Sur salvó las apariencias, tres días más tarde, al «anular» la Ley de Uso de la Fuerza.

La crisis estaba superada y ambas partes podían reclamar la victoria. Los unionistas se habían mostrado dispuestos al uso de la fuerza y podían señalar que Carolina del Sur había abandonado su actitud de defensa de la anulación. Carolina del Sur había mostrado su resolución y podía señalar que el gobierno federal había renunciado a su elevado arancel.

Pero el punto principal –si la supremacía correspondía a la Unión o a cada estado en particular– no había sido dirimido. Iba a surgir nuevamente, en otra crisis mucho más seria, un cuarto de siglo más tarde.

Jackson estaba encantado de dejar atrás la crisis de la anulación y se preparó para la batalla realmente importante: la batalla contra el Banco de Estados Unidos.

Se había opuesto al Banco desde un comienzo, y las maniobras de Nicholas Biddle con Clay para derrotar a Jackson en 1832 lo decidieron inflexiblemente a destruir el Banco aun antes de que expirase su carta en 1836.

Gran parte de la estabilidad del Banco reposaba en el hecho de que el gobierno tenía sus propias reservas depositadas allí. El Banco podía usar ese dinero para controlar la economía nacional. Jackson decidió retirar esos depósitos gubernamentales y colocarlos en varios bancos de los estados, los cuales, pensaba, serían más sensibles a las necesidades del pueblo.

Fue apoyado en esta medida, y hasta urgido a tomarla, por su competente ministro de Justicia, defensor de los derechos de los estados, Rober B. Taney (Maryland, 1777). Taney (que estaba casado, dicho sea de paso, con la hermana de Francis Scott Key, el autor de *La bandera estrellada*) había sido federalista hasta que rompió con el partido para apoyar la Guerra de 1812. En el decenio de 1820, se hizo jacksoniano y, como Calhoun, tomó posición en defensa de los derechos de los estados. Había apoyado el veto de Jackson a la renovación de la carta del Banco y fue el autor de buena parte del mensaje que acompañó al veto.

El secretario del Tesoro de Jackson, Louis McLane (Delaware, 1786), juzgó que el retiro de los fondos era económicamente insensato y se negó a autorizar la medida. Jackson, entonces, desplazó a McLane al cargo de secretario de Estado y nombró un nuevo secretario del Tesoro; el cargo recayó en William J. Duane (nacido en Irlanda en 1780). Duane consideró la cuestión y también se negó a retirar los depósitos.

Jackson, furioso, despidió a Duane, y en septiembre de 1833 nombró a Taney secretario del Tesoro. Ahora no habría problemas. Taney retiró los fondos y los colocó en 23 bancos estatales diferentes, con lo cual mató, efectivamente, al Banco de los Estados Unidos.

El resultado fue una feroz lucha con el Senado, que exigió ver las comunicaciones entre el presidente y su gabinete en el curso de la larga lucha del primero para doblegar a dos secretarios a su voluntad. Jackson se negó alegando que la cámara no tenía ningún poder sobre el ejecutivo en lo concerniente a las comunicaciones dentro de los diversos departamentos ejecutivos.

El Senado tuvo que ceder, pero, el 28 de marzo de 1834, censuró al presidente y se negó a confirmar el nombramiento de Taney en el Departamento del Tesoro. No obstante, el senador Benton consiguió que se suprimiera la censura del diario del Senado en enero de 1837, cuando el mandato de Jackson estaba llegando a su fin. Habían sido enemigos durante largo tiempo, desde que Benton estuvo a punto de matar a Jackson en un duelo, pero ahora se hicieron amigos nuevamente. Ésta fue una de las pocas veces en que Jackson perdonó a un enemigo personal.

Como Van Buren dos años antes, Taney, obligado a dimitir por el Senado, se encumbró aún más gracias a esta revocación. Jackson no olvidaba a sus amigos.

En julio de 1835, John Marshall murió en Filadelfia, poco antes de cumplir 80 años. Había sido presidente del Tribunal Supremo durante 34 años (un récord nunca superado desde entonces) y había contribuido a hacer de los Estados Unidos lo que eran, gracias a sus intransigentes decisiones federalistas.

En marzo de 1836, Jackson nombró a Taney para que ocupase el lugar de Marshall. En el curso de su mandato, Jackson había nombrado cinco jueces del Tribunal Supremo y había puesto fin a la hegemonía federalista que había caracterizado los 40 primeros años del Tribunal. El Tribunal Supremo jacksoniano tendía a favorecer los derechos de los estados, propensión que sería importante en los tormentosos años futuros.

4. Fronteras inestables

Los abolicionistas

Aunque el problema del arancel se había apaciguado y la crisis de la anulación había sido superada, en modo alguno había paz entre los estados. De hecho, ahora, al no tener que preocuparse por el arancel, se hizo evidente que el gran punto de disensión entre los estados era la esclavitud.

El ascenso del sentimiento abolicionista en los estados libres, llevado por Garrison, halló una resistencia cada vez mayor en los estados esclavistas; sus oficinas de correos se negaban a recibir correspondencia abolicionista, y los mismos abolicionistas entraban en los estados esclavistas con riesgo de sus vidas.

El gobierno federal se puso en contra de los abolicionistas. Jackson propuso una ley que prohibía la circulación de materiales antiesclavistas por el correo. Este proyecto de ley fue rechazado por el Congreso porque los defensores de los derechos de los estados deseaban que ese control estuviese en poder de cada estado en particular. El gobierno federal podía cambiar de opinión algún día, a fin de cuentas; los estados esclavistas, jamás.

El Congreso recibió muchas peticiones de grupos abolicionistas, que habitualmente eran remitidas a alguna oscura comisión y sepultadas. Pero en 1836, los senadores y representantes de los estados esclavistas se vieron tan abrumados por la constante afluencia de denuncias contra la esclavitud y temían tanto futuras insurrecciones de esclavos, como la de Nat Turner, que insistieron en establecer algún medio automático para impedir que alguna petición lograra abrirse paso por accidente.

En el Senado se creó un sistema por el cual las peticiones, al ser recibidas, fueran rechazadas automáticamente. En la Cámara de Representantes, desde mayo de 1836, las peticiones ni siquiera era recibidas: se les negó la entrada por una «regla mordaza» que fue renovada año tras año.

La más firme resistencia a esta regla mordaza provino de John Quincy Adams. Después de su retiro de la presidencia, en 1829, Adams había vuelto a la vida pública en noviembre de 1830 como representante, cargo para el que fue reelegido hasta su muerte. (Como representante fue más eficaz y más feliz que como presidente.)

Adams no era un abolicionista, pero sabía que la Primera Enmienda a la Constitución otorgaba a los ciudadanos el derecho de petición. Antes de ser rechazadas, las peticiones debían ser examinadas; negarles hasta la más superficial consideración era violar la Primera Enmienda. La regla mordaza, sostenía Adams, era claramente anticonstitucional.

Sesión tras sesión, Adams presentó varias peticiones abolicionistas, una tras otra. Tan pronto como se discernía la naturaleza de la petición, se la declaraba no pertinente, y en cada caso, Adams protestaba tan eficazmente, que se ganó el apodo de «el Viejo elocuencia».

Adams llevaría adelante esta lucha a lo largo de 8 años, obligando finalmente a acabar con la regla mordaza. Pero mientras ésta se mantuvo, las peticiones antiesclavistas recibieron mucha más publicidad por las acciones de Adams que la que habrían obtenido si se las hubiera recibido y rechazado de manera serena, como se hacía antes.

Era un círculo vicioso. Así como la agitación abolicionista originaba el endurecimiento de la resistencia en los estados esclavistas, de la misma manera la intransigencia de éstos fortalecía la causa abolicionista en los estados libres.

Un ejemplo particularmente trágico de la creciente hostilidad fue el de Elijah Parish Lovejoy (Maine, 1802), un sacerdote presbiteriano. Lovejoy había publicado un periódico religioso en Saint Louis, en el estado esclavista de Missouri. Rechazaba la esclavitud, pero sus declaraciones habían sido suaves, hasta que un negro, acusado de asesinato, fue atrapado por una multitud que, luego, sin juicio, lo linchó. La posición antiesclavista de Lovejoy se hizo entonces más firme, y las amenazas lo obligaron a cruzar el río para pasar a Alton, Illinois. Allí, en un estado libre, adoptó una postura abolicionista más firme.

Sin embargo, los abolicionistas tampoco eran exactamente populares en los estados libres. Sus periódicos fueron destruidos varias veces; en noviembre de 1837, la oficina de Lovejoy fue atacada por una multitud y él mismo fue asesinado.

Mucha gente de los estados esclavistas se regocijó ante esta noticia, pero los abolicionistas ahora tenían un mártir y su causa se fortaleció.

Mientras continuaba la lucha por conquistar la conciencia de los hombres, subsistió también la cuestión de la fuerza política. Desde el Compromiso de Missouri de 1820, pasaron 16 años sin que ningún estado nuevo fuese admitido en la Unión, de modo que seguía habiendo 12 estados esclavistas y 12 libres.

Pero el 15 de junio de 1836, Arkansas entró en la Unión como vigesimoquinto Estado, y, por los términos del Compromiso de Missouri, lo hizo como estado esclavista. Medio año más tarde, el 26 de enero de 1837, Michigan, muy al norte de la línea del Compromiso, entró en la Unión como vigesimosexto Estado, y era un estado libre. Así, había 13 estados esclavistas y 13 estados libres, un número parejo nuevamente.

Rebelión en Texas

El territorio americano al sur de la línea del Compromiso de Missouri aún disponible para la formación de estados esclavistas era muy limitado; en verdad, se reducía a lo que ahora son los estados de Florida y Oklahoma. Pero los estados esclavistas no estaban muy preocupados por ello. Para futuros reclutamientos, miraban más allá de la frontera de los Estados Unidos.

4. Fronteras inestables

Al oeste de Luisiana, por ejemplo, estaba Texas, que muchos americanos consideraban legítimo territorio propio, de acuerdo con la Compra de Luisiana de 1803. En 1819, en la época de la Compra de la Florida, Estados Unidos había renunciado formalmente a toda reclamación sobre Texas, pero su población había crecido desde entonces y era casi enteramente americana. No parecía, pues, que la decisión de 1819 debiera ser considerada permanente.

El primer americano implicado en la historia de Texas fue Moses Austin (Connecticut, 1761). Había perdido una fortuna en el Pánico de 1819 y pensó que podría recuperarse si se iba más al oeste. El 17 de enero de 1821, cuando México todavía estaba en las vacilantes manos de España, Austin obtuvo permiso del gobierno español para llevar 300 familias americanas a Texas.

Moses Austin murió en junio de 1821, cuando todavía estaba en Missouri, pero su hijo, Stephen Fuller Austin (Virginia, 1793), continuó con el proyecto. Por aquel entonces, México estaba conquistando su independencia, y el joven Austin viajó a Ciudad de México para confirmar los términos del permiso.

Luego llevó a las familias americanas y las estableció en los tramos inferiores del río Brazos, a unos 160 kilómetros al suroeste de la que por entonces era la frontera estadounidense.

Texas estaba prácticamente vacía, y las diferentes facciones que trataban de gobernar sobre la recién nacida nación de México eran indiferentes a lo que ocurría en el lejano norte del país y permitían a los inmigrantes establecerse allí. En 1834 había 20.000 americanos en Texas y sólo 5.000 mexicanos. Sin duda, se suponía que los inmigrantes debían ser católicos, por lo que los americanos que entraban declaraban profesar esta fe y luego construían iglesias protestantes.

Pero el problema más serio surgió a propósito de la esclavitud. La mayoría de los colonos americanos provenían de estados esclavistas y habían llevado a sus esclavos con ellos. Había unos 2.000 esclavos negros en Texas en 1834, pero México había abolido la esclavitud en 1831 y exigía que no hubiera esclavos en Texas. (Gran Bretaña, que finalmente había abolido la esclavitud en todas sus colonias el 28 de agosto de 1833, apoyó a México en esa medida.)

Por entonces, ya era evidente para México que Estados Unidos estaba detrás de Texas. Después de todo, Jackson había ofrecido comprar el territorio por 5.000.000 de dólares. El orgullo mexicano cobró vida; se prohibió toda ulterior inmigración de americanos a Texas (la cual continuó ilegalmente) y empezó a guarnecer la provincia. Las cosas empeoraron cuando se hizo con el gobierno mexicano un aventurero, Antonio López de Santa Anna, que se oponía firmemente a los texanos.

Los colonos texanos no querían problemas. Sólo pedían que se les permitiese conservar sus esclavos. Austin viajó a Ciudad de México para explicárselo a Santa Anna, pero en enero de 1834 fue encarcelado por sus demandas; permaneció en prisión 8 meses.

Cuando Austin fue liberado y se le permitió retornar a Texas, ya no había ninguna posibilidad de llegar a un acuerdo pacífico. Los americanos seguían llegando a Texas, se autodenominaban texanos y pedían luchar por la independencia.

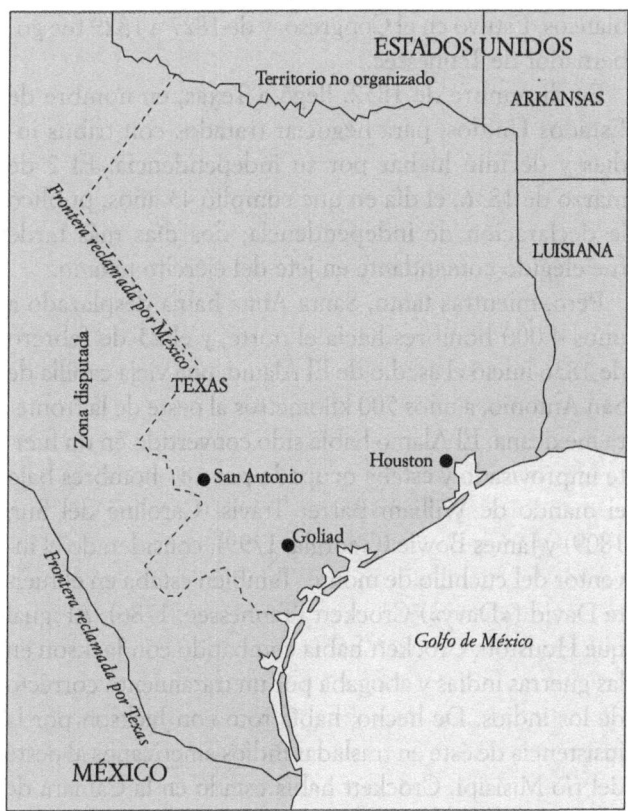

Texas en rebelión

Uno de estos nuevos inmigrantes era Samuel («Sam») Houston (Virginia, 1793). Había prestado servicio bajo Andrew Jackson contra los indios sureños durante la Guerra de 1812, pero luego se había puesto firmemente de parte de ellos para denunciar la explotación de los blancos. Estuvo en el Congreso, y de 1827 a 1829 fue gobernador de Tennessee.

En diciembre de 1832, llegó a Texas, en nombre de Estados Unidos, para negociar tratados con tribus indias y decidió luchar por su independencia. El 2 de marzo de 1836, el día en que cumplió 43 años, publicó la declaración de independencia; dos días más tarde fue elegido comandante en jefe del ejército texano.

Pero, mientras tanto, Santa Anna había desplazado a unos 4.000 hombres hacia el norte, y el 23 de febrero de 1836 inició el asedio de El Álamo, una vieja capilla de San Antonio, a unos 500 kilómetros al oeste de la frontera mexicana. El Álamo había sido convertido en un fuerte improvisado y estaba ocupado por 187 hombres bajo el mando de William Barret Travis (Carolina del Sur, 1809) y James Bowie (Georgia, 1799), considerado el inventor del cuchillo de monte. También estaba en el fuerte David («Davy») Crockett (Tennessee, 1786). Al igual que Houston, Crockett había combatido con Jackson en las guerras indias y abogaba por un tratamiento correcto de los indios. De hecho, había roto con Jackson por la insistencia de éste en trasladar indios americanos al oeste del río Misisipi. Crockett había estado en la Cámara de Representantes durante tres mandatos y había llegado a Texas en 1835.

Durante 12 días, los defensores atrincherados rechazaron al ejército de Santa Anna, pero el 6 de marzo de 1836 (cuatro días después de declararse la independencia de Texas), el fuerte fue tomado en un asalto final y aquellos de sus defensores que aún estaban con vida murieron luchando. El 20 de marzo, Santa Anna capturó a unos 300 texanos en la ciudad de Goliad, a 175 kilómetros al sureste de El Álamo, y el 27 de marzo ordenó matarlos.

Los sucesos de marzo fueron desalentadores en verdad, y los viejos colonos empezaron a huir hacia el este. Pero no todo marchaba bien para Santa Anna. Los ataques a El Álamo le costaron la cuarta parte de su ejército; y durante el tiempo que tardó en tomar el fuerte y, luego, restablecer su ejército, Houston había logrado reunir una pequeña fuerza, que condujo al este con la esperanza de atraer a Santa Anna tras de sí hasta que llegase el momento apropiado para un contraataque.

Santa Anna le hizo el juego a Houston. Unos 1.600 soldados mexicanos persiguieron a los 750 de Sam Houston, quien se retiró a las orillas del río San Jacinto, a 115 kilómetros de la frontera estadounidense y a unos 400 kilómetros al este de El Álamo. Allí, el 21 de abril de 1836, esperó a que las tropas mexicanas durmiesen la siesta y cayó por sorpresa sobre ellas.

Al grito de «¡Recordad El Álamo!», los texanos prácticamente destruyeron al ejército mexicano en apenas 20 minutos, sufriendo solamente 9 bajas. Al día siguiente hicieron prisionero a Santa Anna y lo persuadieron de la conveniencia de conceder a Texas la independencia a cambio de su libertad. Santa Anna firmó un tratado reconociendo la independencia de Texas el 14 de mayo de 1836.

Con la batalla de San Jacinto, se hizo realidad la independencia de Texas, la cual ocupó brevemente un lugar en los libros de historia. La guerra había sido llevada casi por entero, desde el comienzo hasta el fin, por americanos que habían penetrado en la región principalmente para librar esa guerra. Los viejos colonos, que llevaban viviendo en la región 10 años o más, no participaron.

La victoria de lo nuevo sobre lo viejo se observa en el hecho de que el 1 de septiembre de 1836 Sam Houston fue elegido presidente de Texas por encima de Stephen Austin. Houston inició su mandato el 22 de octubre y nombró a Austin secretario de Estado, pero Austin murió dos meses más tarde, en diciembre.

La capital de Texas, desde 1839, ha sido Austin, pero la mayor ciudad de Texas, fundada en el sitio de la batalla de San Jacinto, lleva el nombre de Houston. Ahora es la sexta ciudad, en tamaño, de Estados Unidos.

Una vez establecida la independencia de Texas, la cuestión, para Estados Unidos, era qué hacer con el territorio. La respuesta lógica era anexionárselo. La independencia texana había sido ganada por estadounidenses, y los texanos no querían realmente la independencia; querían formar parte de los Estados Unidos.

Los estados esclavistas estaban locos de entusiasmo ante esta posibilidad. Texas ya había legalizado la esclavitud y entraría como estado esclavista. Y quizá fuera lo bastante grande como para formar varios estados, cada uno con dos senadores.

Pero esto también lo comprendieron los estados libres. No ponían objeciones a que se expandiese la nación, siempre que ello no representase un aumento del poder de los estados esclavistas, pero los abolicionistas acusaban ruidosamente a los estados esclavistas –y a Jackson también–, de haber montado la rebelión texana con el único propósito de expandir la esclavitud.

Este argumento era lo bastante plausible como para hacer explosivo el tema de la anexión y, en vista de la elección de 1838, Jackson vaciló en actuar con demasiada audacia.

Tenía razón en vacilar, pues el problema de Texas ahora formaba parte del creciente conflicto sobre la esclavitud, conflicto que, lenta pero irresistiblemente, absorbía todas las restantes preocupaciones. En mayo de 1836, cinco semanas después de la batalla de San Jacinto, John Quincy Adams –ahora reconocido como el más destacado representante en el Congreso del punto de vista antiesclavista– pronunció un importante discurso contra la anexión de Texas.

Los ciudadanos de los estados esclavistas estaban furiosos. El 1 de julio, Calhoun presentó una resolución para que se reconociera la independencia de Texas. Si tenía éxito, la anexión se efectuaría más tarde, cuando México amenazase con recuperar la región. La resolución fue aprobada por el Congreso, pero Jackson aún vaciló y no actuó hasta después de las elecciones. De hecho, sólo el 3 de marzo de 1837, el último día de su mandato, Jackson completó el reconocimiento oficial americano de Texas como nación independiente.

Martin Van Buren

Jackson era viejo y estaba enfermo, y no se habría presentado para un tercer mandato, aunque la tradición no le impidiera hacerlo; estaba decidido a conseguir que lo sucediera uno de sus hombres. Jackson eligió a su vicepresidente, Martin Van Buren, quien así recibía la recompensa final por sus fieles servicios.

El Partido Demócrata, en conjunto, sentía mucho menos entusiasmo por el neoyorquino que Jackson, pero la palabra de Jackson era ley. En 1836, no habría ganado ningún demócrata contra el cual se hubiese opuesto Jackson.

En mayo de 1835, pues, los demócratas se reunieron en una convención electoral en Baltimore, que parecía estar convirtiéndose en el sitio tradicional para tal fin, y eligieron unánimemente a Van Buren como candidato*.

Para la vicepresidencia, los demócratas eligieron a Richard Mentor Johnson (Kentucky, 1780). Había combatido en la Guerra de 1812 y se le atribuía una importante contribución a la victoria en la batalla del Thames; había estado desde entonces en el Congreso. Pero la fuente real de su fama era que se atribuía el dudoso mérito de haber matado al jefe indio Tecumseh.

El Partido Whig, recientemente formado, y destinado a agrupar a las fuerzas contrarias a Jackson, aún no estaba lo suficientemente unido como para poder realizar una convención nacional. Así, puesto que las fuerzas antijacksonianas no estaban todavía unificadas, diferentes partes del país eligieron distintos candidatos para oponerse a Van Buren.

Nueva Inglaterra eligió a Daniel Webster, y los estados occidentales, a Hugh L. White, de Tennessee (Carolina

---

* Esto ocurrió año y medio antes de las elecciones. Tal antelación era necesaria por entonces, antes de la época de la comunicación eléctrica. La invención del telégrafo, y luego la de la radio y la televisión, han hecho posibles campañas presidenciales más cortas.

del Norte, 1773). White había sucedido a Jackson en su escaño en el Senado, pero se distanció de él cuando Jackson designó a Van Buren como su sucesor. Al igual que Johnson, White también aseguraba haber dado muerte a un jefe indio (Martín Pescador, de los cherokee) con sus propias manos. Otro candidato era William Henry Harrison, de Ohio (Virginia, 1773), hijo de Benjamin Harrison, un firmante de la Declaración de Independencia. También él había luchado contra los indios y obtenido una estrecha y poco notable victoria contra la tribu de Tecumseh en el río Tippecanoe, en 1811.

Resultaba evidente que ninguno de los tres candidatos que rivalizaban con Martin Van Buren podía salir elegido, pero los whigs esperaban que cada uno ganase en algunos estados y, finalmente, entre los tres, impidiesen a Van Buren obtener la mayoría de los electores. Entonces, la elección sería llevada a la Cámara de Representantes, y ¿quién podía saber lo que ocurriría allí?

Era una posibilidad. Van Buren era mucho menos popular que Jackson, y aunque el neoyorquino realizó una campaña servilmente jacksoniana, sólo obtuvo 765.483 votos, contra 739.795 para los diversos whigs.

Webster obtuvo los 14 votos de Massachusetts; White, los 26 votos de Tennessee y Georgia; Carolina del Sur dio sus 11 votos a Willie P. Mangum (Carolina del Norte, 1792). En cuanto a Harrison, logró un sorprendente número de votos, pues recibió 73 votos electorales de 7 estados.

Sin embargo, Van Buren logró ganar la mayoría en 15 de los 26 estados, recibiendo 170 votos electorales en total, frente a los 120 sumados de sus oponentes; de modo que fue elegido.

La situación fue diferente en la elección de vicepresidente. Contra Johnson se presentaron dos adversarios. Uno era Francis Granger, de Nueva York (Connecticut, 1792), un miembro del Congreso que había sido un destacado antimasón, y el otro era John Tyler (Virginia, 1790), que había sido gobernador de Virginia y luego senador por este estado. Tyler era un firme defensor de los derechos de los estados, pero se había opuesto a los extremistas de Carolina del Sur; había roto con Jackson por el retiro de los depósitos del Banco de los Estados Unidos, votó a favor de la censura al presidente y renunció al Senado para no seguir las instrucciones de su estado de votar para que se levantase esa censura.

Los dos candidatos a vicepresidente antijacksonianos lograron un éxito mucho mayor que los tres candidatos presidenciales antijacksonianos, e hicieron a Johnson lo que los whigs habían esperado hacer a Van Buren. Johnson recibió 147 votos electorales, uno menos que la mayoría. Por primera y única vez en la historia de los Estados Unidos, ningún candidato a la vicepresidencia obtuvo la mayoría de los votos electorales. Por la Decimosegunda Enmienda a la Constitución, el Senado tenía que elegir entre los dos candidatos con mayor número de votos.

A Johnson le seguía Granger, con 77 votos. Tyler terminó tercero, con 47. En febrero de 1837, el Senado votó a favor de Johnson por 33 votos contra 16.

El 4 de marzo de 1837, pues, Martin Van Buren fue investido octavo presidente de Estados Unidos. Fue el primer presidente que no era de ascendencia inglesa (era de origen holandés). También era el primer presidente nacido después de la Declaración de la Independencia, es decir, que nació como ciudadano de los Estados Unidos y no como súbdito de la corona británica.

Su elección como presidente se produjo justo a tiempo para padecer la amarga cosecha del error de Jackson con respecto al Banco de Estados Unidos.

En un país en expansión hubo muchísimas oportunidades para especular con tierras y con la construcción de infraestructuras. Como se suponía que la gente afluiría al Oeste, a los nuevos estados, y que surgirían nuevas granjas, ciudades, caminos, canales y ferrocarriles, se compraron tierras para venderlas con ganancia a otros, quienes también compraban para vender con un beneficio adicional, y así sucesivamente.

Para efectuar todas estas compras, pidieron dinero prestado a los bancos. Los bancos de los estados se multiplicaron y emitieron papel moneda imprudentemente, suponiendo que la expansión y el aumento de riqueza de la nación permitirían recuperarlo todo. Al final, se llegaría a la situación de que muchas personas se quedarían con tierras que ya no podrían vender con beneficio y con deudas que tampoco podían pagar, pero todos especulaban con la probabilidad de poder deshacerse de lo comprado antes de que eso ocurriera.

De haber existido, el Banco de los Estados Unidos podía haber ejercido un control financiero sobre los bancos estatales e impedido esa desenfrenada especulación. (En tal caso, por supuesto, podía haber sido acusado de obstaculizar el crecimiento del Oeste en interés del Noreste.)

La montaña de dinero barato aumentó cada vez más y la inflación subió en espiral. Todo el mundo –tanto estados como individuos– operaba con deudas.

En julio de 1836, Jackson, temiendo que la constante desvalorización del papel moneda dejase al mismo gobierno federal con ingresos insignificantes, promulgó la llamada «Circular del Metálico», en la que se ordenaba que las tierras públicas vendidas por el gobierno fuesen pagadas en oro o plata (es decir, en «metálico»).

Inmediatamente se hizo difícil obtener tierras, y la perspectiva de lograr grandes beneficios desapareció. Los bancos, con la esperanza de salir del juego especulativo antes de que todo se derrumbase, empezaron a exigir el pago de las deudas; y con cada deuda cuyo pago se exigía se pinchaba el globo en un nuevo lugar y se apresuraba su colapso.

El 10 de mayo de 1837, poco después de la investidura de Van Buren, los bancos de Nueva York empezaron a quebrar, a lo que siguió toda una cadena de bancarrotas: 618 antes del final del año. El Pánico de 1837 fue el comienzo de una depresión económica de siete años.

Rebelión en Canadá

El pánico tuvo también repercusiones internacionales, favorecidas por el hecho de que los tiempos también eran duros en Gran Bretaña; allí, bancos británicos, que habían hecho grandes inversiones en la especulación con tierras americanas, se habían visto obligados a exigir la devolución de sus préstamos. Los americanos pensaban que esta política británica había contribuido a precipitar el pánico, mientras los británicos consideraban que era el incumplimiento americano lo que había llevado a la quiebra a los bancos de Londres. Los sentimientos hos-

4. Fronteras inestables

tiles entre las dos naciones se elevaron al nivel más peligroso desde la Guerra de 1812.

La situación empeoró por ciertos sucesos inquietantes que, por entonces, tuvieron lugar en Canadá. Canadá estaba dividido en seis provincias: Terranova, Nueva Escocia, New Brunswick, la Isla del Príncipe Eduardo, el Canadá Inferior y el Canadá Superior (las dos últimas corresponden a las actuales Quebec y Ontario). Desde la Revolución Americana, Gran Bretaña había gobernado estas provincias muy rígidamente.

Pero durante los decenios de 1820 y 1830, algunos canadienses empezaron a mostrar un creciente interés por una mayor autonomía, y comenzó a oírse una propaganda separatista muy similar a la que había circulado en Massachusetts y Virginia medio siglo antes.

Que la idea no echase raíces, como había ocurrido en las colonias americanas, probablemente se debiera, al menos en parte, al hecho de que muchos canadienses deseaban una presencia británica fuerte por temor y desconfianza hacia los Estados Unidos. Muchos de los canadienses descendían de «leales» americanos que habían sido expulsados de –o habían abandonado voluntariamente– los Estados Unidos después de la Guerra Revolucionaria; y muchos recordaban la Guerra de 1812, en la que los americanos habían invadido varias veces el territorio situado al norte del lago Erie.

El acuerdo Rush-Bagot de 1818 había eliminado en su mayor parte el peligro de incidentes fronterizos. Sin embargo, la frontera no estaba completamente desmilitarizada. Había fuertes a ambos lados, y más de 5.000 soldados británicos estaban estacionados en Canadá.

Luego surgieron problemas con William L. Mackenzie (nacido en Escocia, en 1795). Había llegado al Canadá Superior en 1820, y allí, como periodista, había empezado a defender la autonomía. Obtuvo cierto éxito y fue elegido alcalde de la nueva ciudad de Toronto, en 1835, pero finalmente desesperó de lograr algún resultado por medios pacíficos.

Pensó que, quizá, una demostración de fuerza llevaría al pueblo de Canadá a alzarse, y se dispuso a repetir la situación de Lexington y Concord. El 4 de diciembre de 1837, llevó a 800 hombres frente a los edificios del gobierno en Toronto; el contingente se disolvió fácilmente con una mera demostración de fuerza. Mackenzie logró cruzar la frontera y refugiarse en Buffalo.

Pese a este fracaso, Mackenzie no renunció. En el río Niágara, entre Estados Unidos y Canadá, está la pequeña isla de Navy, considerada parte de Canadá. Allí, Mackenzie estableció lo que llamó el «Gobierno Republicano del Canadá Superior».

El gobierno de Mackenzie era una pura farsa y no se habría mantenido un solo día si los americanos de las fronteras de Nueva York y Vermont, recordando odios tradicionales y encolerizados por lo que consideraban contribuciones británicas al pánico financiero, no hubiesen pensado que estaban presenciando una rebelión cabal, y decidieran convertirse en un conjunto de Lafayettes.

Van Buren emitió una proclama de neutralidad en los disturbios canadienses, pero muchos americanos la pasaron por alto. Acudieron a ayudar a Mackenzie en Navy hasta 1.000 voluntarios americanos, los cuales eran aprovisionados por un barco de vapor de propiedad americana, que estaba tripulado por americanos y tenía su base en Buffalo: el *Caroline*.

Esta ayuda, hablando en términos estrictos, era un acto de guerra por parte de los americanos, y las autoridades canadienses estaban muy molestas; 50 hombres fueron enviados a destruir el *Caroline*.

La idea era atrapar al barco en la isla, pues esto lo ponía en territorio canadiense, con lo cual los canadienses actuarían con pleno derecho. El plan fracasó y los canadienses, en la noche del 29 de diciembre de 1837, decidieron pasar al lado americano del río y apoderarse del barco mientras estaba en su dársena, en territorio americano. Tuvieron éxito, pero varios americanos fueron heridos y hubo un muerto. El *Caroline* fue incendiado, arrastrado al medio del río y hundido. Sin el *Caroline*, Mackenzie se vio obligado a abandonar la isla. El 13 de enero de 1838, huyó nuevamente a territorio americano, donde fue arrestado. Durante un tiempo, ambas partes sostuvieron una guerra de alfilerazos, el peor de los cuales fue el incendio de un barco de vapor canadiense, como represalia por el incendio del *Caroline*.

Afortunadamente, ni el gobierno británico ni el americano tenían intención de ir a la guerra, de modo que, si bien las protestas iban y venían, no se pasó de ahí. Los intentos americanos de llevar a cabo incursiones finalmente se esfumaron, en parte porque era evidente que no daban ningún resultado, y en parte porque la situación en Canadá estaba cambiando.

A pesar de lo pequeña que fue la rebelión de Mackenzie, tuvo un resultado útil. El 29 de mayo de 1838, las diversas provincias de la América del Norte británica recibieron un nuevo gobernador –John George Lambton, primer *earl* de Durham–, que trató a los rebeldes con indulgencia, y el 11 de febrero de 1839 escribió un informe recomendando que se concediese a las provincias una forma de gobierno representativo.

Este sistema fue adoptado con el tiempo, demostrando así Gran Bretaña que había aprendido la lección de la Revolución Americana: si no se afloja, la cuerda se rompe. Canadá inició su marcha hacia la autonomía, y con el tiempo la obtuvo plenamente, aunque permaneció lealmente sujeta a la Corona británica. (Si hubiese habido un lord Durham en 1770, éste podía haber sido el destino de las colonias americanas.)

En 1840, pues, parecía que el incidente del *Caroline* se había saldado sin problemas cuando se produjo un ridículo suceso. Un tal Alexander McLeod, ayudante del sheriff de Niágara, Canadá, mientras se emborrachaba tontamente en un bar del lado americano del río, se jactó de haber tomado parte en la expedición que había incendiado el *Caroline,* y que había sido él quien mató al americano caído en la lucha. Como consecuencia de ello, fue arrestado en noviembre de 1840 por las autoridades de Nueva York y acusado de incendio premeditado y asesinato.

Esto fue el colmo para el gobierno británico. Exigió que McLeod fuese liberado, arguyendo que, si él había cometido ese acto (de lo cual dudaba), lo había hecho como soldado que cumplía órdenes legales de su gobierno. Gran Bretaña amenazó realmente con la guerra si McLeod era condenado y ejecutado.

El gobierno americano quedó sumamente desconcertado. Ciertamente, McLeod no valía una guerra, y lo habrían liberado de buena gana, con algunas bravatas para salvar las apariencias, pero el canadiense no estaba en manos del gobierno federal, sino en las del estado de Nueva York, y el gobierno federal no podía interferir en el proceso judicial que se llevaba a cabo dentro de un estado. Tampoco podía Nueva York tratar directamente con los británicos, pues todas las negociaciones extranjeras correspondían al gobierno federal. Era un importante y serio fallo del sistema federal.

Afortunadamente, resultó que McLeod era un necio fanfarrón que no podía haber tomado parte en la incursión. Fue absuelto en octubre de 1841 y desapareció de la historia. Gran Bretaña convino finalmente en presentar excusas, aunque poco entusiastas, por el incendio del *Caroline;* Estados Unidos lo hizo por las actividades del *Caroline* antes de ser incendiado, y todo terminó.

Para impedir complicaciones similares entre el gobierno federal y los estados en el futuro, el Congreso aprobó una ley, en agosto de 1842, por la que los extranjeros acusados de crímenes cometidos bajo la autoridad de un gobierno extranjero caerían bajo la jurisdicción federal.

Mientras tanto, los disturbios canadienses también complicaron la situación en el norte de Maine.

La frontera entre Maine y New Brunswick nunca se había establecido definitivamente. Ésta era la única parte de la frontera entre Estados Unidos y Canadá, al este de las Montañas Rocosas, que aún no había sido cuidadosamente fijada.

Durante medio siglo, después del fin de la Guerra Revolucionaria, Maine y New Brunswick habían reclamado un territorio de 30.000 kilómetros cuadrados. En 1831, la cuestión había sido sometida al arbitraje del rey Guillermo I de los Países Bajos, quien había trazado una línea que Gran Bretaña aceptó, pero Estados Unidos no.

La cuestión se había dilatado principalmente porque la región estaba tan escasamente poblada y parecía tan poco importante para ambas naciones que era más sencillo posponerla que dirimirla mediante discusiones.

Pero en la década de 1830, la población había aumentado y la llegada del ferrocarril había abierto la región a ambas partes. Además, la rebelión canadiense había animado a Gran Bretaña a construir un ferrocarril desde Nueva Escocia hasta Quebec, de modo que las tropas pudiesen llegar más fácilmente al interior de Canadá, en caso necesario, y la mejor ruta transcurría por el territorio en disputa.

En 1838, los leñadores de New Brunswick, que cortaban madera a lo largo del río Aroostook, se vieron luchando contra americanos. Esta Guerra del Aroostook no fue especialmente sangrienta, pero demostró la necesidad de llegar a algún acuerdo. La cuestión fue abordada nuevamente y resuelta.

«Cabañas de troncos y sidra»

Mientras Van Buren hacía frente a los fastidiosos problemas de la frontera canadiense y al desconcertante embrollo de Texas, también tuvo que hacerlo con la depresión económica interna, por cuyos efectos el Partido Demócrata estaba empezando a desmembrarse.

4. Fronteras inestables

El sector más radical, siguiendo las ideas de Jackson, quería una separación completa de bancos y gobierno. Deseaban que los fondos gubernamentales estuviesen depositados en subtesorerías independientes. Los radicales también heredaron las ideas de los «partidos de trabajadores»; apoyaban las medidas destinadas a aliviar el sufrimiento de los desempleados, y el 31 de marzo de 1840 persuadieron a Van Buren para que limitase el día de trabajo en obras públicas federales a 10 horas. Ésta fue la primera acción directa emprendida por el gobierno federal para mejorar las condiciones laborales.

Pero el sector conservador del Partido Demócrata se unió a los whigs en su oposición al plan de las subtesorerías y logró bloquearlo por largo tiempo.

La rivalidad entre las dos tendencias del partido fue más aguda en Nueva York, donde los radicales eran más fuertes. El 29 de octubre de 1835, los demócratas celebraron una reunión en esta ciudad, en la que pareció que los radicales lograrían el control del partido. El presidente, que era de la facción conservadora, aplazó la reunión y apagó las luces de gas.

Pero los radicales estaban preparados: sacaron velas que encendieron con modernas cerillas de fricción llamadas «de autoencendido» o cerillas locofoco (posiblemente de la palabra italiana *fuoco,* que significa «fuego»). Durante años, los radicales fueron llamados locofocos.

Con la depresión económica, que hizo enormes estragos entre los demócratas, y con Van Buren claramente incapaz de ejercer un liderazgo apropiado, los whigs finalmente olieron la victoria. Pero su gran debilidad era que aún representaban una vaga coalición de industriales norteños, propietarios de plantaciones sureños y demócratas insatisfechos. Para obtener la victoria, debían apelar a todos.

Esto significaba que Henry Clay estaba excluido. Había sido derrotado en 1824 y en 1832, de modo que lo rodeaba un halo de derrota; además, en el curso de su vida activa en el Congreso, se había hecho con un gran número de enemigos. Por consiguiente, cuando la convención whig para elegir candidatos se reunió en Harrisburg, Pensilvania, en diciembre de 1839, Clay se retiró de la competición con la mayor elegancia que pudo.

Eliminado Clay, los whigs se dirigieron a William Henry Harrison, que había sido uno de sus candidatos en 1832. Entonces había sido derrotado, pero había obtenido unos resultados sorprendentemente buenos. Que no se hubiese distinguido para nada en el curso de los seis años que estuvo en el Congreso y durante un período como embajador en la nueva nación suramericana de Colombia, no les importaba a los whigs. De hecho, era algo que complacía a Clay, pues significaba que Harrison se dejaría guiar por líderes whigs.

Además, Harrison también era en cierto modo un héroe de guerra. Su triunfo había sido la dudosa y semiolvidada batalla de Tippecanoe, librada hacía un cuarto de siglo, pero era suficiente para hacer de él una especie de versión whig de Andrew Jackson. Le impusieron el apodo de «Viejo Tippecanoe» (a imitación del apodo «Viejo Nogal» dado a Jackson).

Luego, como regalo especial al ala antijacksoniana del Partido Demócrata, los whigs eligieron a John Tyler como candidato a vicepresidente. Tyler había sido candidato a la vicepresidencia en 1832, con una plataforma antijacksoniana, y había hecho un buen papel. Ahora tendría otra oportunidad.

Los demócratas realizaron su convención en el lugar habitual, Baltimore, en mayo de 1840, y no tuvieron más opción que reelegir a Van Buren. Pero no pudieron convenir en nombrar nuevamente a Johnson candidato a vicepresidente, pues se había hecho demasiados enemigos; tuvo que presentarse de forma independiente.

El programa demócrata se oponía específicamente a la interferencia del Congreso en el problema de la esclavitud, y sostenía que éste era un problema que sólo los mismos estados podían manejar. Este punto de vista era bastante común entre quienes no eran abolicionistas y prácticamente general en los estados esclavistas, pero era la primera vez que la cuestión de la esclavitud se introducía en el programa de un partido importante.

Hubo también otra novedad notable a este respecto: los abolicionistas crearon un partido propio. Era un tercer partido, en la tradición de los antimasones (pero mucho más débil), y el primer partido que hizo de la abolición de la esclavitud la principal razón de su existencia.

El primer candidato presidencial de este Partido de la Libertad, como se llamó, fue James G. Birney (Kentucky, 1792). Originario de un estado esclavista, Birney había sido educado en una sociedad que daba la esclavitud por sentada, y, en verdad, él mismo había poseído esclavos. Se interesó cada vez más por la idea de enviar de vuelta a África a los esclavos negros, y esto, a su vez, lo llevó a una creciente adhesión al abolicionismo. Finalmente, en 1834, liberó a sus esclavos y empezó a abogar abiertamente por la abolición.

Era evidente que, en estas condiciones, no podía permanecer en Kentucky, por lo que cruzó el río Ohio y empezó a publicar un periódico abolicionista en Cincinnati en enero de 1836. Pero la opinión pública en el estado libre de Ohio se mostraba igualmente hostil, y medio año después, sus oficinas fueron asaltadas por una multitud y sus prensas arrojadas al río.

Sin desalentarse, Birney se marchó a Nueva York y empezó a predicar la acción política directa en vez de la mera argumentación. Atrajo a su posición a los abolicionistas más moderados.

Thomas Earle, de Pensilvania, fue el candidato a vicepresidente, y el Partido de la Libertad, cuya meta suprema era la abolición, hizo una vigorosa campaña contra la anexión de Texas.

Pero las elecciones de 1840 no iban a girar alrededor de este tema ni de ningún otro. Los whigs sólo podían ganar si no se planteaba debate alguno, pues no había temas sobre los que las diversas facciones pudiesen estar de acuerdo. Su interés, pues, era concentrar sus esfuerzos en plantear protestas y mantener la impopularidad personal de Martin Van Buren.

Los favoreció accidentalmente un comentario editorial publicado en un periódico demócrata, el *Republican,* de Baltimore, en marzo de 1840. En él se hacía burla de la incapacidad de Harrison, a quien se proclamaba adecuado solamente para la jubilación. De hecho, afirmaba implícitamente el editorial, esto era lo que él realmente quería; se presentaba como candidato a la presidencia sólo para satisfacer las ambiciones de otros, y, «a condición de recibir una pensión de 2.000 dólares y un barril de sidra, [...] sin duda consentiría en renunciar a sus pretensiones para terminar sus días en una cabaña de troncos a orillas del Ohio».

Era una observación muy desafortunada para los demócratas, pues los whigs se apoderaron de ella jubilosamente y convirtieron la campaña de 1840 en el primer circo político de la historia americana. Crearon el modelo de lo que caracterizó desde entonces las campañas presidenciales: una mezcla de jolgorio y suciedad.

El «Viejo Tippecanoe» fue presentado en todas partes como un hombre del pueblo, satisfecho con las cabañas de troncos y la sidra, mientras se pintaba a Van Buren como un aristócrata decadente que bebía champán en medio del lujo de la Casa Blanca. «Cabañas de troncos y sidra» se convirtió en el lema de la campaña; en todas partes hubo distintivos, emblemas, fiestas, carteles, mítines políticos y todo tipo de propaganda que giraba alrededor de las cabañas de troncos y la sidra; se repetía una y otra vez «Tippecanoe y Tyler también», «Tippecanoe y Tyler también», hasta que toda la nación se puso a gritar el eslogan.

Exactamente por qué había que votar a Harrison y no a Van Buren es algo que nunca se puso en claro, ni era necesario. Eran tiempos de depresión, la sidra corría en abundancia y el «Viejo Tippecanoe» era un soldado honesto, franco y sin afectación: ¿qué más se podía desear? Fue esta campaña, sumada al recuerdo de Jackson, lo que alentó a políticos posteriores que se presentaban como candidatos a fingir ser más pobres, más toscos y más ignorantes de lo que realmente eran. (Muchos de ellos lograron hacerlo muy convincentemente.)

De hecho, claro está, Harrison tenía poco que ver con cabañas de troncos y no era un hombre del pueblo. Había nacido en una plantación de Virginia y su padre era un destacado estadista que había sido elegido gobernador de Virginia cuando el joven William tenía 8 años. Más aún, eran los conservadores ricos quienes estaban respaldando a Harrison. Pero nadie se preocupaba por la lógica en esta elección.

Maine realizó sus elecciones locales varios meses antes que el resto de la nación (hábito que no abandonó hasta 1958), y el candidato whig para gobernador ganó con comodidad. Esta victoria elevó las esperanzas de los whigs y deprimió a los demócratas. (Éste fue un temprano ejemplo, dicho sea de paso, del refrán político «según hace Maine, así hace la nación», refrán que sería rotundamente desmentido en años futuros.)

Las elecciones nacionales se efectuaron el 2 de diciembre de 1840 y fueron, en términos del voto electoral, un triunfo aplastante de Harrison. Ganó en 19 de los 26 estados, con 234 votos electorales frente a los 60 de Van Buren*. Los whigs también dominaron el Vigesimosexto Congreso, aventajando a los demócratas por 28 a 22 en el Senado y 133 a 102 en la Cámara de Representantes.

Pero el voto electoral no representó la verdadera medida de la fuerza del Partido Whig. Después de toda su

---

* Martin Van Buren fue el tercer presidente (después de John Adams y John Quincy Adams) derrotado al presentarse a la reelección.

4. Fronteras inestables

ruidosa campaña y de sus insensateces, los whigs habían logrado una estrecha victoria. En términos de voto popular, Harrison obtuvo 1.275.000 votos, y Van Buren 1.129.000*. En cuanto a Birney y el Partido de la Libertad, sólo recibieron 7.059 votos, una cifra totalmente insignificante, pero era un comienzo.

Durante el gobierno de Van Buren –que estaba terminando, pues, en el desastre, tanto político como económico–, sin embargo, continuó el crecimiento de la nación. El censo de 1840 reveló que la población de Estados Unidos era de 17.069.453, un incremento del cuádruple en medio siglo. Nueva York, ahora la ciudad más grande de la nación, con una población de 312.000 habitantes, era casi tan populosa como la famosa ciudad de Viena.

Había 45.000 kilómetros de vías férreas en Estados Unidos, y la Revolución Industrial, que avanzaba rápidamente, estaba empezando a tener efectos en la agricultura. En 1834, Cyrus Hall MacCormick (Virginia, 1809) había patentado una segadora mecánica tirada por caballos que hacía innecesaria toda la fatiga que suponía inclinarse y segar que conllevaba antes ese proceso. En 1836, Samuel Colt (Connecticut, 1814) patentó un arma que multiplicaba la efectividad de sus usuarios: el revólver, o «arma de seis tiros», interminablemente rememorado en miles de «historias del Oeste», en la imprenta y en el cine.

---

* Este resultado representa un hecho permanente de la política americana que ha contribuido al vigor del sistema bipartidista. Por desproporcionado que fuese el voto electoral, el voto popular siempre ha estado muy cerca de él; el partido minoritario casi nunca ha obtenido menos del 40% y siguió siendo fuerte pese a las pérdidas.

En 1839, Charles Goodyear (Connecticut, 1800) descubrió accidentalmente un procedimiento para vulcanizar la goma con azufre, produciendo un nuevo tipo de goma adecuada para uso comercial, pues no se volvía pegajosa con el calor ni rígida con el frío.

También durante este período, el artista americano Samuel Finley B. Morse (Massachusetts, 1791), que había llevado el nuevo invento de la fotografía de Europa a América, estuvo trabajando en el telégrafo eléctrico; fue ayudado en esa labor por Joseph Henry (Nueva York, 1797), el primer científico americano de primer rango que había surgido después de Franklin. Ambos perdieron más tiempo en tratar de que el Congreso apoyase un avance tan obviamente beneficioso, que en resolver los problemas científicos. Finalmente, en 1843, el Congreso convino en pagar la construcción de la primera línea telegráfica, de Baltimore a Washington. El 24 de mayo de 1844, el primer mensaje atravesó los cables: «¿Qué ha realizado Dios?», una cita de la Biblia (Núm., 23: 23).

El liderazgo en el avance tecnológico, que había sido británico en el siglo anterior, poco a poco estaba pasando a Estados Unidos. Este proceso tardó en resultar evidente para el mundo.

Un hecho a destacar fue el viaje que realizó Charles Wilkes (Nueva York, 1798). En 1836, el Congreso –en la primera acción de tal tipo que emprendió– autorizó una expedición exploratoria y científica al Pacífico Sur. Al mando de Wilkes, la expedición, cargada hasta el tope de científicos de toda clase, partió de Estados Unidos, en agosto de 1838, y navegó aguas abajo, bordeando la costa de América del Sur, y luego a través del Pacífico hasta llegar a Australia, deteniéndose en la ruta en muchas islas.

Desde Australia, Wilkes navegó hacia el sur, hasta los límites de los hielos del Polo Sur, y luego a lo largo de ellos, en enero de 1840 (el verano antártico), avistando tierra en varias ocasiones. Partes del continente antártico habían sido vistas antes, pero Wilkes fue el primero en ver lo suficiente de él como para afirmar justificadamente que se trataba de un continente, y no sólo de un grupo de islas cubiertas de hielos*. Así pues, puede ser considerado, con igual mérito que otros, el descubridor de la Antártida.

---

* Es por ello que la región costera de la Antártida, al sur del océano Índico, es llamada Tierra de Wilkes en su honor.

5. De mar a mar brillante

«Tyler también»

El 14 de marzo de 1841 William Henry Harrison fue investido noveno presidente de Estados Unidos. Era un día extremadamente frío, y Harrison había escrito una alocución inaugural increíblemente extensa y aburrida. Daniel Webster se acercó a él y persuadió al nuevo presidente de que acortase su discurso, pero, aun así, tardó casi dos horas en terminar. Harrison, que acababa de celebrar su sexagesimosexto cumpleaños (el hombre de mayor edad que haya sido investido como presidente hasta Ronald Reagan), se empecinó en pronunciar su discurso sin llevar sombrero ni abrigo adecuado.

En tales condiciones, hasta una estatua de bronce habría cogido frío, y eso le ocurrió a Harrison. En el curso de un mes de marzo húmedo y frío pasado en la ventosa Casa Blanca, el resfriado se convirtió en neumonía, y lue-

5. De mar a mar brillante

go los médicos se apoderaron de él. Harrison podía haber sobrevivido a la neumonía, pero nadie en aquellos días podía sobrevivir a la atención concentrada de una gran cantidad de médicos*. El 4 de abril, Harrison murió, después de haber sido presidente durante sólo 30 días, el plazo más breve que se registra hasta la fecha.

Este suceso fue un desastre inesperado para los whigs. Ningún presidente hasta entonces había fallecido mientras ocupaba su cargo, y esta posibilidad no entraba en sus cálculos. Habían dado por sentado, más o menos, que Harrison permanecería seguro en los bolsillos de Clay; y de hecho, el gabinete que Harrison había nombrado consistía enteramente en fieles seguidores de Clay (además de Webster como secretario de Estado).

Ahora «Tippecanoe» estaba muerto y «Tyler también» era presidente. ¿Cómo actuaría Tyler? Sólo había sido elegido candidato para atraer votos de los demócratas conservadores, pues era un demócrata, no un whig. Se esperaba que, como todos los vicepresidentes de la historia americana hasta entonces, fuese un cero a la izquierda y su tendencia política no contara para nada.

Pero ahora era presidente. Algunos trataron de considerarlo sólo como si «representase el papel» de presidente, pero Tyler insistió en que él era el presidente, en el pleno sentido de la palabra. Y salió victorioso, lo cual sentó un precedente; desde Tyler, los vicepresidentes que accedieron a la presidencia por muerte del presiden-

---

* La práctica de la medicina era, casi en su totalidad, lo que hoy consideraríamos curanderismo; sólo con el desarrollo de la teoría de las enfermedades basada en el concepto de gérmenes en el decenio de 1860, la medicina se convirtió en un arte capaz de salvar vidas.

te electo han sido considerados en posesión de todos los poderes y derechos que habrían tenido si hubiesen sido elegidos ellos mismos.

Aunque la gran victoria whig de 1840 había dejado a un demócrata en la presidencia, Clay –de manera muy optimista– actuó en el supuesto de que Tyler se guiaría por principios whigs. Clay propuso la revocación del sistema de las subtesorerías que el gobierno de Van Buren, en sus últimos días, había logrado hacer aprobar por el Congreso, y luego ideó un proyecto de ley destinado a crear un banco nacional muy semejante al que Biddle había dirigido y Jackson destruido.

El 6 de agosto de 1841, el nuevo proyecto de ley sobre el banco fue aprobado por ambas cámaras y fue enviado al despacho de Tyler. Éste pensó en la cuestión y decidió que, a este respecto, era un jacksoniano, después de todo. Lo vetó alegando que, entre otras cosas, violaba los derechos de los estados, pues éstos tendrían que cargar con sucursales bancarias que no controlaban.

Se necesita una mayoría de dos tercios en ambas cámaras para superar un veto presidencial, y Clay no pudo hallar los votos necesarios. El veto se mantuvo.

Bufando de cólera, preparó otro proyecto de ley, atenuado de modo que no chocase con alguno de los escrúpulos constitucionales de Tyler. Pero no otorgaba a los estados individuales el derecho a impedir el establecimiento de sucursales dentro de su territorio, pues tales poderes estatales habrían hecho impotente al banco. El segundo proyecto de ley fue aprobado, como antes; Tyler lo vetó, como antes; y el Congreso no logró anular el veto, como antes.

5. De mar a mar brillante

La dirección whig estuvo a punto de enloquecer de frustración y furia. En septiembre de 1841, un día después del segundo fracaso, el gabinete de Tyler (que había heredado de Harrison) renunció en su totalidad, excepto Webster, quien se quedó para continuar con las delicadas negociaciones diplomáticas en que estaba empeñado.

El Partido Whig repudió a Tyler por traidor, como ya había hecho el Partido Demócrata. Durante tres años, pues, Tyler fue un presidente sin partido, demostrando, en el proceso, la fuerza constitucional de un presidente americano. El mero hecho de que no contase con apoyos no significaba que tuviese que renunciar. No podía ser destituido, excepto por enjuiciamiento y condena, pues la sola impopularidad o el no cooperar con el Congreso eran razones insuficientes. Así, durante tres años, Tyler siguió siendo presidente con el poder de designar a personas para ocupar cargos y de vetar leyes a su voluntad, mientras los whigs no podían hacer nada.

Webster permaneció en el gabinete de Tyler porque estaba decidido a resolver la cuestión de la frontera de Maine, aún en disputa con Gran Bretaña. En 1831, Estados Unidos había rechazado la decisión, bastante favorable, alcanzada por el arbitraje del rey de Holanda, pero ahora Webster estaba dispuesto a aceptar algo menos y dar a Gran Bretaña el territorio que deseaba para construir su ferrocarril desde la costa hasta el interior. La dificultad radicaba en conseguir que los Estados de Massachusetts y Maine aceptasen el acuerdo.

Gran Bretaña estaba ansiosa por enfriar el fervor antibritánico de las fronteras septentrionales de Estados

Unidos, por lo que envió a Alexander Baring, primer lord Ashburton, con órdenes de mostrarse conciliatorio. Webster finalmente logró que los estados de Nueva Inglaterra aceptasen el acuerdo y cediesen a Gran Bretaña 12.500 kilómetros cuadrados de territorio, que ahora forman parte de las provincias de Quebec y New Brunswick. Estados Unidos conservó los 17.500 kilómetros meridionales, y Ashburton reconoció el derecho americano en todos los otros puntos (menores) en disputa a lo largo de la frontera septentrional. Para suavizar el resultado, el gobierno federal compensó a Maine y Massachusetts con 150.000 dólares a cada uno por la propiedad perdida.

En realidad, las reclamaciones americanas mayores eran respaldadas por viejos mapas trazados en tiempos de la Guerra Revolucionaria, pero Webster no conocía esos mapas, pues estaban en manos británicas. Por consiguiente, Estados Unidos cedió algunos territorios que no debía haber cedido. Sin embargo, merecía la pena perder unos pocos kilómetros cuadrados para mejorar las relaciones y lograr una frontera estable, sobre todo cuando se descubrió, sólo dos años más tarde, que en las adquisiciones americanas en el lejano Oeste, en Minnesota, había enormes minas de hierro.

La frontera entre Canadá y Estados Unidos, desde el océano Atlántico hasta las Montañas Rocosas, establecida por el Tratado Webster-Ashburton (firmado el 9 de agosto de 1842), se ha mantenido tal cual hasta hoy. Solamente el Territorio de Oregón, al oeste de las Montañas Rocosas, siguió en disputa entre Estados Unidos y Gran Bretaña.

5. De mar a mar brillante

Negros, blancos y nativismo

El acuerdo sobre la frontera de Maine no borró en modo alguno los sentimientos antibritánicos. De hecho, existió un constante peligro de incidentes en el mar que recordaba los malos días anteriores a la Guerra de 1812, cuando los británicos detenían barcos americanos en busca de desertores. Ahora buscaban otra cosa: negros africanos raptados.

El comercio de esclavos, por consenso común del mundo civilizado en el siglo XIX, era considerado una actividad vil que debía ser detenida a toda costa. Incluso Estados Unidos, que permitía la esclavitud dentro de sus fronteras, sólo esperaba que hubiera nuevos esclavos por descendencia de los viejos esclavos. En 1808, Estados Unidos había prohibido a los barcos americanos dedicarse al comercio de esclavos y declaró ilegal la importación de esclavos de África.

La nación más preocupada por aplicar las leyes contra el comercio de esclavos era Gran Bretaña, cuya armada dominaba los mares. Gran Bretaña había abolido el comercio de esclavos en 1807 y liberado a todos los que hubiera en cualquier territorio que se hallase bajo bandera británica en 1833. Elaboró tratados con diversos gobiernos extranjeros (todos los cuales habían proscrito el comercio de esclavos) que permitían a los barcos británicos detener e inspeccionar los barcos sospechosos de comerciar con esclavos aunque estuviesen bajo bandera extranjera.

Sólo Estados Unidos se negó a firmar un tratado semejante, porque no admitía la inspección extranjera. El resultado fue que los comerciantes ilegales de esclavos hacían ondear la bandera americana: el pendón que los americanos consideraban símbolo de «la tierra de los libres» era usado para proteger a los negreros del mundo entero.

Los negreros corrían sus riesgos, desde luego. A veces, los esclavos se rebelaban. En 1839, por ejemplo, a bordo del barco español *Amistad,* los negros llevados ilegalmente de África a Cuba se amotinaron, mataron al capitán y a un miembro de la tripulación, y luego dejaron al resto en la costa, excepto a dos hombres que debían conducir el barco de vuelta a África. Los navegantes lograron engañar a los negros y llevaron el barco hacia el norte, a New Haven, Connecticut. Allí, el barco fue puesto bajo la custodia de las autoridades americanas.

España exigió la entrega de los negros por considerarlos piratas. El presidente Van Buren estaba dispuesto a hacerlo, pero los abolicionistas arguyeron que como la esclavitud estaba prohibida en Connecticut, los negros ahora eran libres y no podían ser devueltos a la esclavitud y quizá ejecutados.

El caso llegó al Tribunal Supremo, cinco de cuyos miembros –entre ellos, su presidente, Taney– procedían de estados esclavistas. En defensa de la libertad de los esclavos se levantó John Quincy Adams. Tan abrumadores eran los argumentos de Adams de que el comercio negrero era ilegal, tanto para las leyes americanas como para las españolas, y de que los negros, por ende, se habían librado de un rapto, que el Tribunal Supremo, en marzo de 1841, se pronunció por la libertad. Los negros fueron devueltos a África.

Esta decisión fue sumamente impopular en los estados esclavistas. Lo que más les preocupaba era que los negros fueran liberados aunque hubieran matado a hombres blancos. Por espantosa que sea la vida del esclavo, no debemos olvidar el sufrimiento de su amo, que debe vivir siempre con el temor a la tortura y la muerte a manos de sus propios esclavos rebeldes. La esclavitud degrada a todos, a los amos tanto como a los esclavos.

La decisión concerniente al *Amistad* parecía, en los estados esclavistas, una incitación al motín y al asesinato para los negros, y este temor pareció justificado cuando, en octubre de 1841, alrededor de medio año después de la resolución, se produjo un acontecimiento similar.

Un barco americano, el *Creole,* transportaba a 130 esclavos de Hampton Roads, Virginia, a Nueva Orleans, cuando se amotinaron y se adueñaron del barco, matando a un hombre blanco en el proceso. El barco fue conducido luego a las islas Bahamas, una posesión británica. Los británicos retuvieron a los que se habían amotinado realmente y liberaron al resto de los esclavos.

El gobierno americano arguyó que el asunto del *Amistad* no sentaba ningún precedente. El *Creole* no transportaba negros africanos, sino negros americanos, nacidos en la esclavitud. Tampoco era el *Creole* un barco negrero; solamente transportaba esclavos de un punto del país a otro. Pero los británicos ignoraron las protestas americanas (aunque más tarde, en 1855, pagaron a los americanos unos 110.000 dólares como compensación).

Naturalmente, el asunto del *Creole* enfureció a los estados esclavistas y los llenó de indignación contra Gran Bretaña. Pero el insulto a la bandera americana no bastaba para agitar al resto de la nación mientras la disputa se centrase en el tema de la esclavitud. De hecho, una parte apreciable de la población americana se puso del lado de Gran Bretaña.

Joshua R. Giddings (Pensilvania, 1795) era representante whig por Ohio. Violentamente antiesclavista, no aprovechó la ocasión para tronar contra los británicos, sino para presentar resoluciones contra la esclavitud y el uso de la navegación costera para el comercio interestatal de esclavos.

Los miembros del Congreso de los estados esclavistas se horrorizaron hasta lo indecible por ese ataque (así lo consideraban) a las víctimas de la rebelión de esclavos y de la agresión británica. No sólo persuadieron al Congreso de que rechazase las propuestas de Giddings, sino que presentaron y llevaron adelante una moción de censura contra el representante de Ohio. Giddings inmediatamente renunció y se presentó a las elecciones, como prueba directa de los sentimientos de su estado. En mayo de 1842, fue reelegido por una amplia mayoría.

Las posiciones se definían cada vez con más precisión. La política de la esclavitud se estaba degradando y se hacía cada vez más implacable.

Extrañamente, hubo una revuelta en ese período, pero fue llevada a cabo por blancos, no por esclavos negros, y no se produjo en los estados esclavistas, sino en el formal y viejo estado libre de Rhode Island.

En algunos aspectos, Rhode Island era el más conservador de los 26 estados; era el único que no había participado en la Convención Constitucional, y fue el decimotercero y último de los estados originales en adoptar

5. De mar a mar brillante

la Constitución e incorporarse a la Unión; de hecho, no lo hizo hasta que Washington fue presidente y cuando se le amenazó, de forma no muy velada, con medidas económicas punitivas.

Ahora, medio siglo después de aprobar la Constitución, su gobierno estatal aún se fundaba en su vieja carta colonial de 1663, según la cual, sólo podían votar quienes poseyesen cierta cantidad de tierras. Menos de la mitad de los hombres adultos de Rhode Island cumplían este requisito, y el resto de la población era completamente ignorada por los encaramados en el poder.

Los que no podían votar, cada vez más furiosos por esta situación, hallaron un líder en Thomas Wilson Dorr (Rhode Island, 1805), un abogado con derecho a voto. Dorr había hecho campaña desde 1834 para la extensión del sufragio, cuando fue elegido para la cámara legislativa de Rhode Island, y en 1840 organizó el Partido del Pueblo para emprender acciones prácticas. Los representantes del Partido del Pueblo, que se reunieron en 1841, habían elaborado y aprobado una nueva constitución estatal que otorgaba el voto a todos los blancos adultos de sexo masculino. El Partido del Pueblo dominaba Rhode Island septentrional, de modo que anunció elecciones; las celebró, votó a Dorr como gobernador, en abril de 1842, y lo invistió en Providence.

El gobierno oficial de Rhode Island también convocó elecciones y reeligió como gobernador a Samuel W. King, quien fue investido en Newport.

Durante un tiempo, hubo dos gobernadores en el diminuto estado (el más pequeño de la Unión, entonces y ahora), pero no había ninguna duda de que, desde un punto de vista estrictamente legal, King era el gobernador legítimo. King declaró rebelde a Dorr, impuso la ley marcial y convocó a la milicia del estado.

Dorr y sus seguidores se dispusieron a resistir. Ambas partes apelaron al presidente Tyler, quien urgió a llegar a algún acuerdo, pero dejó claro que, como presidente, no tenía más opción que apoyar al gobierno legal de un estado. Esto fue la condena de la «rebelión de Dorr», como se la llamó. Dorr hizo un tibio intento de apoderarse del arsenal estatal de Rhode Island en mayo de 1842, y más tarde huyó del estado. Volvió en octubre de 1843, se entregó voluntariamente y fue enjuiciado por traición. En junio de 1844, fue condenado a cadena perpetua, pero fue amnistiado y liberado al año siguiente.

La rebelión fue un fracaso si hablamos de los hechos militares de los rebeldes, que fueron nulos. Sin embargo, Dorr había ganado en un sentido muy amplio, pues la clase dirigente de Rhode Island, comprendiendo que ya no podía continuar con el viejo estilo, convocó una convención constituyente y aprobó una nueva Constitución, que concedía un sufragio más extenso. Pero no fue un sufragio universal: los negros no podían votar, aunque fuesen hombres libres, ni tampoco podían votar los nacidos en el extranjero, aunque fuesen ciudadanos americanos.

La continua restricción sobre los nacidos en el extranjero en la nueva Constitución de Rhode Island fue una manifestación de un «nativismo» que ocasionalmente ha surgido en los Estados Unidos. Parece extraño que, en una nación creada por inmigrantes, haya habido tan a menudo una gran oposición a éstos por parte de quienes quizá no estuviesen a más de una o dos generaciones de los inmigrantes.

Esta actitud solía proceder de las pautas cambiantes que se producían en la inmigración. Muchos pensaban que la suya, proveniente de un país o de un grupo de países determinado, era excelente, pero que se debía trazar una línea divisoria que la distinguiese de la inmigración procedente de otros países o de grupos de países con lenguas, religiones y culturas lo bastante diferentes de las propias como para hacerlas sospechosas.

En los decenios de 1830 y 1840 hubo una inmigración cada vez más numerosa de Alemania e Irlanda, y estos nuevos inmigrantes eran en su mayoría católicos. Pronto surgieron prejuicios anticatólicos entre los viejos pobladores, que eran en su mayor parte protestantes, y aparecieron movimientos para impedir que los recién llegados adquiriesen la ciudadanía fácilmente, pudiesen entrar en la vida política, o lograr poder político o económico.

Oponerse a los católicos como tales era difícil, dado el fuerte apoyo a la libertad religiosa de la Constitución. Era más seguro y menos problemático oponerse a ellos sencillamente por haber nacido en el extranjero: la Constitución no hablaba de tolerar a los extranjeros.

Como resultado de esto, el nativismo empezó a figurar en la política americana. Ya en el año 1837 se fundó en Washington la Asociación Americana Nativa, y en junio de 1843 se creó en la ciudad de Nueva York el Partido Republicano Americano, con un programa político que se oponía a que los extranjeros obtuviesen fácilmente la ciudadanía y el derecho a votar o a ocupar cargos públicos.

Los nativistas nunca alcanzaron un verdadero poder, aunque en 1844 un nativista fue elegido alcalde de Nueva York, y al año siguiente, otro fue elegido alcalde de Boston. Pero a veces eran lo bastante fuertes como para que de ellos dependiese el equilibrio de fuerzas, y eran cortejados por políticos que, aunque no eran nativistas, no se atrevían a ignorar el voto nativista.

Texas y la política

La catástrofe de la sucesión de Tyler mostró sus efectos claramente en las elecciones de 1842, a mitad del mandato. Los whigs conservaron su mayoría en el Senado, donde un cambio en la hegemonía de un partido es difícil de lograr, pues sólo se elige a una tercera parte de los miembros cada vez. Pero en la Cámara de Representantes, donde sí se elige a todos los miembros a la vez, los demócratas volvieron al poder con un aplastante triunfo de 142 a 79 en el Vigesimoctavo Congreso.

En marzo de 1842, Clay renunció al Senado para dedicarse a reconstruir el Partido Whig, necesidad seguramente no prevista en la época de la gran victoria sólo un año y medio antes.

La visible decadencia del Partido Whig elevó las esperanzas de Tyler de tener un futuro político. Aunque elegido por los whigs, estaba totalmente desacreditado entre ellos. Si deseaba ser reelegido, su única probabilidad era reconciliarse con los demócratas.

Los demócratas se habían vuelto cada vez más conservadores desde la época de Jackson. Ahora que la esclavitud era el principal problema, los demócratas –cada vez más inclinados a la defensa de la esclavitud– se fueron pronunciando de forma cada vez más clara a favor de dejar este tema en manos de cada estado y de suprimirlo como problema nacional. El resultado de esta decisión fue que quienes rechazaban la esclavitud gravitaron hacia el Partido Whig, y que los estados esclavistas se volvieran sólidamente demócratas (y lo seguirían siendo durante un siglo), de modo que si Tyler quería ganarse al Partido Demócrata, tenía que concentrarse en un tema que resultara popular en los estados esclavistas. Por ello abordó la cuestión de la anexión de Texas.

Desde 1837, cuando Jackson reconoció la independencia de Texas, la opinión popular en los estados esclavistas era febrilmente partidaria de la anexión. Sólo la intransigencia de los ruidosos elementos antiesclavistas se oponía a ella.

Mientras tanto, Texas sólo mantenía su independencia con bastante precariedad, pues México no la reconocía y se oponía firmemente a confirmar la rendición de Santa Anna. Texas tenía que encontrar apoyo en otra parte. Con esta idea, Mirabeau Buonaparte Lamar (Georgia, 1798), que había estado al frente de la caballería en la batalla de San Jacinto y en 1838 se había convertido en el segundo presidente de Texas, trató de extender el territorio texano hasta el Pacífico. Pero México desbarató esta jugada fácilmente. Lamar, entonces, buscó el reconocimiento de las potencias europeas, y en eso tuvo éxito. Francia reconoció la independencia de Texas en octubre de 1839, y Gran Bretaña, en noviembre de 1840; otras potencias menores las siguieron.

El reconocimiento británico, en particular, intensificó en Estados Unidos las exigencias expansionistas que reclamaban la anexión de Texas. El argumento era que, si no se efectuaba dicha anexión, Texas se convertiría en un títere británico, y Estados Unidos se hallaría frente a una presencia británica tan fuerte en la frontera meridional como en la septentrional. Entre los norteños, ahora rabiosamente antibritánicos por los problemas de Canadá, esta consideración tenía mayor peso que el riesgo de fortalecer a los estados esclavistas.

Tyler consideró que la anexión de Texas sería mucho más popular que impopular en Estados Unidos, y se preparó para desempeñar otro mandato aprovechándose de esta cuestión. Daniel Webster, que había permanecido junto a Tyler cuando todos los demás whigs lo habían abandonado, no estaba dispuesto a ser el agente mediante el cual Texas entrase en la Unión; por ello, en mayo de 1843 renunció a su cargo de secretario de Estado.

Al mes siguiente, Tyler lo reemplazó por su secretario de Marina, Abel Parker Upshur (Virginia, 1791). Upshur empezó a negociar inmediatamente con Sam Houston, quien en 1841 había iniciado su segundo mandato como presidente de Texas.

El factor crítico era si se podía lograr que el Senado, aún bajo control whig, aprobase algún tratado de anexión. Upshur, ansiosamente, y sin justificación, aseguró a Houston que el Senado estaría de acuerdo. También calmó la preocupación de Texas por las amenazas mexicanas prometiendo que Estados Unidos asumiría la defensa de las fronteras de Texas.

5. De mar a mar brillante

Pero antes de que la cuestión fuera resuelta, Upshur hizo un crucero con el presidente y otros altos funcionarios del gobierno a bordo del barco de guerra estadounidense *Princeton*. En febrero de 1844, durante el disparo ceremonial de uno de sus cañones, una explosión accidental mató o hirió a un grupo de funcionarios; Upshur estaba entre los muertos. (Tyler salió indemne.)

Para entonces, era tan evidente que Tyler favorecería la causa de los estados esclavistas, que pudo resolver una vieja querella dentro del Partido Demócrata. Calhoun y sus adeptos de Carolina del Sur, que se habían separado en el curso de la controversia sobre la anulación del arancel, ahora pudieron retornar al partido. En marzo de 1844, Calhoun aceptó el cargo de secretario de Estado para proceder a la anexión de Texas.

El 12 de abril, Calhoun firmó el tratado de anexión que Upshur había negociado, y luego, triunfalmente, aclaró que el tratado fortalecería, y por ello lo había firmado, a los estados esclavistas. Una de las virtudes de la anexión, afirmaba, era que impediría a Texas abolir la esclavitud para asegurarse la ayuda británica contra México.

Los antiesclavistas reaccionaron con iracundia y se mostraron más decididos que nunca a impedir la anexión, si podían. Pero los estados esclavistas tenían un as en la manga.

Más allá de las Montañas Rocosas estaba el Territorio de Oregón, que se extendía desde los 42° de latitud norte (la frontera con México) hasta los 54° 40', la zona más meridional de Alaska. Desde 1818 se había considerado que el Territorio estaba bajo el dominio conjunto británico y americano, pero, a comienzos de la década de 1840, empezaron a entrar en el Territorio inmigrantes americanos, y en 1845 había 5.000 colonos americanos establecidos allí. El dominio conjunto ya no sería posible: había que hacer alguna división.

Los británicos estaban dispuestos a ceder a Estados Unidos la parte situada al sur del río Columbia, pero querían conservar el río en sus manos, pues en él abundaba el salmón. En respuesta, surgió en Estados Unidos un furioso clamor que reclamaba todo el Territorio de Oregón, expresado en el eslogan: «Cincuenta y cuatro cuarenta o lucha» [en alusión a la latitud septentrional del Territorio].

Astutamente, los hombres de los estados esclavistas estimularon esa reclamación, con la esperanza de que los miembros de los estados libres, deseosos de aumentar el territorio americano en regiones donde la esclavitud no era un problema, aceptasen a cambio el precio de la anexión de Texas.

Así, las elecciones de 1844 giraron alrededor del expansionismo en dos direcciones –Texas y Oregón–, y los portavoces antiesclavistas se vieron en la incómoda posición de tener que oponerse a hacer más grande y más fuerte a los Estados Unidos.

Los whigs, con fuerza creciente en los estados libres, estaban contra la anexión de Texas; no iban a elegir a ningún candidato que no se declarase firmemente contra la anexión.

Esto concernía a Henry Clay. Se había quitado de en medio en 1840 para asegurar una victoria whig, y esto había llevado a la catástrofe. No pensaba hacer lo mismo nuevamente. Por ello, en abril de 1844, publicó una carta en la que se oponía a la anexión de Texas. Se resolvía así la cuestión en lo referente a los whigs. Estos celebraron su convención en Baltimore en mayo y eligieron candidato a Clay por aclamación. El acuerdo sobre el candidato a vicepresidente fue más difícil, pero después de tres votaciones el elegido fue Theodore Frelinghuysen (Nueva Jersey, 1787), hijo de un coronel de la Guerra Revolucionaria.

La situación en el campo demócrata, por su parte, era más complicada.

Todas las maniobras de Tyler no le ayudaron a conquistar el afecto de los demócratas, pues no aceptaban al traidor de 1840. Tyler logró hacerse elegir candidato por un puñado de adeptos que se reunieron en Baltimore en mayo de 1844, pero su causa resultaba tan manifiestamente carente de esperanza que el 20 de agosto abandonó la competición.

Tyler fue el primer presidente que, después de un único mandato, no fue reelegido como candidato para un segundo mandato. Sentó un precedente transitorio: en los 22 años siguientes, ningún presidente fue reelegido como candidato para un segundo mandato; por un tiempo pareció que un presidente con un solo mandato se convertiría en una tradición americana establecida.

En mayo, el Partido Demócrata se reunió en Baltimore. El candidato lógico habría sido Van Buren, que aún era el líder del partido. Van Buren, que era del estado libre de Nueva York, no se inclinaba por la anexión de Texas y había intentado desesperadamente impedir que ésta se convirtiese en una cuestión clave en la elección.

Sabiendo que Clay estaba contra la anexión y que sería el candidato whig, el «Pequeño Mago» decidió dar un golpe de efecto. Había llegado a un acuerdo con Clay; el mismo día en que Clay publicó su carta contra la anexión, Van Buren publicó una carta similar. Ahora, los dos candidatos que se iban a enfrentar dejaban anulado el tema de la anexión.

Pero Van Buren había hecho mal sus cálculos. Su acuerdo con Clay podía haberlo ayudado si hubiese empezado la campaña presidencial, pero antes de que Van Buren se presentase como candidato a presidente tenía que ser elegido candidato, y esto ahora era imposible. Los demócratas de los estados esclavistas, agraviados por la posición de Van Buren, se dispusieron a combatir denodadamente su elección como candidato. Van Buren tenía la mayoría de los delegados, pero necesitaba los dos tercios, y no los obtuvo.

Mientras los reporteros enviaban noticias por el telégrafo eléctrico por primera vez, los demócratas reunidos en Baltimore efectuaron ocho votaciones. Quedaba claro que Van Buren no sería elegido candidato.

En la octava votación, algunos votos fueron para James Knox Polk, de Tennessee (Carolina del Norte, 1795). Polk no era un hombre muy conocido, aunque había demostrado su competencia en la Cámara de Representantes y como gobernador de Tennessee. También tenía el firme apoyo de su paisano de Tennessee, Andrew Jackson.

Con Van Buren fuera de juego después de ocho votaciones, hubo una repentina y sorprendente desbandada de votos hacia Polk en la novena y fue elegido candidato, convirtiéndose así en el primer candidato *dark horse* («caballo oscuro») en la historia americana*.

Para la vicepresidencia, los demócratas eligieron candidato a George M. Dallas (Pensilvania, 1792), hijo de Alexander James Dallas (secretario del Tesoro bajo el presidente Madison) y antiguo senador y embajador en Rusia. (La ciudad de Dallas, Texas, que estaba naciendo por entonces, fue así llamada en su honor un par de años más tarde.)

Había otro hombre en la competición: Birney, elegido candidato nuevamente por el Partido de la Libertad y enarbolando de nuevo el programa abolicionista.

Inmediatamente después de la elección de los candidatos, los whigs pensaron que tenían las elecciones en el bolsillo. El hábil y bien conocido Clay se enfrentaba a alguien prácticamente desconocido. De hecho, el eslogan burlón de los whigs fue: «¿Quién es James K. Polk?». Por ello, en junio de 1844, el Senado, dominado por los whigs, rechazó el tratado de anexión de Texas elaborado por Upshur y Calhoun, y nuevamente se impidió a Texas incorporarse a los Estados Unidos. (Gran Bretaña estaba encantada, y esperaba hacer de Texas un aliado seguro, por lo que se esforzó por persuadir a México de que reconociese la independencia de Texas.)

---

* En la jerga de las carreras de caballos, un *dark horse* es un caballo cuyas posibilidades en la carrera son desconocidas, de modo que ninguna persona inteligente apostaría por él. Esta expresión, usada por primera vez para aludir a un inesperado ganador de una carrera de caballos en una popular novela escrita por Benjamin Disraeli (futuro primer ministro británico) en 1831, ha llegado a usarse en la política estadounidense para referirse a un candidato que no era considerado una posibilidad antes de la convención de un partido.

Pero el rechazo del Senado no ayudó a la causa de Clay. Polk gozaba del respaldo del anciano pero aún idolatrado Jackson, y los demócratas iniciaron una enérgica campaña exaltando el expansionismo americano. La ilusión entusiasta de obtener nuevas tierras, nuevas fuerzas y nuevos éxitos, fue una poderosa atracción para muchos americanos, y eran numerosas las personas de los estados libres que anhelaban que Estados Unidos se expandiera, aunque fuese a costa de fortalecer la esclavitud.

Clay vio que la marea se volvía contra él y a favor del desconocido Polk. Por ello, en julio, escribió un par de cartas a un periódico de Alabama tratando de explicar que él no estaba realmente contra la anexión de Texas, sino sólo contra el desgarramiento de la Unión. Si hubiera algún modo de anexionarse Texas «sin deshonor, sin guerra, con el consenso común de la Unión», decía, entonces él la aprobaría.

Pero estas cartas fueron un terrible error, pues no convencieron a nadie y, sin embargo, fueron amplia y burlonamente difundidas por los demócratas, que las presentaron como el acto de un hombre desesperado y carente de principios que se contradecía a sí mismo. En verdad, esas dos cartas le restaron adeptos a Clay y terminaron convirtiéndose en su ruina.

En las elecciones, efectuadas el 4 de diciembre de 1844, Clay fue derrotado por el desconocido Polk por tercera vez en su aspiración a alcanzar la presidencia. En esta ocasión, fue la más desgarradora de las derrotas que sufrió debido a su escaso margen: Clay recibió 1.300.097 votos, y Polk, 1.338.464, una diferencia que apenas sobrepasaba los 38.000 votos.

5. De mar a mar brillante

En verdad, si Birney no se hubiese presentado en la competición y si los que votaron por el Partido de la Libertad hubiesen votado por Clay (al que, ciertamente, preferirían frente a Polk), Clay habría obtenido la mayoría. Birney recibió 62.300 votos, pocos aún, pero casi el doble de los que había recibido en 1840, signo de la creciente fuerza del abolicionismo.

Los votos de Birney habrían emparejado las cosas en el colegio electoral. Los votos electorales fueron 170 para Polk frente a 105 para Clay; la pérdida más importante de éste fue la de los 36 votos electorales de Nueva York: si Nueva York se hubiese pronunciado por Clay, la votación electoral habría sido de 141 a 134 a su favor. Clay perdió Nueva York por sólo 5.080 votos; los votos para Birney, que podían haber sido para Clay, ascendían a 15.812.

Es muy probable que algunos de los que votaron a Birney hubiesen votado por Clay, de no haber sido por las cartas de Alabama, que resultaron ser uno de los cálculos más erróneos en una campaña presidencial americana. Todo el proceso fue una excelente lección objetiva sobre el poder de un pequeño grupo en un electorado parejamente dividido; también explica cómo los abolicionistas consiguieron asegurar la elección de un candidato que, desde su punto de vista, era la peor alternativa.

(Las elecciones de 1844 fueron las últimas que se realizaron en diciembre. Desde entonces, las elecciones se celebraron el primer martes siguiente al primer lunes de noviembre, en alguna fecha situada entre el 2 y el 8 del mes; esa costumbre se ha mantenido hasta ahora.)

Texas y la guerra

La primera consecuencia de la victoria de Polk fue que Tyler (que seguía siendo el presidente hasta marzo de 1845) anunció que la interpretaba como un mandato para llevar a cabo la anexión. Como no había ninguna posibilidad de anexionarse Texas mediante un tratado, pues esto exigía una mayoría de dos tercios en el Senado, dominado por los whigs, propuso una resolución conjunta del Congreso, que sólo exigía una mayoría simple en cada cámara.

En la desmoralización que siguió a su derrota, los whigs no pudieron detener esa acción. La resolución fue aprobada en el Senado por 27 a 25, y luego fácilmente en la Cámara de Representantes.

Gran Bretaña finalmente había persuadido a México de que reconociese la independencia de Texas, pero era demasiado tarde. Texas no se había comprometido aún con Gran Bretaña, y con la oportunidad de incorporarse a Estados Unidos, se apresuró a hacerlo.

Otro estado esclavista le había ganado por la mano. Florida había entrado en la Unión como vigesimoséptimo estado el 3 de marzo de 1845, el último día del mandato de Tyler*. Texas, que entró en diciembre de 1845, fue el vigesimoctavo estado. (Para entonces, Polk era ya el undécimo presidente.)

En resumen, había ahora 15 estados esclavistas y sólo 13 estados libres. Pero Iowa entró en la Unión, en di-

---

* Andrew Jackson, cuyas actividades desempeñaron un papel tan importante en la adquisición de Florida, vivió para verlo; luego murió el 8 de junio de 1845.

ciembre de 1846, como vigesimonoveno estado, y Wisconsin, en mayo de 1848, como trigésimo. Tanto Iowa como Wisconsin prohibían la esclavitud en sus constituciones, de modo que el número de estados libres y de estados esclavistas nuevamente era el mismo: 15 de cada lado.

Pero no era probable que se pudiera efectuar la anexión de Texas sin una guerra con México. Este país ya había advertido que la anexión significaba la guerra, algo que deseaban los estados esclavistas expansionistas, pues podían arrancarle a México más territorios y convertirlos en estados esclavistas.

En el verano de 1845, John L. Sullivan, director de una revista, había escrito sobre «la realización de nuestro destino manifiesto de extendernos sobre el continente que nos ha otorgado la Providencia para el libre desarrollo de nuestros millones de personas que se multiplican anualmente». La expresión «destino manifiesto» llegó a significar la inevitabilidad del continuo crecimiento de Estados Unidos hasta el océano Pacífico, ciertamente, y ¿quién sabe hasta dónde más?

Mas para realizar el «destino manifiesto» de los Estados Unidos era menester ir paso a paso; Estados Unidos no podía enfrentarse simultáneamente a México por Texas y a Gran Bretaña por Oregón. Habiendo sido elegido con un programa expansionista, Polk apoyaba vigorosamente la posición del «Cincuenta y cuatro cuarenta o lucha» –o al menos decía que la apoyaba–, pero si había que optar, Polk prefería llegar a un compromiso sobre Oregón. En primer lugar, Gran Bretaña era un enemigo más poderoso, y en segundo término, Polk era

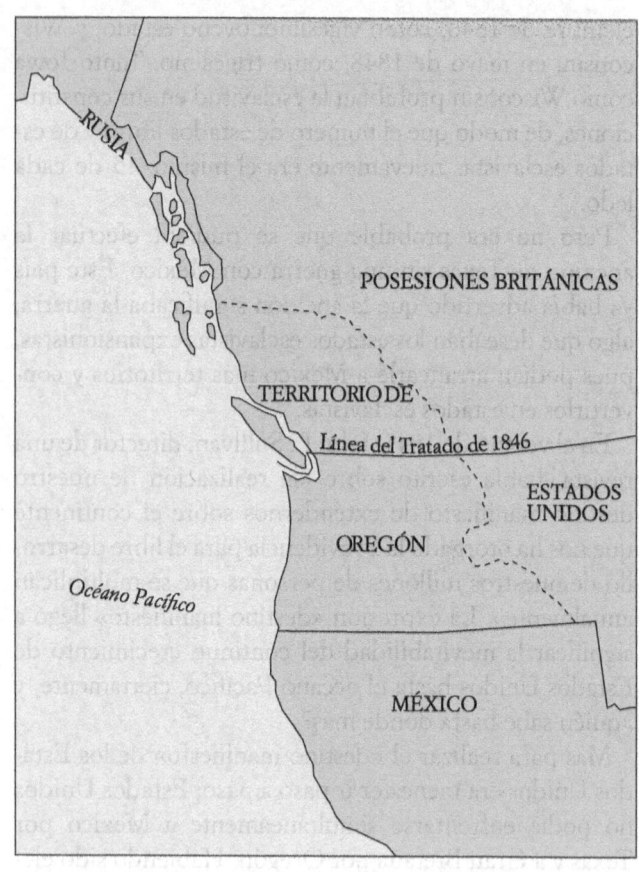

El Territorio de Oregón

de los estados esclavistas y estaba mucho más interesado en el Suroeste que en el Noroeste.

En vista de los problemas de Estados Unidos con México, Gran Bretaña podría haber sido muy exigente, pero también estaba en dificultades; había hambre en Irlanda y reinaba una gran intranquilidad en su clase obrera. Por ello, estaba dispuesta a llegar a un compromiso razonable. Aceptó una extensión de la línea fronteriza de los 49° hasta el océano Pacífico, cediendo así a los Estados Unidos aproximadamente los tres quintos del Territorio de Oregón.

En junio de 1846, el tratado que establecía este compromiso, negociado por el secretario de Estado James Buchanan (Pensilvania, 1791), estaba en el despacho de Polk. Éste lo envió al Senado, que evaluó el peligro que surgía en el Sur y no se arriesgó a enfrentarse también a una disputa en el Norte.

El 19 de junio de 1846, el tratado fue aceptado formalmente y, por fin, la bandera americana ondeó ante el Pacífico. La frontera septentrional de Estados Unidos con Canadá, desde el Atlántico hasta el Pacífico, se convirtió en la que ha venido siendo hasta hoy; 70 años después de que Estados Unidos conquistase su independencia, finalmente se extendía «de mar a mar brillante»*.

Pero mientras seguían las negociaciones con Inglaterra, la crisis en el Sur estaba llegando a su punto culminante.

Los ojos americanos se volvieron ansiosamente a California, la parte de la costa del Pacífico al sur de Oregón que había sido colonizada por los españoles, procedentes del norte de México, aproximadamente por la época en que Estados Unidos estaba librando la Guerra Revolucionaria.

---

* Ésta es la conocida frase del poema de Katherine Lee Bates «América la Bella», publicado en 1893.

Mientras México luchaba por su independencia de España, California había permanecido fiel a la madre patria. Se unió a México sólo con renuencia, después de que no quedase duda de que el poder español se había derrumbado, y se rebeló contra los gobernadores mexicanos muchas veces. Hacia 1840, la afluencia hacia el Oeste de americanos (muchos de ellos empujados por la depresión de 1837) había empezado a llegar a California tanto como a Oregón. En 1845, había unos 700 americanos en California, que suponían el 10% de la población total. Estaba difundido el sentir de que los americanos debían apropiarse de la región de algún modo. Después de todo, hacerlo era el «destino manifiesto» de Estados Unidos.

Por ello, los ojos de Polk no sólo estaban dirigidos a Texas, sino también a California, y emprendió la acción en ambas direcciones.

En Texas se planteaba la cuestión de los límites. La provincia mexicana de Texas había estado formada por las tierras comprendidas entre los ríos Red y Nueces (que ahora forman la mitad oriental del estado de Texas). Y no había duda de que toda la población texana se encontraba en esta zona. Pero los texanos reclamaban todas las tierras hasta el río Grande, territorio tres veces más amplio que la provincia y un poco mayor que el estado moderno.

La población de las tierras disputadas era casi en su totalidad indígena. Ni los texanos ni los mexicanos podían reclamar el territorio por su posesión real, pero Polk adoptó el bando texano. Tan pronto como Texas puso en claro que aceptaría la invitación a incorporarse a la Unión, Polk ordenó la ocupación del territorio disputado.

5. De mar a mar brillante

Las tropas enviadas al sur del río Nueces el 28 de mayo de 1845 (con orden de no emprender ninguna acción hostil contra los mexicanos en el territorio disputado antes de una declaración de guerra) estaban bajo el mando del general Zachary Taylor (Virginia, 1784). Hijo de un coronel de la Guerra Revolucionaria, Taylor había luchado en la Guerra de 1812 (bajo el mando de Harrison), en la Guerra de Halcón Negro y en la Segunda Guerra Seminola; en el curso de esta última se ganó el apodo de «Viejo rudo pero eficaz», que aludía a sus modales toscos y a sus cualidades como combatiente.

Taylor llevó sus fuerzas a Corpus Christi, inmediatamente al sur de la desembocadura del río Nueces, y allí reunió hasta 3.500 hombres, la mayor fuerza americana concentrada en un solo lugar desde la Guerra de 1812.

En California, Polk usó los servicios de John C. Frémont (Georgia, 1813), un pintoresco y extravagante explorador que en 1841 se había casado con la hija del poderoso senador Benton, de Missouri. En 1842, cuando pasó a primer plano la cuestión de Oregón, Frémont encabezó una expedición exploratoria por la región.

Ahora, en la primavera de 1845, fue enviado al Oeste en lo que parecía ser otra expedición exploratoria, pero con instrucciones secretas sobre qué hacer en caso de una guerra con México. Llegó a California en diciembre de 1845, y allí, en la primavera de 1846, mientras la nación estaba a la espera de una guerra a lo largo del río Grande, Frémont alentó una revuelta de los colonos. Los californianos proclamaron la «República de la Bandera del Oso», así llamada porque adoptó una enseña en la que aparecía un oso pardo y una estrella sobre un fondo blanco.

Polk se sintió en buena posición. Con un ejército al sur del río Nueces y con California en rebelión, podría obtener lo que quisiera de México sin ir a la guerra. Por ello, envió al congresista por Luisiana John Slidell (Nueva York, 1795) a México en noviembre de 1845. Slidell ofrecería comprar diversas partes de las provincias septentrionales de México por 40.000.000 de dólares.

El plan podía haber tenido éxito. Texas estaba perdida para los mexicanos desde hacía tiempo, y las otras provincias septentrionales estaban prácticamente vacías. Si el gobierno de México hubiese podido negociar secretamente, se podría haber llegado a un acuerdo. Pero se filtraron las noticias de la misión de Slidell y la opinión popular mexicana se mostró tan hostil que Slidell ni siquiera pudo ser recibido. En marzo de 1846, Slidell se vio obligado a abandonar México, y la indignación en Estados Unidos llegó a alturas febriles, particularmente ante las noticias (falsas) de que México era incitado en su desafío por el enemigo tradicional de Estados Unidos, Gran Bretaña, con la que todavía no se había dirimido la disputa por Oregón.

Tan pronto como comprendió que México no trataría con Slidell ni satisfaría pacíficamente las exigencias de los Estados Unidos, Polk aceleró el enfrentamiento militar y ordenó a Zachary Taylor que llevase sus tropas al sur del río Grande. A finales de marzo, 4.000 soldados americanos estaban cerca de la desembocadura del río Grande, en su orilla septentrional. Inmediatamente al otro lado del río, en Matamoros, se hallaban concentrados 5.000 soldados mexicanos.

El comandante mexicano envió un mensaje a Taylor exigiendo su retirada al río Nueces, a lo que Taylor se negó. Inmediatamente después, 1.600 soldados de caballería mexicanos cruzaron el río Grande, y el 25 de abril de 1846 cayeron sobre una partida de reconocimiento de 63 americanos, matando a 11 e hiriendo a 5 en la lucha. Taylor envió inmediatamente un mensaje a Washington anunciando que las hostilidades habían empezado.

Polk ya estaba preparando un discurso de guerra destinado al Congreso. Cuando llegaron noticias de los choques, revisó su mensaje y lo modificó, afirmando que México había invadido suelo americano y derramado sangre americana. El 12 de mayo de 1846, se habían completado todas las formalidades: Estados Unidos y México estaban formalmente en guerra.

México

Al principio parecía una guerra equilibrada. México no era mucho menor que Estados Unidos en superficie, y su ejército era seis veces mayor que el americano; además, contaba con recibir ayuda de Gran Bretaña y Francia (que finalmente no recibió) y con la división interna entre los americanos. Tal división existía, en verdad, pues muchas personas de los estados libres se oponían a la que denominaban «Guerra del señor Polk». (Uno de los más ruidosos disidentes era un joven congresista de Illinois llamado Abraham Lincoln.)

Polk era consciente de las dificultades que se le presentaban, y también de que necesitaba una victoria rápida, antes de que la oposición en los estados libres cristalizase y se hiciese peligrosa, y antes de que Gran Bretaña decidiese intervenir. Pero también tenía que ser cauteloso con esa victoria rápida, pues los generales de éxito suelen obtener una gran influencia política, y el comandante supremo del ejército, Winfield Scott, era un whig.

Por ello, Polk decidió retener a Scott en Washington y dejar la conducción de la guerra a Taylor, que también era un whig, pero quizá menos peligroso.

Polk se equivocaba. El «Viejo rudo pero eficaz» era un buen general. No esperó a la declaración formal de guerra; después de ser atacado por los mexicanos, contraatacó inmediatamente y pronto ganó dos batallas contra tropas superiores en número al norte del río Grande. Esas dos victorias demostraron que los americanos habían anulado por completo las ventajas que pudieran tener los mexicanos: tenían soldados mejor preparados y habían realizado mayores progresos en los aspectos técnicos de la guerra, particularmente en la artillería.

Taylor cruzó luego el río Grande, y el 18 de mayo, la semana después de haberse declarado formalmente la guerra, Texas había quedado limpia de enemigos, Taylor estaba en Matamoros, y los mexicanos, en plena retirada.

Por primera vez en su historia, Estados Unidos estaba librando una guerra ofensiva triunfal en territorio enemigo. Taylor se convirtió en un héroe de guerra, y los voluntarios empezaron a afluir al ejército desde todos los lugares de la Unión (con la excepción de la hostil Nueva Inglaterra).

Polk tampoco olvidó California. El coronel Stephen W. Kearny (Nueva Jersey, 1794) condujo un contingente desde Fort Leavenworth, Kansas, al oeste de California. Partió en mayo de 1846 con 1.700 hombres, y el 18 de agosto llegó y tomó Santa Fe, la principal ciudad mexicana de las provincias septentrionales, entre Texas y California. Allí se enteró de que en California los americanos, estimulados por Frémont, dominaban la situación. Kearny dejó Santa Fe en septiembre, con sólo 120 hombres, y se dirigió a toda prisa al Oeste.

Cuando llegó al sur de California, a principios de diciembre, comprobó que el dominio americano era muy endeble. Asumió el mando, actuó con habilidad y avanzó enérgicamente; al mes, los mexicanos de California estaban derrotados. Los problemas reales de Kearny empezaron con Frémont, quien no se avenía a ceder el

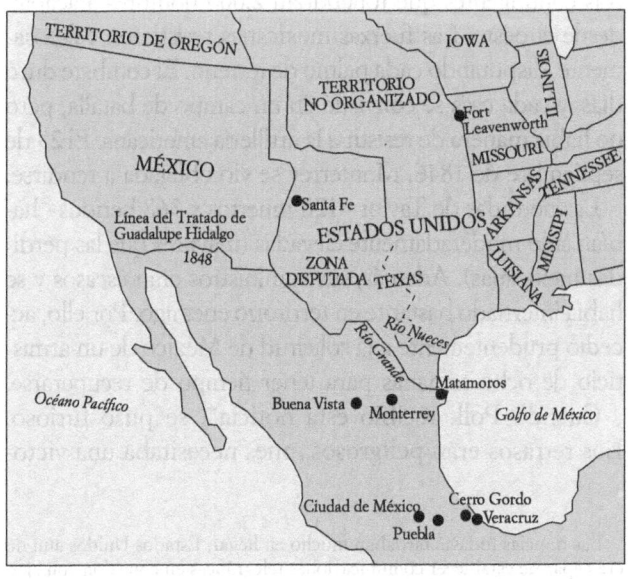

La guerra mesiánica

mando en California. Tan pronto como Kearny recibió refuerzos, arrestó a Frémont, a quien se formó consejo de guerra y fue condenado, pese a la intervención de su suegro, el senador Benton.

Y mientras Kearny (sin muchas victorias espectaculares) conquistaba para Estados Unidos todo el territorio que quería, Zachary Taylor seguía avanzando al sur del río Grande.

El ejército mexicano en retirada se había fortificado en Monterrey, a 160 kilómetros al suroeste del río Grande. Durante el verano, Taylor, que había aumentado y mejorado su ejército, lo siguió cuidadosamente con 6.600 hombres. Finalmente, a mediados de septiembre estuvo listo y dirigió su ofensiva principal contra Monterrey desde el este, mientras contingentes que totalizaban 2.000 hombres atacaban desde el oeste. Las fuerzas mexicanas resistieron valerosamente, disputando cada palmo de terreno. El combate duró días, y cada casa se convirtió en un campo de batalla, pero no había manera de resistir a la artillería americana. El 25 de septiembre de 1846, Monterrey se vio obligada a rendirse.

Las pérdidas de Taylor –120 muertos y 368 heridos– habían sido moderadamente elevadas (mayores que las pérdidas mexicanas). Además, sus suministros eran escasos y se había internado bastante en territorio enemigo. Por ello, accedió prudentemente a la solicitud de México de un armisticio de ocho semanas para tener tiempo de recuperarse.

Cuando Polk recibió esta noticia*, se puso furioso. Los retrasos eran peligrosos, pues necesitaba una victo-

---

* Las noticias todavía tardaban mucho en llegar; Estados Unidos aún no era capaz de establecer comunicaciones telegráficas en conexión con ejércitos en movimiento.

5. De mar a mar brillante

ria rápida. Ya albergaba muchas sospechas contra Taylor, sobre todo porque las elecciones de mitad del mandato habían mostrado un incremento en la fuerza de los whigs, que habían conseguido el dominio de la Cámara de Representantes en el Decimotercer Congreso, y ya se hablaba de presentar a Taylor como candidato a presidente en 1848.

Polk, pues, decidió usar el armisticio como un arma contra Taylor. Obligaría a éste a suspender la lucha, con lo cual se esfumaría su inconveniente gloria.

Pero aunque Taylor se vio obligado a permanecer en la inactividad, la campaña no podía ser totalmente detenida, pues México no mostraba ningún signo de debilitamiento. Perdida toda la mitad septentrional de la región, los mexicanos habían combatido con inquietante resolución en Monterrey.

Una estratagema política intentada por Polk había fracasado. Santa Anna, que había gobernado México cuando se produjo la rebelión de Texas, estaba en el exilio. Polk secretamente lo estimuló a retornar a su país con la esperanza de que negociaría la paz. Santa Anna volvió en agosto de 1846; rápidamente se hizo con el poder, pero se preparó para continuar la guerra.

Mientras tanto, el general Scott insistía en que la fuerza de México estaba en el sur y en que no podría ser conquistado a menos que se ocupase su capital, Ciudad de México. La distancia de Monterrey a Ciudad de México era de 1.300 kilómetros a través de una región muy accidentada, de modo que la acción no era planteable, aun cuando Polk hubiese estado dispuesto a permitir el intento a Taylor, lo cual ciertamente no ocurría.

Pero Scott señaló que se podía llegar a Ciudad de México por mar. Estados Unidos dominaba el mar y ya estaba bloqueando puertos mexicanos. Si se tomaba Veracruz, en la costa oriental de México, la Ciudad de México estaría a sólo 400 kilómetros.

Para entonces, Polk temía lo suficiente a Taylor como para hacer intervenir a Scott. Envió a éste a Veracruz con un fuerte ejército en enero de 1847. Además, ordenó a Taylor transferir 9.000 de sus hombres a Scott y permanecer estrictamente a la defensiva en Monterrey. En resumen, se pretendía apartar a Taylor de la guerra y dejar la victoria en manos de Scott. Pero este ataque frontal contra la posible candidatura de Taylor iba a provocar una reacción: los whigs rápidamente empezaron a presentar a Taylor como un mártir.

Por su parte, Santa Anna pretendía martirizar a Taylor aún más. Al dirigente mexicano no le preocupaba Veracruz; los 400 kilómetros hasta Ciudad de México no eran fáciles de atravesar, y si se lograba retrasar a Scott hasta el comienzo de la estación de la fiebre amarilla, se vería obligado a retirarse. Lo que quería Santa Anna era aplastar a Taylor. Al general americano, a fin de cuentas, sólo le quedaban 5.000 hombres y, evidentemente, tenía un motivo de queja contra su gobierno que podía reflejarse en su eficacia en el combate. Si se podía infligir una importante derrota a Taylor y hacer que volviese tambaleándose a Texas, la oposición americana a la guerra aumentaría lo suficiente como para ponerle fin en términos favorables a los mexicanos.

Así, en enero de 1847, mientras Scott conducía su ejército a Veracruz, Santa Anna se dirigió apresuradamente hacia el norte con 15.000 hombres. Era la mayor fuerza con la que el ejército americano se había enfrentado hasta entonces.

Taylor, sabiendo que Santa Anna se acercaba, y consciente también de que era superado por tres a uno, ocupó una fuerte posición defensiva en el rancho de Buena Vista, a unos 565 kilómetros al oeste de Monterrey.

El 22 de febrero de 1847, Santa Anna alcanzó las líneas de Taylor. Éste se negó a rendirse, Santa Anna atacó y comenzó la batalla de Buena Vista. Los mexicanos atacaron bravamente, bien dirigidos por Santa Anna, y los americanos, superados numéricamente, cedieron en algún lugar. Un intento de Santa Anna de enviar la caballería a rodear el flanco americano estuvo a punto de saldarse con éxito.

Pero no se podía ignorar la artillería americana, y cada arremetida de Santa Anna le costaba severas pérdidas. Finalmente, se dio cuenta de que no podía romper las líneas americanas, que se rehacían bajo la tranquila conducción del imperturbable Taylor, y no se atrevió a sufrir nuevas pérdidas.

El 24 de febrero, Santa Anna se retiró apresuradamente, hacia el sur de nuevo, después de perder la mitad de su ejército. Taylor obtuvo su mayor victoria pese al deliberado intento de Polk de paralizarlo. Esta victoria, arrancada al odiado Santa Anna (no se había olvidado El Álamo), dejó meridianamente claro que Taylor se presentaría como candidato al año siguiente. En verdad, no tenía intención de correr nuevos riesgos, de modo que volvió a los Estados Unidos, a su propio predio, en el mes de noviembre.

El 9 de marzo de 1847, sólo dos semanas después de la batalla de Buena Vista, Scott desembarcó al sur de Veracruz. Por un lado, estaba ansioso por tomar la ciudad y marcharse de la región costera antes de que empezase la fiebre amarilla; pero, por otro, no podía lanzar un ataque frontal directo e inmediato, pues debía conservar su ejército para futuras tareas. Así que sometió a Veracruz a un bombardeo de la artillería por tierra y por mar (acción que fue considerada una atrocidad en Europa), y el 29 de marzo tomó la ciudad con escasas pérdidas. La primera operación anfibia jamás realizada por los Estados Unidos fue un éxito completo.

Desde Veracruz, Scott se dispuso a marchar sobre Ciudad de México lo más rápidamente que pudo. Santa Anna, que acababa de retornar de su derrota en Buena Vista, fortificó una posición en el camino a Ciudad de México, en Cerro Gordo, al noroeste de Veracruz; pero la rápida caída de esta ciudad fue una sorpresa inesperada, y el ejército norteamericano llegó a Cerro Gordo antes de que se terminase su fortificación.

El ataque a Cerro Gordo, el 18 de abril, fue una chapuza, pero, a pesar de todo, los mexicanos, tomados por sorpresa, se vieron obligados a retirarse.

Scott avanzó con resolución, y en mayo llegó a Puebla, al este de Ciudad de México. Mas para entonces, el desgaste de la campaña y la pérdida de voluntarios que se habían alistado por períodos breves lo obligaron a detenerse para reagruparse y esperar refuerzos.

En este momento difícil de la ofensiva, Scott también fue acosado por un funcionario del Departamento de Estado, Nicholas Philip Trist (Virginia, 1800), quien había sido secretario privado de Thomas Jefferson y luego de Andrew Jackson, y tenía ahora la confianza de Polk. Éste había enviado a Trist con el ejército para que negociase un tratado de paz una vez obtenida la victoria y actuase como una especie de perro guardián ante el general whig. Naturalmente, Scott (apodado «Viejo pendenciero») riñó con Trist y empezó a preocuparse por la situación.

Aun después de recibir refuerzos comandados por el general Franklin Pierce (nacido en New Hampshire en 1804, fue uno de los pocos generales de Nueva Inglaterra que luchó en esta guerra), Scott estaba en un dilema. No podía al mismo tiempo conservar las extensas líneas que llegaban a Veracruz y avanzar sobre Ciudad de México; tenía que renunciar a una cosa o a otra. Scott decidió abandonar sus líneas de comunicaciones y especuló sobre la probabilidad de una rápida victoria que hiciera innecesarias esas líneas.

En agosto de 1847, finalmente, avanzó de nuevo hacia el oeste, y diez días más tarde se encontró en los suburbios meridionales de Ciudad de México.

Desde San Agustín, a 13 kilómetros al sur de la ciudad, Scott avanzó hacia el norte, hallando una dura resistencia, pues Santa Anna realizó un último y desesperado esfuerzo. Se necesitaron tres semanas y tres batallas –todas victorias americanas– para que Scott, a comienzos de septiembre, llegase al borde suroccidental de la ciudad. Una última batalla permitió al ejército americano entrar en Ciudad de México el 14 de ese mes.

La ocupación de Ciudad de México puso fin a la guerra. Santa Anna atacó la pequeña guarnición americana de Puebla, fracasó y huyó nuevamente del país. Era evidente que los mexicanos no podían continuar luchando. Aunque habían combatido bien, habían sido derrotados en casi todas las batallas, habían perdido irremediablemente sus provincias septentrionales y su capital había sido tomada.

El 16 de noviembre, Polk ordenó a Trist, a quien había enviado para establecer los términos de paz, que volviera. Mas por entonces los mexicanos estaban dispuestos a firmar, de modo que Trist aprovechó la oportunidad, ignoró las órdenes de Polk y se quedó en México para negociar un tratado de paz en la ciudad de Guadalupe Hidalgo, a 6,5 kilómetros al norte de Ciudad de México. El 2 de febrero de 1848, el tratado estaba listo.

Por el Tratado de Guadalupe Hidalgo, México convenía en ceder la ancha extensión de territorio que iba de Texas a California y que ahora comprendía la cuarta parte suroccidental de Estados Unidos.

Los territorios que Estados Unidos había obtenido en Oregón y en el Suroeste hicieron que su superficie llegara a unos 7.500.000 kilómetros cuadrados, casi cuatro veces el territorio que tenía cuando conquistó su independencia. Estados Unidos era ahora una nación gigantesca, casi igual en superficie a toda Europa.

Como compensación, Estados Unidos convino en pagar a México 15.000.000 de dólares y hacerse cargo de las deudas mexicanas a ciudadanos americanos.

Polk estaba irritado y disgustado por la ilegal acción de Trist, pero, después de examinar el tratado, hubo de reconocer que era difícilmente mejorarle*. El Senado

---

* Algunos estadounidenses, sorprendidos por la victoria, empezaron a reclamar la anexión de todo México. Pero tal actitud habría sido desastrosa,

aprobó el tratado el 10 de marzo de 1848, y el Congreso mexicano, el 25 de mayo. El 4 de julio entró en vigor.

La Guerra con México costó a Estados Unidos casi tantas pérdidas como la Guerra de 1812. Pero mientras ésta había terminado en un empate, la Guerra con México fue una aplastante victoria, cuyo resultado supuso un enorme aumento del territorio de Estados Unidos.

Además (aunque los americanos no podían saberlo por entonces) sirvió como entrenamiento para oficiales que, poco más de una década después, librarían la guerra más peligrosa y trágica que padecería nunca Estados Unidos.

pues los mexicanos seguramente nunca habrían aceptado la situación y Estados Unidos habría tenido que hacer infinitos e inútiles esfuerzos para tratar de mantener el orden. La tierra que adquirió Estados Unidos estaba en gran parte vacía; por ello, se la podía rellenar con estadounidenses y convertirla en parte integrante y satisfecha de la nación.

6. El último compromiso

El nuevo Oeste

Los antiesclavistas de Estados Unidos no estaban nada felices con los nuevos y vastos territorios del Suroeste.

Texas era un estado esclavista. Esto era un hecho que no podía ser modificado. Más aún: era tan enorme que se lo podía dividir en tres o cuatro estados esclavistas, cada uno con dos senadores; además, también el territorio recientemente adquirido, situado al oeste de Texas, estaba debajo de la línea de 32° 30' de latitud norte, y, por lo tanto, según el Compromiso de Missouri, podían formarse otros estados esclavistas.

Los antiesclavistas de los estados libres no estaban dispuestos a tolerar la situación; estaban decididos a que Texas fuese el último estado esclavista que entrase en la Unión*. A fin de cuentas, según la ley mexicana, la escla-

---

* Y así fue. Estados Unidos nunca tendría más de 15 estados esclavistas.

vitud estaba prohibida en los territorios situados al oeste de Texas. ¿Podían los Estados Unidos imponer la esclavitud en un territorio que había sido legalmente libre? Uno de quienes pensaban que no, era un congresista demócrata de Pensilvania, David Wilmot (1814).

El 8 de agosto de 1846, poco después de que se iniciase la guerra, Polk trató de hacer aprobar una asignación de 2.000.000 de dólares con los cuales sobornar a líderes mexicanos como Santa Anna para que firmasen una paz favorable a los americanos. Wilmot se levantó para proponer una enmienda –la «Salvedad de Wilmot»– por la cual la esclavitud estaría prohibida en todo territorio que México cediese a los Estados Unidos.

Polk trató de llegar a un compromiso por el que se aplicase la Salvedad de Wilmot sólo a las tierras situadas al norte de la línea de 36° 30', pero la mayoría de los congresistas de los estados libres, cada vez más amargados por una guerra que sólo parecía redundar en interés de los estados esclavistas (mientras Oregón era objeto de un compromiso), rechazaron la propuesta.

Aunque la Salvedad de Wilmot fue aprobada por la Cámara de Representantes, fue bloqueada en el Senado, donde Calhoun conducía el ataque; y precisamente lo mismo ocurrió cuando fue presentada por segunda vez en 1847. De parte de los senadores de los estados esclavistas se pusieron varios senadores de los estados libres que deseaban eliminar de la política nacional el problema de la esclavitud.

Uno de estos últimos, el senador de Michigan Lewis Cass (New Hampshire, 1782), sostenía que sólo los estados podían decidir si ser libres o esclavistas; los territorios no podían tomar esa decisión por sí mismos, ni hacer que el Congreso la tomase por ellos. Cuando llegase el momento de que un territorio se convirtiese en estado, entonces sus habitantes podrían votar una constitución que lo hiciese esclavista o libre. Llamó a este punto de vista el de la «soberanía popular», y dijo que, sobre esa base, la Salvedad de Wilmot debía ser rechazada.

Por el principio de la «soberanía popular», los propietarios de esclavos y sus esclavos podían desplazarse a cualquier territorio y nadie podía detenerlos. Entonces, cuando llegase el momento de convertir el territorio en un estado, los propietarios de esclavos y sus simpatizantes podían hacer de él un estado esclavista en cualquier parte de la Unión, al norte de la línea del Compromiso de Missouri tanto como al sur.

La propuesta debió de parecer atractiva a la mayoría de los miembros de los estados esclavistas, aunque daba por supuesto que los poseedores de esclavos y sus esclavos se desplazarían al Oeste en número suficiente para hacer posible la formación de estados esclavistas. Pero esto algo era dudoso, y, ciertamente, de las dos corrientes migratorias al Oeste más importantes, en la década de 1840, ninguna de ellas fue de ayuda alguna para la causa de los estados esclavistas.

La primera, de menor envergadura, fue la de la Iglesia de Jesucristo de los Santos del Último Día (comúnmente conocida como Iglesia mormona), la cual, como expusimos antes, había sido fundada en el estado de Nueva York en 1830. Los primeros mormones, con sus extrañas ideas y su intenso celo misional, eran desconcertantes

6. El último compromiso

para sus vecinos, y la hostilidad que suscitaban los obligó a desplazarse constantemente hacia el Oeste.

Primero se trasladaron a Ohio, donde fundaron un templo en 1836. Las penurias financieras derivadas de la depresión de 1837 los obligaron a marcharse aún más al oeste, a Missouri, el bastión más occidental de la filosofía del estado esclavista, donde, al principio, prosperaron y se multiplicaron.

Pero pronto los de Missouri, creyendo que los inmigrantes de los estados libres eran detestables abolicionistas, empezaron a expulsarlos de un lugar tras otro. Finalmente, en 1839, un gran grupo de mormones cruzó el Misisipi para asentarse en el estado libre de Illinois y fundó la ciudad de Nauvoo, en la orilla oriental del río, a 160 kilómetros al oeste de Peoria.

Allí, los mormones, aún conducidos por Joseph Smith, fundador de la religión, florecieron. Durante un tiempo, Nauvoo, con 20.000 mormones que eran tenaces trabajadores, se convirtió en la mayor ciudad de Illinois. Las actividades misionales continuaron no sólo en los Estados Unidos, sino también en el exterior. Brigham Young (Vermont, 1807), que fue uno de los primeros conversos de Smith y líder de la fundación de Nauvoo, fue enviado como misionero a Gran Bretaña en 1840, desde donde mandó conversos.

Los mormones mantuvieron el equilibrio de fuerzas en Illinois entre los whigs y los demócratas, haciéndose impopulares para unos y otros. Desgraciadamente, en 1843 Smith provocó a sus vecinos «gentiles» permitiendo la práctica de la poligamia, brindando así a éstos la oportunidad de acusar a los mormones de inmoralidad sexual.

Además, Smith negó a sus seguidores las libertades otorgadas por la Constitución. (Por ejemplo, ordenó suprimir un periódico contrario a él publicado por ciertos mormones disidentes de Nauvoo.)

Era fácil inducir a la multitud a la violencia contra los mormones, y en junio de 1844 Smith organizó la defensa de Nauvoo. A causa de esto, fue acusado de traición y arrestado por orden del gobernador de Illinois. Él y su hermano, Hyrum Smith, fueron encarcelados en Carthage, a 25 kilómetros al sureste de Nauvoo. Allí, en junio de 1844, una muchedumbre asaltó la cárcel y dio muerte a Smith y a su hermano.

Los mormones tuvieron que mudarse nuevamente. De hecho, el gobierno de Illinois los instó a ello. Brigham Young llegó de Gran Bretaña y asumió el liderazgo en el traslado. Decidió entonces trasladar a los mormones muy lejos, a un lugar tan aislado –y, en caso necesario, tan indeseable– que nunca más fuesen molestados.

En febrero de 1846, los mormones cruzaron el Misisipi cubierto de hielo. Después de pasar un duro invierno a orillas del río Missouri, donde hoy está Omaha, reanudaron la migración. En julio de 1847, algunos contingentes que iban por delante llegaron a la región del Gran Lago Salado. Brigham Young dijo: «Éste es el lugar apropiado». Allí se detuvieron y convirtieron el lugar en su morada permanente, fundando Salt Lake City (Ciudad del Lago Salado).

La primera migración masiva al territorio arrancado a México (que se produjo mientras duraba la guerra con ese país) fue un golpe contra la posibilidad de formar estados esclavistas. Los mormones, aunque sus doctrinas religiosas eran, y siguen siendo, lamentablemente hostiles a los negros, no eran propietarios de esclavos.

Una migración mucho mayor y más ruidosa se produjo como resultado de los sucesos de comienzos de 1848.

En California, uno de los grandes terratenientes era Johann Augustus Sutter (nacido en el estado alemán de Baden en 1803). Después de pasar su juventud en Suiza, Sutter llegó a los Estados Unidos en 1834, se estableció en Missouri por un tiempo y luego se trasladó a California en 1839. Allí se enriqueció bajo protección mexicana, pero colaboró astutamente con Frémont cuando se creó la República de la Bandera del Oso, lo cual le permitió conservar sus tierras cuando la guerra terminó.

Mientras se negociaba el tratado de paz mexicano-estadounidense, Sutter se dispuso a construir un nuevo aserradero. El 24 de enero de 1848, en el curso de la construcción, el supervisor James W. Marshall (Nueva Jersey, 1810) encontró pepitas de oro en un curso de agua, en un lugar situado a 65 kilómetros al noreste de la moderna ciudad de Sacramento.

Sutter trató de mantener el descubrimiento en secreto, pero no lo consiguió; el suceso trascendió y el país enloqueció. Nada simboliza la riqueza mejor que el oro, y la idea de que allí estaba y no había más que recogerlo tuvo un efecto devastador sobre la gente. Empezó una «fiebre del oro» muy similar a la frenética búsqueda por los exploradores españoles, tres siglos antes, del legendario El Dorado*. (De hecho, la región de California en que tuvo

---

* Véase *La formación de América del Norte,* Madrid, Alianza Editorial, 2012.

lugar el descubrimiento inicial de oro es llamada hoy Eldorado County.)

De todas las regiones de Estados Unidos, y también de países de ultramar, la gente afluyó a California. Atravesaron los desiertos occidentales en carretas cubiertas o carretillas de mano, a través de regiones áridas y sin caminos, pasando por increíbles penurias y enfrentándose, con frecuencia, a la hostilidad de los indios.

Esos inmigrantes (luego llamados *fortyniners* [«los del 49»] porque muchos llegaron en 1849) invadieron las propiedades de Sutter y las arruinaron. A finales de 1849 California tenía una población de 100.000 personas. En el intervalo de tres años, unos 200 millones de dólares en oro fueron extraídos de la región, pero sólo un pequeño porcentaje de la población se benefició realmente de ello, y esa parte estaba formada principalmente por tenderos, jugadores y mujeres fáciles, más que por mineros.

Esta segunda migración estuvo compuesta sobre todo por los elementos inestables de la población americana que, en los duros tiempos que siguieron a la Guerra con México, apenas tenían algo que perder si se marchaban y se arriesgaban a un largo viaje al Oeste. Las personas ya prósperas tenían pocas razones para abandonar su seguridad, y pocos propietarios de esclavos se interesaron por hacer el viaje con sus esclavos.

Así, en 1850, cuando California, repentinamente rica y populosa, empezó a reclamar que se la considerase un estado, sus habitantes querían que lo fuese como estado libre, aunque casi la mitad de ella estaba al sur de la línea de 36° 30' del Compromiso de Missouri.

En su primera prueba, la doctrina de la soberanía popular operó contra los estados esclavistas; así, Calhoun empezó a llamarla despectivamente «la soberanía ilegal», pues la decisión no había sido tomada (en su opinión) por personas establecidas y responsables que compraban tierras, sino por una horda de inmigrantes indigentes que ocupaban «ilegalmente» las tierras y reclamaban la propiedad por derecho de ocupación. Los estados esclavistas se dispusieron a impedir el ingreso de California como estado libre, sobre todo porque ello rompería el empate entre estados libres y esclavistas que existía desde hacía 60 años.

Mediados del siglo

Pero el problema de California tuvo que ser abordado por un nuevo gobierno, pues Polk, al aceptar la candidatura en 1844, se había comprometido a ocupar el cargo por un solo mandato y tenía la intención de cumplir con ese compromiso. Por una parte, se había forjado tantos enemigos entre los demócratas de los estados libres por su total devoción a la causa de los estados esclavistas que era evidente que no sería elegido candidato nuevamente, aunque lo intentase. Por otra, sus cuatro años de gobierno lo habían envejecido y debilitado; aunque había sido el hombre más joven investido como presidente hasta entonces, pues lo hizo con 49 años, dejó el cargo enfermo.

Polk, el primer presidente con un solo mandato que no hizo ningún esfuerzo por lograr su reelección, murió en su casa de Nashville el 15 de junio de 1849, a la edad de 53 años. Hasta hoy, ningún otro presidente de los Estados Unidos murió por causas naturales a tan temprana edad.

John Quincy Adams también falleció por entonces, y aunque mucho más viejo que Polk, murió al pie del cañón. Aún activo en la Cámara de Representantes, se levantó el 21 de febrero de 1848 para oponerse a la Guerra con México, que estaba terminando triunfalmente. Durante su discurso, sufrió un ataque cerebral y cayó al suelo; murió dos días más tarde a la edad de 80 años.

Pero aunque los hombres mueran, las guerras políticas continúan, y los demócratas estaban en dificultades. Hacían todo lo posible por mantener el tema de la esclavitud al margen de la política, pero esto era cada vez más difícil en los estados libres.

La rama del estado de Nueva York del Partido Demócrata, por ejemplo, se había escindido en dos: un grupo conservador dispuesto a alinearse con los estados esclavistas y un grupo liberal que se oponía a una mayor extensión de la esclavitud. Los conservadores eran llamados *hunkers* («nalgas», «trasero»), posiblemente porque se sentaban en sus traseros y no cedían; los liberales, los herederos de los *locofocos* del decenio de 1830, eran llamados *barnburners* («incendiarios de graneros») por sus adversarios, quienes los comparaban con el granjero que incendia su granero para librarse de las ratas.

La disputa entre facciones era tan aguda que los demócratas de Nueva York no acudieron a la convención que se reunió en Baltimore el 22 de mayo de 1848. Ninguno de los bandos permitía al otro formar una delegación. En la convención, dominaron los conservadores, y en la

6. El último compromiso

cuarta votación fue elegido candidato Lewis Cass, el arquitecto de la «soberanía ilegal», gracias, en parte, al fuerte apoyo de Polk.

Cass tenía la ventaja de ser militar. Los demócratas estaban seguros de que los whigs elegirían como candidato a uno de los generales de la Guerra con México y esperaban que la hoja de servicios de Cass en la Guerra de 1812, y como secretario de Guerra bajo Jackson, contribuyera a equilibrar la situación.

Como candidato a vicepresidente, los demócratas eligieron a William Orlando Butler, de Kentucky (1791), quien no sólo era también veterano de la Guerra de 1812, sino que había combatido con gallardía y había sido herido en la batalla de Monterrey.

Pero para los demócratas antiesclavistas, Cass les resultaba inaceptable. Había votado consecuentemente con el bando de los estados esclavistas y fue considerado un *doughface* («cara de masa»), término acuñado algunos años antes para describir a un miembro de los estados libres cuyo rostro empalidecía como una masa ante las amenazas de los miembros de los estados esclavistas.

Los *barnburners* realizaron su convención en Utica, Nueva York, en junio, y nombraron candidato al ex presidente Martin Van Buren. Los whigs antiesclavistas (llamados «whigs de conciencia» porque sus conciencias no les permitían estar de acuerdo con las acciones escasamente antiesclavistas del partido nacional) y los que en las dos elecciones anteriores habían votado por el Partido de la Libertad se unieron a los *barnburners* en el apoyo a Van Buren.

Así, Van Buren se presentó bajo el estandarte del Partido de la Tierra Libre, que eligió como candidato a la vicepresidencia al «whig de conciencia» Charles Francis Adams (Massachusetts, 1807), el único hijo superviviente de John Quincy Adams, recientemente fallecido.

El Partido de la Tierra Libre no era tan radical como el Partido de la Libertad, al que reemplazó. No propugnaba la abolición inmediata, sino la interrupción de toda ulterior extensión de la esclavitud. Si bien sus objetivos eran más modestos, logró atraer a más seguidores y, por ello, resultaba más amenazador para los estados esclavistas.

Mientras tanto, el Partido Whig se reunió en una convención realizada en Filadelfia en junio de 1848. El perenne paladín Henry Clay estaba disponible, pero esta vez no tenía posibilidades. Su destino era ser elegido candidato cuando las perspectivas de los whigs fueran malas, nunca cuando fueran buenas.

Entre otros aspirantes estaban los dos héroes whigs de la Guerra con México, Taylor y Scott. Hasta la tercera votación no fue elegido Taylor, como la mayoría esperaba desde el comienzo. Como candidato a vicepresidente, los whigs eligieron a Millard Fillmore, de Nueva York (1800), un importante líder whig que había comenzado su vida política como antimasón y había estado a punto de ser elegido gobernador de Nueva York en 1844.

Las elecciones, realizadas el 7 de noviembre de 1848, fueron reñidas. Taylor obtuvo 1.360.000 votos, frente a 1.220.000 de Cass, y el colegio electoral emitió 163 votos a favor de Taylor y 127 por Cass. Por segunda vez en 8 años, los whigs habían elegido a un héroe de la guerra como presidente.

El Partido de la Tierra Libre había recibido 291.000 votos. Esta cifra era pequeña en comparación con la de los

6. El último compromiso

partidos principales, pero representó otro aumento de casi cinco veces con respecto al voto antiesclavista de la elección anterior, pues suponía el 10% de la totalidad de los votos. Ningún líder de los estados esclavistas podía dejar de advertir este índice de la fuerza en vertiginoso ascenso del sentimiento antiesclavista en los estados libres.

De hecho, una vez más, como en 1844, el voto antiesclavista había modificado el resultado en Nueva York. Si los *barnburners* hubiesen votado a los demócratas en vez de hacerlo por el Partido de la Tierra Libre, Cass habría ganado Nueva York y, por tanto, las elecciones. Se repitió lo ocurrido en 1844, sólo que en otra dirección.

El 4 de marzo de 1849, Zachary Taylor fue investido duodécimo presidente de los Estados Unidos. Fue el primer presidente de Estados Unidos elegido exclusivamente por su hoja de servicios militar, el primero que no tenía ninguna experiencia política. Y no iba a ser el último.

Aunque los whigs habían ganado la presidencia, los demócratas aún dominaban en el Decimoprimer Congreso: por 35 a 25 en el Senado, y 112 a 109 en la Cámara de Representantes. Pero había no menos de 9 miembros del Partido de la Tierra Libre en la Cámara y tuvieron en sus manos la balanza del poder (esto es, podían votar por los whigs o por los demócratas, dando la mayoría a unos u otros).

El Partido de la Tierra Libre también tenía 2 senadores. Uno de ellos, Salmon P. Chase, de Ohio (New Hampshire, 1808), militaba desde hacía tiempo en las causas antiesclavistas y había sido miembro del Partido de la Libertad, aunque negó con indignación ser un abolicionista del tipo de Garrison.

En todos los aspectos, excepto en la creciente y agria disputa sobre la esclavitud, a mediados de siglo, Estados Unidos parecía estar pasando por una edad dorada. La Guerra con México había sido un gran triunfo, Estados Unidos había incrementado enormemente su territorio y ahora se extendía del Atlántico al Pacífico en una vasta faja de 3.700 kilómetros de ancho.

En 1850, la población llegó a 23.000.000 de habitantes; era mayor que la de Gran Bretaña, aunque aún menor en 10.000.000 que la de Francia. Los inmigrantes afluían de la Irlanda atenazada por el hambre, de la Alemania desgarrada por las revoluciones, de los Países Bajos, de Gran Bretaña..., atraídos por un país en crecimiento, por no hablar del oro de California. Esos inmigrantes europeos que huían de gobiernos opresivos eran decididamente antiesclavistas; ésta fue otra tendencia que los estados esclavistas contemplaron con creciente alarma.

El 10 de septiembre de 1846, Elias Howe (Massachusetts, 1819) patentó la primera máquina de coser mecánica. Éste fue el paso más importante dado hasta entonces para aplicar las técnicas de la Revolución Industrial, a fin de liberar a las mujeres de tareas embrutecedoras.

Se estableció la comunicación telegráfica entre Nueva York y Chicago. El algodón americano abasteció al mundo entero. Los ferrocarriles se expandieron, y lo mismo el comercio exterior. Los clípers americanos (largos y estrechos barcos de madera con elevados mástiles y un enorme velamen) eran los más rápidos y bellos barcos del mar; podían viajar de Nueva York a California bordeando el extremo meridional de América del Sur o ir de

China a Londres bordeando el extremo meridional de África en menos de 100 días.

Pero el problema de la esclavitud estropeaba la situación y echaba todo a perder.

Clay y Webster

En los 30 años transcurridos desde el Compromiso de Missouri, las actitudes con respecto a la esclavitud se habían endurecido hasta tal punto que parecía inevitable una colisión frontal. Los estados esclavistas contemplaban con preocupación cómo se había debilitado su posición dentro de la Unión. La paridad en el Senado era su última defensa, e incluso ésta estaba desapareciendo.

California quiso ser un estado libre, el decimosexto, mientras eran 15 los estados esclavistas. Además, el resto de las tierras ganadas a México, escasamente colonizadas, se iban organizando como territorios, y los colonos planeaban prohibir la esclavitud en sus constituciones territoriales. En ninguna parte había a la vista un nuevo estado esclavista, a menos que Texas se resignase a ser desmembrada, a lo cual se negó.

Los apesadumbrados estados esclavistas pensaban que habían apoyado y librado la Guerra con México contra la oposición de los estados libres y la habían terminado triunfalmente sólo para que los estados libres recogiesen los beneficios. Se prepararon a resistir hasta el fin ante las restricciones a la esclavitud, y, si eran intimidados por la creciente oposición a la esclavitud en los estados libres, entonces...

Empezó a oírse nuevamente la palabra «secesión». Entre los extremistas de los estados esclavistas se destacaba William L. Yancey, de Alabama (Georgia, 1814), quien había estado del lado de la Unión en la controversia sobre la anulación del arancel en tiempos de Jackson, pero ahora se había decantado por una enérgica defensa de los derechos de los estados. Yancey trató de organizar un movimiento de secesión, sosteniendo que los estados esclavistas nunca hallarían justicia dentro de la Unión y deberían mantener su modo de vida, libres de la interferencia externa. Pero fracasó... por el momento.

Henry Clay, el «Gran compromisario», después de lograr su objetivo de reconstruir el Partido Whig, estaba de vuelta en el Congreso. Había hecho aprobar el Compromiso de Missouri 30 años antes, y ahora debía hallar otro modo de resolver la disputa o contemplar cómo la controversia cada vez más encarnada destruía la Unión. Tenía que hallar un modo de dar a cada parte algo que considerara suficiente como para permitir que la otra parte también recibiese algo.

Para empezar, por ejemplo, se debía permitir que California entrase en la Unión como estado libre. Esto era lo que deseaban los californianos y no se podía postergar; los estados esclavistas tendrían que admitirlo. Como compensación, las tierras restantes ganadas a México serían organizadas como territorios sin la previa prohibición de la esclavitud. Esto significaba que los estados libres tendrían que renunciar a la Salvedad de Wilmot y aceptar la posibilidad de que surgiesen estados esclavistas adicionales.

El segundo par de resoluciones concernía a Texas, que debía admitir su división para aumentar la superficie potencial a fin de crear estados esclavistas adicionales. Clay propuso que el tercio noroccidental de Texas, que estaba casi deshabitado, fuese cedido por el estado para añadirse a los territorios que luego pudiesen constituir estados esclavistas. A cambio, Estados Unidos se haría cargo de las deudas que Texas hubiese contraído en su breve historia como nación independiente.

El tercer par de resoluciones se refería al Distrito de Columbia, que era territorio esclavista. A muchos congresistas de los estados libres les horrorizaba la existencia de mercados de esclavos a la vista del Capitolio. Por ello, Clay propuso que el comercio de esclavos fuese prohibido en el Distrito de Columbia, pero que no se tocase la esclavitud en sí.

Finalmente, había un cuarto par de resoluciones que no eran equilibradas, pues ambas favorecían a los estados esclavistas. Según una de ellas, el Congreso no debía interferir en el comercio de esclavos interestatal; la otra establecía medidas más efectivas para el retorno de esclavos fugitivos.

La parte del compromiso propuesto que resultaba más difícil de digerir por los estados esclavistas era la concerniente a la admisión sin contrapeso de California como estado libre, la cual rompía el largo empate en el Senado.

Por su parte, lo más difícil de asimilar para los estados libres era la Ley del Esclavo Fugitivo, elaborada por James M. Mason (Virginia, 1798), nieto, paradójicamente, de George Mason, quien en los días de la Guerra Revolucionaria había sido el más destacado de los partidarios de las libertades civiles y un firme estadista antiesclavista.

La cuestión de los esclavos fugitivos era delicada para ambas partes. Durante años, una corriente de esclavos huidos había hallado una relativa seguridad en los estados libres, relativa porque los esclavos seguían siendo una propiedad y debían ser devueltos a sus amos si eran descubiertos.

Muchos blancos antiesclavistas trataban de impedir que los hallaran, y estaban dispuestos a jurar falsamente que los negros afectados eran libres y conocidos por ellos desde su nacimiento o, si esto no era posible, a trasladarlos al lejano Norte, a Canadá, donde serían libres de modo permanente.

Miles de blancos antiesclavistas de todos los estados libres trabajaban activamente para trasladar a los negros al Norte, a lo largo de rutas y paradas que, en 1831, eran llamadas el «Ferrocarril Subterráneo».

El movimiento había empezado entre los cuáqueros de Pensilvania. Uno de ellos, Thomas Garrett (Pensilvania, 1789), se decía que había ayudado a obtener la libertad a 2.700 esclavos. El estado de Maryland estableció una recompensa permanente de 10.000 dólares por su arresto. Estaba arruinado financieramente por una multa que le habían impuesto en 1848, pero continuó su labor.

Otro cuáquero, Levi Coffin (Carolina del Norte, 1789), era tan activo en la operación que se le llamaba el «Presidente del Ferrocarril Subterráneo».

Los propios negros también contribuían al esfuerzo. Quizá la figura más pintoresca y osada de las que actuaban en el «Ferrocarril Subterráneo» era una negra analfabeta, Harriet Tubman (Maryland, 1821), quien escapó de la esclavitud en 1849, pero volvió a los estados esclavistas unas 20 veces (lo cual era mucho más peligroso para ella que para cualquier blanco) a fin de llevar a unos 300 esclavos a la libertad, incluidos sus propios padres.

Otro negro activo en la batalla antiesclavista era el elocuente Frederick Douglass (Easton, 1817), quien escapó de la esclavitud en 1838.

Pero el «Ferrocarril Subterráneo» no rescató a muchos esclavos en realidad; fueron menos de 1.000 al año, de una población esclava que había llegado a 3.000.000 y crecía a una tasa de 70.000 por año. Además, la mayoría de los esclavos rescatados provenían de los estados fronterizos, donde las condiciones de la esclavitud eran relativamente suaves.

Sin embargo, la gente de los estados esclavistas estaba furiosa por lo que consideraban una conspiración abierta para despojarlos de su propiedad. Pensaban que mientras existiese el «Ferrocarril Subterráneo», los negros se sentirían constantemente tentados a escapar o a rebelarse.

Los antiesclavistas de los estados libres, por su parte, consideraban absolutamente inadmisible que se esperase de ellos que devolviesen a algún fugitivo infortunado a sus amos esclavistas.

Los extremistas de ambas partes –un grupo resueltamente opuesto a una California libre, el otro opuesto con igual resolución a la Ley del Esclavo Fugitivo– hallaron insatisfactorio el compromiso, y parecía difícil saber si habría suficientes moderados de ambos bandos para conseguir que fuese aprobado.

La pugna llegó a su culminación en el Senado, donde dos grandes estadistas, ya viejos, que se habían destacado en el Congreso y en la política nacional durante 40 años –desde los días de la Guerra de 1812– se enfrentaron por última vez.

El 5 y el 6 de febrero de 1850, Clay se levantó para proponer sus resoluciones. Tenía 73 años, y se le notaban, pero halló la fuerza necesaria para argumentar, con un fervor arrollador, a favor de las concesiones por ambas partes. Pidió a los estados libres que no hostigasen a los estados esclavistas, e instó a éstos a pensar que la Constitución no preveía la secesión, y que todo intento de separación seguramente precipitaría la guerra.

Se opuso al compromiso el moribundo John Calhoun, que tenía 68 años y estaba demasiado enfermo para poder hablar. Tuvo que permanecer sentado, pálido y airado, mientras el senador Mason leía su discurso.

Calhoun no podía aceptar una California libre. Quería que a los estados esclavistas se les garantizase la igualdad de poder con los estados libres para siempre mediante una enmienda constitucional, si era necesario, y aunque ello supusiera tener dos presidentes, uno de los estados libres y otro de los estados esclavistas, cada uno con facultad para vetar los actos del otro. También quería que se pusiese fin a toda la agitación antiesclavista en los estados libres, como único modo de que los estados esclavistas pudiesen sentirse seguros dentro de la Unión.

Pedía lo imposible, pero no vivió para ver el fracaso de su último esfuerzo. Sobrevivió a la lectura de su discurso menos de un mes, pues murió en marzo de 1850.

Portavoz del extremo opuesto fue un hombre más joven, un miembro de la ascendente generación de políticos que estaba pasando por entonces a primer plano,

6. El último compromiso

William Henry Seward (Nueva York, 1801). Seward había entrado en la política como antimasón, luego se hizo whig y fue durante cuatro años gobernador de Nueva York. Su gobierno se distinguió por sus ideas liberales; elaboró una reforma carcelaria, extendió la tolerancia a los católicos y extranjeros, e hizo todo lo que pudo para impedir la devolución de esclavos fugitivos. En 1849, fue enviado al Senado por la cámara de Nueva York, donde los whigs habían pasado a ser hegemónicos después de la victoria de Taylor de 1848. Allí, se destacó en seguida como senador antiesclavista. En marzo de 1850, expresó una intransigente hostilidad hacia la expansión del territorio esclavista. Aunque se admitiese que, según la Constitución, el Congreso tenía poder para permitir la extensión de la esclavitud a los territorios, esto no podía hacerse, porque, insistía, «hay una ley superior a la Constitución». Aludía a la ley de Dios, por supuesto, una ley vaga sobre la cual nunca ha habido un acuerdo general.

Pero el discurso más importante, y quizá decisivo, fue el de Daniel Webster, pronunciado entre los de Calhoun y Seward; Webster lo pronunció el 7 de marzo de 1850, por lo que siempre se alude a él como el «Discurso del Siete de Marzo».

El gran discurso de Webster de 1830 había instado a la nación a apoyar «Nuestra Unión Federal» en una época en que la esclavitud no era una cuestión primaria. Ahora, Webster trató de lograr el mismo efecto en una época de mucha más intensidad emocional. ¡Y lo consiguió!

Al igual que Clay, pidió concesiones a ambos bandos, instando a los habitantes de los estados esclavistas y de los estados libres a dejar de lado sus prejuicios y mantener la Unión, dentro de la cual, todas las cuestiones finalmente podían ser resueltas, y fuera de la cual, todo, para ambas partes, se saldaría en un fracaso. En particular, trató de enfriar los temores concernientes a la extensión del poder esclavista, sosteniendo que no había necesidad de prohibir la esclavitud en los territorios suroccidentales, ya que la naturaleza del suelo y el clima impedirían su desarrollo. Se pensaba que allí donde la agricultura a gran escala no era posible, los esclavos serían de utilidad limitada.

El Discurso del Siete de Marzo, más que cualquier otro factor, hizo que las resoluciones de Clay fuesen aprobadas por el Congreso, convirtiéndolas en el «Compromiso de 1850». Este compromiso entre los estados libres y los estados esclavistas salvó la Unión y aplazó la catástrofe otros 10 años más.

Pero por sus esfuerzos, Webster fue maldecido por las horrorizadas fuerzas antiesclavistas, quienes consideraban que en su vejez se había pasado al enemigo. Este sentimiento halló su más clara expresión en un poema, «Ichabod», de una expresión hebrea que significa «la gloria ha pasado» (1 Samuel, 4: 21), de John Greenleaf Whittier (Massachusetts, 1807, de padres cuáqueros), el más renombrado de los poetas abolicionistas americanos. La primera estrofa de este triste réquiem a un hombre al que los abolicionistas consideraban un héroe caído reza así:

¡Caído de tal modo!, ¡perdido de tal modo!, ¡extinta la luz
que antaño llevó!
¡Pasada la gloria de sus cabellos grises
para siempre!

Webster fue acusado de humillarse ante los estados esclavistas con la esperanza de ganar su apoyo para llegar a la presidencia, pero tenía 68 años, y sus ambiciones a este respecto deben de haber sido escasas. Tenía una tarea más que realizar como secretario de Estado, pero murió en octubre de 1852. Se salvó de contemplar la inminente tragedia. También Clay se salvó, pues murió en junio de 1852.

Los esclavos fugitivos

La muerte del presidente precedió a la de Clay y a la de Webster. Dos veces habían ganado los whigs una elección presidencial, dos veces habían elegido a un héroe militar, y dos veces el presidente había muerto por causas naturales antes de terminar su mandato.

El 4 de julio de 1850, el presidente Taylor se vio obligado a escuchar el discurso del Día de la Independencia bajo un sol ardiente. El orador, que habló durante dos horas, era el senador Henry Stuart Foots, de Misisipi, nacido en Virginia en 1804. Taylor, que tenía entonces 65 años, se refrescó luego comiendo pepinos, cerezas y grandes cantidades de leche helada. Sufrió un intenso dolor de estómago del que se habría recuperado si los médicos no se hubiesen hecho cargo de él; desde el momento en que empezaron a administrarle dudosas medicinas y a practicarles sangrías, podía considerarse muerto. El 9 de julio de 1850, el vicepresidente Millard Fillmore se convirtió en el decimotercer presidente de los Estados Unidos, y el segundo que ocupó el cargo por muerte natural de su predecesor.

El cambio redundó en beneficio del Compromiso. Taylor había sido propietario de esclavos, pero bastante jacksoniano en sus ideas. Había favorecido la admisión de California como estado libre y declaró tajantemente que la secesión equivalía a traición. No estaba seguro de que el Compromiso fuese realizable.

Pero Fillmore era una especie de whig rutinario (al menos, el partido evitó la catástrofe de un segundo Tyler), dominado en gran medida por Clay. Nombró a Webster para el cargo de secretario de Estado, que ya había ocupado bajo Harrison y Tyler, y aceptó con entusiasmo el Compromiso.

El 9 de septiembre de 1850, pues, California entró en la Unión como trigesimoprimer estado y decimosexto estado libre. El mismo día, Texas renunció a sus territorios en el noroeste, pero siguió siendo, con mucho, el estado más grande de la Unión. Con una superficie de 690.000 kilómetros cuadrados, Texas era cuatro veces mayor que el estado más grande de la Unión (Missouri) anterior a la anexión de Texas. California, con una superficie de 410.000 kilómetros cuadrados, se convirtió en el segundo estado en tamaño*.

También ese día el territorio restante ganado a México fue dividido en dos territorios, Utah al norte y Nuevo México al sur, sin prohibición alguna de la esclavitud. El 20 de ese mes el comercio de esclavos fue prohibido en el Distrito de Columbia.

---

* Texas y California siguieron ocupando el primer y el segundo lugar respectivamente de la Unión en cuanto a tamaño durante más de un siglo. Missouri, que era el estado más grande de la Unión en 1845, es hoy el decimonoveno, aunque su superficie no ha disminuido.

6. El último compromiso

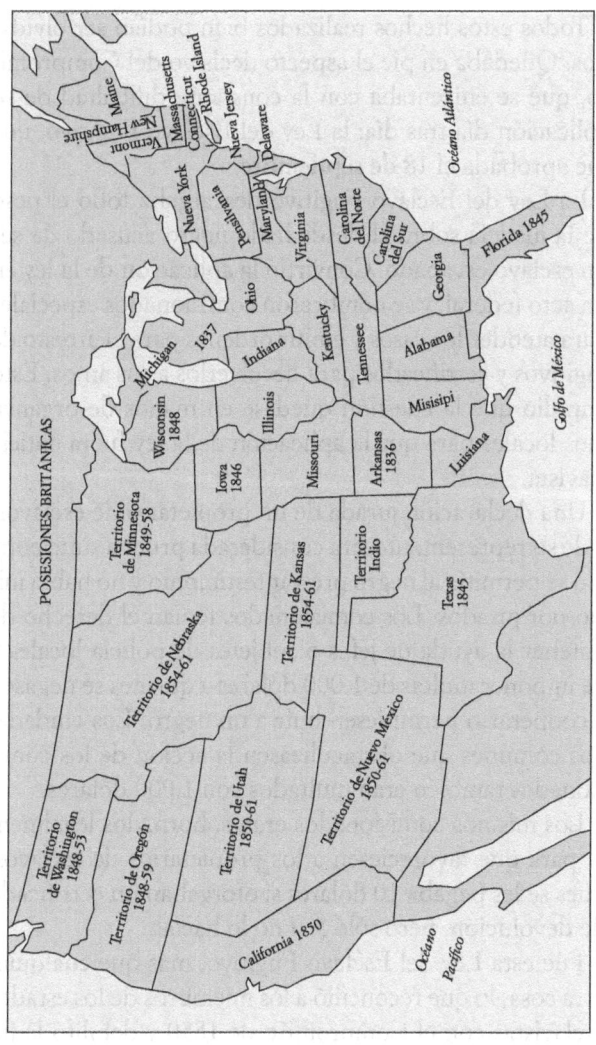

Los Estados Unidos a mediados del siglo XIX

Todos estos hechos realizados bien podían ser olvidados. Quedaba en pie el aspecto decisivo del Compromiso, que se enfrentaba con la constante dificultad de su aplicación día tras día: la Ley del Esclavo Fugitivo, que fue aprobada el 18 de septiembre.

La Ley del Esclavo Fugitivo descargaba todo el peso de la justicia sobre el desdichado negro acusado de ser un esclavo escapado. Convirtió la aplicación de la ley en un acto federal, y se nombraron comisionados especiales para atender los casos y emitir órdenes para el arresto de fugitivos y certificados para devolverlos a sus amos. Esto impidió que la cuestión quedase en manos de organismos locales para que la aplicación de la ley fuera antiesclavista.

Una declaración jurada de un propietario de esclavos, o de su representante, era considerada prueba suficiente. No se permitía al negro prestar testimonio y no había juicio por jurados. Los comisionados tenían el derecho de obtener la ayuda de jefes o subjefes de policía locales y de imponer multas de 1.000 dólares a quienes se negasen a cooperar o permitiesen huir a un negro. Los ciudadanos comunes que obstaculizasen la acción de los comisionados también eran multados con 1.000 dólares.

Los mismos comisionados eran sobornados legalmente para que favoreciesen a los propietarios de esclavos, pues se les pagaba 10 dólares si otorgaban un certificado de devolución, pero sólo 5 si no lo hacían.

Fue esta Ley del Esclavo Fugitivo, más que cualquier otra cosa, lo que reconcilió a los miembros de los estados esclavistas con el Compromiso de 1850 y debilitó la influencia de los extremistas de esos estados, los cuales ha-

6. El último compromiso

bían logrado celebrar una convención de delegados de los estados esclavistas en Nashville, Tennessee, en junio de 1850, en la que esperaban imponer sus opiniones extremas. Pero predominaron los moderados y toda sugerencia de secesión fue firmemente rechazada. En las elecciones realizadas en 1851, los extremistas fueron totalmente derrotados en todos los estados esclavistas donde tenían adeptos.

Pero la gran realización de Clay, el Compromiso de 1850, fue el comienzo del fin para el Partido Whig; estaba agonizando, como lo estaba Clay. En los estados esclavistas, los whigs eran considerados blandos en el tema de la esclavitud y la población se hizo cada vez más firmemente demócrata. En los estados libres, los whigs cargaban con el oprobio de la Ley del Esclavo Fugitivo y había una continua conversión al Partido de la Tierra Libre. En las elecciones de mitad del mandato de 1852, los demócratas obtuvieron una sólida mayoría en la Cámara de Representantes (140 a 88), y conservaron la mayoría en el Senado.

En verdad, fue la Ley del Esclavo Fugitivo lo que arruinó el Compromiso. Para los miembros de los estados esclavistas era una victoria sobre los odiados abolicionistas, pero lo cierto era que habían optado por una victoria inmediata. Es posible que si los estados esclavistas hubiesen ignorado el «Ferrocarril Subterráneo» como una pérdida sin importancia y hubiesen aumentado la seguridad interna, dando por perdido a todo negro escapado, su situación habría mejorado. Los hombres de los estados libres que estaban realmente interesados en ayudar a escapar a los esclavos eran, en verdad, una pequeña minoría, y sólo tenían una influencia limitada.

La llegada de los comisionados de los estados esclavistas a las comunidades de los estados libres para llevarse a los negros tenía todo el aspecto de una intrusión de «forasteros» en los asuntos locales. Contemplar a negros temerosos, acosados y sin ninguna oportunidad de ser oídos repugnaba a muchos que, en otra situación, no se habrían molestado en ser antiesclavistas. En resumen, la Ley del Esclavo Fugitivo hizo más abolicionistas de los que nunca logró hacer Garrison.

Inmediatamente se convirtió en una cuestión de honor, en los estados libres, no cumplir con la ley. Varios estados, particularmente Nueva Inglaterra, aprobaron leyes destinadas a impedir la aplicación de la Ley del Esclavo Fugitivo; y el «Ferrocarril Subterráneo» empezó a funcionar con más eficiencia.

El Partido de la Tierra Libre, fortalecido, llenó la cámara legislativa de Massachusetts, alcanzando unas cifras récord, y logró enviar un senador al Congreso en la persona de Charles Sumner (Boston, 1811). Por vez primera entraba en el Senado un abolicionista declarado.

Sumner ocupó su escaño en abril de 1851 (tras ser elegido por un solo voto después de un punto muerto de tres meses de la cámara legislativa), y en agosto de 1852 pronunció un vigoroso discurso de cuatro horas contra la Ley del Esclavo Fugitivo. Urgió a no permitir una mayor extensión de la esclavitud en los Estados Unidos y, en lo concerniente al Compromiso, dijo: «No se puede acordar nada que no sea correcto».

Entre tanto, una novela por entregas publicada en un periódico abolicionista tuvo infinitamente más influencia en el despertar de sentimientos antiesclavistas en to-

6. El último compromiso

dos los estados libres (y también en el exterior) que cualquier cosa que dijeran los políticos. *La cabaña del Tío Tom, o la vida entre los humildes,* escrita por Harriet Elizabeth Beecher Stowe (Connecticut, 1811), apareció en forma de libro dos días antes del discurso de Sumner, y también se presentó en el teatro una versión escenificada de la novela.

Inspirada en la Ley del Esclavo Fugitivo, la novela describía la situación de los esclavos en términos dramáticos y en gran medida ficticios. (La señora Stowe no tenía ningún conocimiento directo de las condiciones de la esclavitud.) Algunos de los propietarios de esclavos de la novela eran descritos muy favorablemente, pero la imagen dominante era la del villano Simon Legree (descrito como originario de los estados libres, dicho sea de paso), cuyo nombre es hasta hoy sinónimo de brutalidad sádica.

Al año, se habían vendido 30.000 ejemplares del libro, y varios millones de personas lloraron por los sufrimientos de la esclava Eliza, que huyó a través de un río helado, perseguida por sabuesos, para evitar ser separada de su bebé y vendida «aguas abajo del río» para realizar duras labores en los campos de algodón. Los lectores también lloraban por el noble esclavo, el Tío Tom, quien ruega por el brutal Legree mientras éste lo azota hasta matarlo*. La versión teatral subrayaba aún más los aspectos sombríos de la esclavitud y fue vista por casi todo el mundo.

---

* Esta doctrina de la no resistencia es la que ha llevado a los militantes negros de hoy a llamar burlonamente a los no militantes «Tíos Tom».

Los miembros de los estados esclavistas protestaron y sostuvieron que *La cabaña del Tío Tom* era una deformación y tenía poca semejanza con la realidad, pero sus protestas no los beneficiaron. El libro hizo surgir abolicionistas por todas partes, y los defensores de la esclavitud fueron odiados, despreciados y detestados por muchos, en el país y en el exterior, que no sabían nada de la esclavitud, excepto lo que les contaba la señora Stowe.

Allende los mares

Aunque el tema de la esclavitud se había ahondado y ennegrecido, abarcando a toda la nación como una bruma malsana e impenetrable, Estados Unidos siguió creciendo, expandiéndose y prosperando.

Había 120 colegios en el país. Empezó a haber demandas a favor de los derechos de las mujeres y para prohibir la venta de bebidas alcohólicas. Stephen C. Foster (nacido en Pensilvania, el 4 de julio de 1826, el día en que murieron Jefferson y John Adams) escribió en 1851 «Swanee River», canción muy conocida todavía hoy. El mismo año, Herman Melville (Nueva York, 1819) publicó *Moby Dick*. La red de ferrocarriles siguió expandiéndose y se hizo más densa. En 1852, Elisha G. Otis (Vermont, 1811) inventó el primer ascensor mecánico, iniciando el proceso que algún día haría posibles los rascacielos.

Estados Unidos estaba empezando a mirar también allende los mares cada vez con más interés. Tenía que hacerlo, por la lógica de la geografía. En las décadas de 1830 y 1840, se fue haciendo evidente que el territorio americano iba a extenderse hacia el Oeste hasta alcanzar el Pacífico, y esto significaba que tendría que haber comunicaciones entre las costas. En los días anteriores al ferrocarril transcontinental, la ruta más fácil era por mar, lo que suponía navegar alrededor de todo el continente sudamericano, viaje que, incluso para los clípers, duraba tres meses completos. Por supuesto, se podía navegar hasta el istmo, que sólo tenía 65 kilómetros de anchura, y reducir la extensión del viaje a la mitad. Pero esos 65 kilómetros de tierra eran difíciles de cruzar, porque el istmo estaba infestado de enfermedades. Ahora bien, si hubiese un canal...

El inconveniente de esta idea, desde el punto de vista americano, era que Gran Bretaña era la mayor potencia de la tierra, y también ella estaba interesada en ese canal; incluso había establecido un protectorado sobre algunas partes de la costa de América Central con tal objetivo en vista.

Esto, claro está, era una violación de la Doctrina Monroe, pero Gran Bretaña era la única potencia demasiado fuerte en el mar para la joven república. Además, durante el gobierno de Polk, Estados Unidos había estado demasiado embrollado con México para buscar querellas con Gran Bretaña, y durante los gobiernos whigs que precedieron y sucedieron a Polk, la política americana había buscado la paz y los acuerdos. Los whigs eran más bien hostiles a la Doctrina Monroe.

Estados Unidos había intentado llegar a acuerdos con autoridades locales para obtener sitios donde construir canales propios, y después de la Guerra con México se contempló la posibilidad de una colisión británico-americana en el Caribe.

Ninguna de las dos naciones deseaba un enfrentamiento. A finales de 1849, Gran Bretaña envió un nuevo embajador, sir Henry Lytton Bulwer, a los Estados Unidos con instrucciones de negociar un acuerdo. El secretario de Estado de Taylor, John M. Clayton (Delaware, 1796), cooperó gustosamente.

El Tratado Clayton-Bulwer fue firmado en abril de 1850 y ratificado por ambas naciones en julio. Esencialmente, era un empate. Ambas partes convenían en no tratar de construir un canal exclusivo, sino en mantener abierto cualquier canal que se construyese a los naturales de ambos países. También se comprometían a no fortificar el canal ni tratar de dominar las regiones vecinas.

Aunque los demócratas, bajo la conducción de Cass y un ardiente joven imperialista, el senador Stephen A. Douglas, de Illinois (Vermont, 1813), atacaron enconadamente el tratado por haber ignorado la Doctrina Monroe, el acuerdo era un arreglo razonable. Después de todo, se había logrado que la mayor potencia naval de la tierra compartiera la empresa en términos de igualdad con Estados Unidos, que era mucho más débil.

Pero el tratado fue letra muerta. El canal a través de América Central no se podía construir con las posibilidades tecnológicas de la época. Medio siglo más tarde, cuando sí fue viable, la situación había cambiado tanto que Estados Unidos lo construyó y ejerció su soberanía exclusiva sobre él.

También estaba empezando a manifestarse el «imperialismo» (el impulso y el deseo de una nación de ejercer su dominio sobre regiones de otras culturas, particularmente allende los mares) americano.

6. El último compromiso

La Guerra con México, al ampliar el potencial territorio esclavista (aunque con frustrantes consecuencias, en vista del surgimiento de la California libre), había despertado el apetito de los estados esclavistas; no podían por menos de buscar otras oportunidades de expandirse. A 160 kilómetros al sur de la Florida se halla la rica isla de Cuba, que estaba todavía bajo el control de España. Cuando las colonias españolas de tierra firme se habían separado e independizado, 30 años antes, Cuba, separada de las otras colonias por el mar, había seguido siendo una colonia.

Pero el poder de España sobre Cuba no era muy fuerte, y había cierta agitación bajo la férula colonial. Seguramente, con un poco de estímulo, Cuba podría liberarse y, como Texas, caer en manos de Estados Unidos. (Sin duda, Texas tenía una población que se consideraba estadounidense, y Cuba no, pero esto no parecía preocupar a los imperialistas.)

Había varios refugiados cubanos en Estados Unidos que habían intentado realizar una revolución y habían fracasado. Uno de ellos, Narciso López, insistía en que Cuba estaba madura para un levantamiento y que, con un poco de ayuda, podría llevarlo a cabo. Logró reclutar a algunos voluntarios ansiosos en los estados esclavistas, y en agosto de 1850 desembarcó en Cuba.

El intento fracasó. López fue capturado y ejecutado, junto con varios voluntarios estadounidenses. Otros, tomados prisioneros, fueron enviados a España. Más tarde, Estados Unidos logró su liberación después de pagar una indemnización a España por los daños infligidos al consulado español en Nueva Orleans por americanos alborotadores. Pero el problema de Cuba quedó en pie.

Estados Unidos también estimuló revoluciones en tierras lejanas, revoluciones de las que no esperaba cosechar beneficios directos, pues, en aquellos tiempos, la nación se consideraba la guía del mundo en el camino hacia la democracia, y con el derecho, en nombre de la humanidad, de subvertir el viejo orden en todas partes.

En 1848, por ejemplo, la gran minoría húngara del Imperio Austríaco se rebeló bajo el liderazgo de Lajos Kossuth, y durante un año resistió los intentos de Austria de sofocar la rebelión. La revuelta fracasó sólo después de que Rusia –que se creía en el deber de defender el viejo orden en todas partes– enviara un ejército a Austria para ayudarla*.

Estados Unidos apoyó abiertamente a los húngaros, e incluso dejó claro que reconocería su independencia si ésta se producía. Cuando Austria envió una enérgica nota de protesta, el secretario de Estado, Daniel Webster, expresó serenamente el interés de Estados Unidos en las revoluciones que engendrasen gobiernos similares al americano (esto también era una violación de la Doctrina Monroe, pero a nadie pareció preocuparle) y comparó jactanciosamente el tamaño de Estados Unidos con el del Imperio Austríaco.

Después de que Hungría fuese derrotada y Kossuth se viera obligado a huir, en diciembre de 1851 llegó a los Estados Unidos, donde se le brindó una recepción propia de un héroe.

---

* Un siglo más tarde, sería Rusia la que se creería con derecho a organizar revoluciones, y Estados Unidos la que se consideraría con derecho a sofocarlas. La historia está llena de ironías.

7. El camino del enfrentamiento

El imperialismo

Con el lento pero inevitable latido de un metrónomo, llegó el momento de otras elecciones, y los whigs, en profundo caos, pese a su victoria de 1848, se dispusieron a tratar de obtener nuevamente la presidencia.

En junio de 1852, el Partido Whig realizó su convención en Baltimore. El presidente Fillmore y el secretario de Estado Webster tenían sus adeptos, pero ninguno de ellos era aceptable para la parte antiesclavista del partido por su papel en la aprobación del Compromiso de 1850, con su odiada Ley del Esclavo Fugitivo. El inveterado paladín Clay ya no estaba disponible; en ese momento, se hallaba a menos de dos semanas de la muerte. (Webster, por su parte, moriría a los cuatro meses.)

Sólo después de 53 votaciones, los whigs pudieron llegar a un acuerdo, y la elección recayó en Scott, el otro veterano de la Guerra con México. Por tercera vez, los whigs eligieron como candidato para la presidencia a un héroe de la guerra con la esperanza de que la gloria militar compensase cualquier otra cosa. Para la vicepresidencia, eligieron candidato al secretario de Marina de Fillmore, William A. Graham, de Carolina del Norte (nacido en 1804).

Ya antes, el 1 de junio, el Partido Demócrata –reunido en Baltimore– había tenido tantas dificultades como los whigs para hallar un candidato. Había varias posibilidades: el viejo Lewis Cass, por ejemplo, que había sido el candidato demócrata en 1848 el aún más viejo William Marcy, que había dado nombre al «sistema de los despojos»; también James Buchanan, el secretario de Estado de Polk, y la estrella en ascenso, Stephen Douglas.

Pero los demócratas estaban obligados a cumplir la regla de los dos tercios, aprobada durante el entusiasmo jacksoniano, que no podía ser anulada sino por un acuerdo de los dos tercios. La restricción había anulado las esperanzas de Van Buren en 1844, y en esta ocasión (como en muchas ocasiones futuras), los principales contendientes se anularon mutuamente, pues ninguno podía obtener los dos tercios necesarios. Finalmente, en la votación 49, los desesperados delegados tuvieron que elegir un *dark horse*.

En 1844, había sido Polk; en 1852, fue Franklin Pierce, que había sido general –uno de los pocos procedentes de los estados libres– en la Guerra con México. Durante sus 10 años como miembro del Congreso, había hecho tan poca cosa que no tenía enemigos; por ello resultaba aceptable tanto para el ala de los estados libres del partido como para la de los estados esclavistas. Como candidato a la vicepresidencia fue elegido el senador por Carolina del Norte William Rufus D. King (Carolina del Norte, 1786).

Ambos partidos aceptaron el Compromiso de 1850 y se esforzaron por mantener fuera de la campaña el tema de la esclavitud. Tantas esperanzas tenía la mayoría de los americanos de que el Compromiso de 1850 sirviera a sus fines y proporcionara tiempos más calmados, que hubo un evidente alivio por el debilitamiento de la retórica sobre la esclavitud.

El Partido de la Tierra Libre no pudo hacer nada por modificar la situación. Se reunió en Pittsburgh, Pensilvania, en agosto de 1852, y eligió candidato al senador John P. Hale, de New Hampshire (1806). Pero era evidente que el Partido de la Tierra Libre no tendría la influencia que había tenido en 1848. Entre otras cosas, los *barnburners* de Nueva York habían vuelto al redil demócrata, y el resentimiento por la Ley del Esclavo Fugitivo aún no había llegado a proporciones lo bastante masivas como para superar las esperanzas de paz de los estados libres.

Las elecciones no fueron muy emocionantes. El Partido Whig se estaba desmembrando, y Scott, aunque un excelente soldado, era un político deplorable, que siempre metía la pata cuando pronunciaba discursos.

El 2 de noviembre de 1852, Pierce ganó por 1.600.000 votos contra 1.385.000 de Scott y 156.000 de Hale. Hablando en términos electorales, ello significó 254 votos para Pierce y 42 para Scott (que sólo triunfó en 4 de los 31 estados). Los demócratas reforzaron su dominio en ambas cámaras del Trigesimotercer Congreso; tenían 38 escaños contra 22 en el Senado, y 159 contra 71 en la Cámara de Representantes.

Pierce fue investido decimocuarto presidente de los Estados Unidos el 4 de marzo de 1853. Tenía 48 años de edad; era el más joven de los hombres que habían alcanzado ese honor hasta entonces. Pero el vicepresidente King era un hombre de salud endeble, y el día de la investidura estaba en Cuba, buscando la mejoría en un clima más cálido. Se le permitió jurar su cargo allí, por una ley especial del Congreso, pero nunca se recuperó lo suficiente como para desempeñar sus funciones. Murió en abril, después de ser vicepresidente durante sólo seis semanas. Estados Unidos estuvo sin vicepresidente durante todo el gobierno de Pierce, y a nadie pareció importarle.

Pierce era de inclinaciones vigorosamente imperialistas y estuvo muy influido por su secretario de Guerra, el competente Jefferson Davis, de Misisipi (mencionado antes en relación con la Guerra de Halcón Negro). Desde la muerte de Calhoun, Davis se había convertido en el principal portavoz radical de los estados esclavistas. Se opuso al Compromiso de 1850, sospechando (con razón) que la Ley del Esclavo Fugitivo no podría ser aplicada, y pensaba que la secesión era un remedio legal para un estado insatisfecho con su posición dentro de la Unión.

Se presentó una ocasión de expansión imperialista en relación con la nueva frontera entre Estados Unidos y México, determinada por el Tratado de Guadalupe Hidalgo. Los límites eran bastante vagos en el territorio situado al oeste de El Paso, y México aún ocupaba algunas tierras que Estados Unidos consideraba que le pertenecían. Fillmore había dejado las cosas así, aceptando la frontera a lo largo del río Gila, en lo que es hoy el sur de Arizona y Nuevo México; pero Pierce, dominado por Davis, quería más.

Entre otras cosas, había planes para construir ferrocarriles que cruzarían los Estados Unidos, desde el Atlántico hasta el Pacífico, y Davis quería una ruta meridional que les sirviese a los estados esclavistas. Esa ruta meridional era más fácil de construir en el territorio situado inmediatamente al sur de la frontera aceptada por Fillmore.

Pierce no deseaba librar una guerra por esa cuestión. (En su alocución inaugural, se había manifestado firmemente a favor de las adquisiciones territoriales –por ejemplo, Cuba–, pero subrayaba que debían hacerse por medios pacíficos, es decir, por la persuasión o la compra.) Pero el territorio podía ser comprado. En mayo de 1853, Davis persuadió a Pierce para que enviase a un hombre de los ferrocarriles, James Gadsden (Carolina del Sur, 1788), como embajador en México. Su misión era comprar tanta tierra mexicana como Santa Anna (al frente de la nación por tercera vez) quisiese vender. Gadsden recibió facultades para ofrecer la compra no sólo del territorio situado al sur del río Gila, sino también de toda la Baja California.

Santa Anna no estaba en condiciones de conceder tanto, pero en diciembre de 1853 firmó un tratado cediendo 77 kilómetros cuadrados de tierras situadas al sur del río Gila (una superficie casi tan grande como la de Carolina del Sur) por 15 millones de dólares.

El tratado halló una ruidosa oposición en los estados libres y el pago se redujo a 10 millones antes de que, finalmente, fuese aceptado por el Congreso, en abril de 1854. La «Compra de Gadsden», como se la llamó, fijó la frontera de México en la que ha sido desde entonces, y fue la última ampliación de territorio de los Estados Unidos entre la frontera canadiense al norte y la frontera mexicana al sur. Desde entonces, ha habido otras extensiones de territorio americano, pero en lugares separados, por mar, por otras naciones o por ambos, del cuerpo principal de los «Estados Unidos contiguos».

En cuanto a Santa Anna, su disposición a vender territorio mexicano fue considerada el colmo. Se le exilió por tercera vez y, aunque volvió a México en su vejez, nunca recuperó el poder; murió en 1876, en la pobreza y el desprecio, sin nadie que lo llorase.

Cuba también siguió siendo blanco del imperialismo, pese al fracaso de López de 1850. Se presentó una nueva ocasión cuando un barco mercante estadounidense fue capturado en La Habana, por razones técnicas, en febrero de 1854. Se levantó un gran griterío contra España, y el embajador americano en aquel país, Pierre Soulé, de Luisiana (nacido en Francia en 1802), se apresuró, encantado, a aprovechar al máximo la ocasión. Su protesta ante España estaba deliberadamente destinada a provocar la guerra, pero William Marcy, secretario de Estado de Pierce, frenó a Soulé. El gobierno quería Cuba, pero no al precio de una guerra.

Soulé, por tanto, fue instruido por Marcy para que se reuniera discretamente con James Buchanan, por entonces embajador en Gran Bretaña, y John Y. Mason (Virginia, 1799), ex secretario de Marina bajo Tyler y Polk, y en ese momento embajador en Francia, para considerar la cuestión. Nadie ha podido imaginar hasta hoy los posibles beneficios de tal consideración.

Los tres embajadores se reunieron en Ostende, Bélgica, el 9 de octubre de 1854, y decidieron solemnemente que la ocupación de Cuba era necesaria a fin de impedir que cayese bajo el control de los negros, que Estados Unidos tenía que ofrecer 120 millones de dólares por ella y que, si España se negaba a venderla, la guerra estaría justificada.

Se trató de una reunión inútil, que llegó a una conclusión inútil. De hecho, causó muchos perjuicios, pues la decisión se conoció y fue publicada por los periódicos, que la llamaron «Manifiesto de Ostende». Estados Unidos pronto se vio obligado a desautorizar tal descarnada muestra de codicia territorial e hizo el ridículo ante el mundo. Se escogió a Soulé como chivo expiatorio y se le obligó a renunciar a su cargo en diciembre.

Otro ejemplo de imperialismo fue la aventura de ópera bufa de un alborotador llamado William Walker (Tennessee, 1824). Después de obtener un título de médico, Walker se marchó a California en 1850 en busca de oro y permaneció allí, tratando de obtener tierras. En 1853, invadió la Baja California e intentó convertirla, junto con el territorio mexicano adyacente, en república independiente. Expulsado de México, fue arrestado en Estados Unidos a su retorno a California y enjuiciado por violación de las leyes de neutralidad, pero fue absuelto por un jurado que simpatizaba con la rapiña territorial.

A renglón seguido, hizo otra intentona, más al sur. La república centroamericana de Nicaragua estaba sumida por entonces en una feroz guerra civil. Con una pequeña banda de hombres, Walker logró hacerse con el poder, se hizo elegir presidente y fue investido en julio de 1856. Inmediatamente declaró a Nicaragua abierta a la esclavitud, y aunque oficialmente deploró su acción, Estados Unidos reconoció su gobierno*.

Los hechos de Walker tuvieron poca trascendencia, aunque fue tratado como un héroe en los estados esclavistas; mientras, en los estados libres, muchos pensaron que formaba parte de una conspiración de los esclavistas.

Por esa época, hubo también una forma pacífica de imperialismo que sirvió para introducir el poder americano en el Lejano Oriente.

Durante dos siglos y medio, la nación insular de Japón había seguido una política de estricto aislacionismo, negándose a admitir extranjeros y manteniendo un mínimo comercio con el mundo externo. Los japoneses pensaban que todo contacto con Europa daría origen al dominio de su país por los europeos, y creían que la historia de India y China justificaba su actitud.

A mediados del siglo XIX, había una presión creciente sobre Japón para que se abriese y aceptase el comercio internacional. Gran Bretaña, que ahora dominaba la India y estaba a la cabeza de la explotación de China, juzgaba que no tenía mucha necesidad de Japón, y no ejerció su presión de manera violenta. Estados Unidos, en cambio, estaba en una posición diferente. El paso más corto de la costa estadounidense del Pacífico hasta Chi-

---

* El ascendiente de Walker no duraría mucho. Al año siguiente tuvo que huir de Nicaragua. Después de otros intentos de crear problemas, fue capturado en Honduras y ejecutado el 12 de septiembre de 1860, para alivio de la mayoría de la gente.

na atravesaba Japón, y el comercio con este país aumentaría los beneficios de los clípers yanquis. Además, los balleneros estadounidenses del Pacífico Norte podrían aprovechar los puertos japoneses de estar éstos abiertos.

Una fuerza naval americana enviada a Japón en 1846 no logró persuadir a los japoneses de que admitiesen la apertura comercial o conviniesen en dar mejor trato a los navíos estadounidenses que naufragaban en sus costas. Pero los japoneses quedaron impresionados por el tamaño de los barcos estadounidenses.

En marzo de 1852, el presidente Fillmore autorizó una segunda expedición, mayor, a Japón bajo el mando de Matthew C. Perry (Rhode Island, 1794), hermano menor de Oliver Perry (el héroe de la batalla del lago Erie en la Guerra de 1812*) y el primer americano que estuvo al mando y probó el valor de barcos de guerra de vapor. También había conducido las fuerzas navales que ayudaron a Scott a capturar Veracruz en 1847.

Perry decidió que no había tiempo para tratar a los japoneses con cortesía y que era necesario hacer una demostración de fuerza. Condujo entonces cuatro barcos al puerto de Tokio, el 8 de julio de 1853, e insistió en entregar documentos a alguien de suficiente importancia; si no acudía nadie, tenía intención de desembarcar y entregar los documentos por la fuerza. Los japoneses, sensatamente, cedieron, y un destacado funcionario subió a los barcos.

Perry se retiró para dar a los japoneses la oportunidad de salvar las apariencias y de reflexionar, pero no por

---

* Véase *El nacimiento de los Estados Unidos,* Alianza Editorial, Madrid, 2012.

mucho tiempo. Los rusos estaban cada vez más interesados en la zona, y Perry debía adelantarse a ellos. Retornó a la bahía de Tokio en febrero de 1854, con 7 barcos. Esta vez llevó regalos y muestras de productos avanzados de la civilización occidental, como cañones, telégrafos, telescopios, ferrocarriles en miniatura, etc.

Los japoneses quedaron adecuadamente impresionados, y el 31 de marzo de 1854 se firmó un tratado entre Japón y los Estados Unidos, a los que se les permitía utilizar dos puertos japoneses para obtener combustible y suministros. Además, se prometió dispensar un mejor trato a los marinos estadounidenses naufragados.

El efecto más importante del tratado fue que los japoneses, al entrar en contacto con la tecnología occidental, hicieron lo que hasta entonces no había hecho ninguna otra nación no occidental: abandonaron sus propias costumbres en la medida necesaria para permitirles adoptar la tecnología occidental, y en algunas décadas se convirtieron en una gran potencia, según patrones occidentales*.

La soberanía popular

El crecimiento del imperialismo americano podía haber suscitado vítores de gloria que sofocasen la disensión interna y llevasen a una temprana expansión del papel estadounidense en el escenario mundial.

---

* Llegarían tiempos futuros en que Estados Unidos lamentaría, al menos temporalmente, el papel que desempeñó en ese progreso.

7. El camino del enfrentamiento

Pero no fue así. A los antiesclavistas, casi toda acción americana allende los mares les parecía un acto de piratería destinado a incrementar el poder de los estados esclavistas y a mantener a la nación más firmemente expuesta a la vergüenza de la esclavitud.

Como resultado de ello, las acciones imperialistas no despertaron ningún fervor patriótico en la nación en su conjunto, más bien lo contrario. Pese a las aventuras extranjeras, las dos partes de la nación, la esclavista y la libre, nuevamente –después de una pausa momentánea ocasionada por el Compromiso de 1850– marchaban hacia la colisión.

Durante cuatro años, el Compromiso había acallado la disputa, a pesar de los candentes problemas provocados por la Ley del Esclavo Fugitivo; pero en 1854 la amarga disensión estalló aún más enconadamente.

Se reanudó la controversia concerniente a los restantes territorios no organizados de los Estados Unidos. En 1854, la mayoría de las zonas del territorio americano que aún no eran estados estaban comprometidas en lo concerniente al problema de la esclavitud. Los territorios de Minnesota y Oregón habían sido organizados antes del Compromiso de 1850 y ambos tenían ya constituciones que prohibían la esclavitud. Los territorios de Utah y Nuevo México, formados como parte del Compromiso, tenían constituciones que no hacían mención alguna a la esclavitud y dejaban la decisión a la «soberanía ilegal». Además, había un pequeño «territorio indio», al norte de Texas, reservado para los indios pero abierto a la esclavitud.

Pero al norte de ese territorio indio quedaba una ancha franja de tierra que llegaba hasta la frontera canadiense y que todavía no estaba organizada. Douglas, de Illinois, quería organizarla. Estaba interesado en los ferrocarriles (y especulaba fuertemente en ellos), y pensó que beneficiaría a los estados del Norte construir uno que atravesase el continente en las latitudes centrales. Hasta entonces, sólo se había pensado en la ruta meridional a través de la Compra de Gadsden.

Para hacer la ruta central más práctica, era conveniente estimular a la gente a colonizar esas latitudes, para lo cual, a su vez, sería beneficiosa la organización territorial. Por ello, en enero de 1854, Douglas presentó un proyecto de ley para crear el Territorio de Nebraska.

Pero Douglas estaba interesado en algo más que los ferrocarriles: también estaba interesado en ser presidente de los Estados Unidos, y para ello necesitaba el apoyo de los estados esclavistas, sin perder el respaldo de los estados libres. Pensó que había un medio de conseguirlo.

¿Por qué no permitir que el Territorio de Nebraska decidiera sobre la cuestión de la esclavitud por «soberanía popular», como se había hecho con los territorios que constituían las tierras tomadas a México? Esto agradaría a los estados esclavistas y no inquietaría realmente a los estados libres, pues (según el argumento de Webster en su Discurso del Siete de Marzo), como el clima de ese territorio era inadecuado para el trabajo esclavo, terminarían siendo estados libres de todos modos.

A fin de suavizar la cuestión para los estados esclavistas, Douglas, el 23 de enero, modificó su proyecto de ley dividiendo el territorio en el paralelo 40, creando Nebraska al norte y Kansas al sur. Los estados esclavistas tendrían muchas posibilidades de éxito en Kansas, pues

7. El camino del enfrentamiento

estaba inmediatamente al oeste del estado esclavista de Missouri, que podía colonizar la nueva tierra, y lo bastante al sur como para hacer práctica la esclavitud.

Las fuerzas antiesclavistas se horrorizaron, porque ambos territorios estaban al norte de la línea de 36° 30' y, por el Compromiso de 1820, debían ser libres. Los estados esclavistas no se dejaron impresionar por este argumento, que consideraron típico de la hipocresía de los estados libres. California era un estado libre aunque la mitad del territorio estaba al sur de la línea. El Territorio de Nuevo México estaba al sur de dicha línea y sólo tenía «soberanía popular», en vez de esclavitud declarada. De igual modo, el Territorio de Utah estaba al norte de la línea y en él se aceptaba la «soberanía popular».

Las fuerzas de los estados esclavistas sostenían, por tanto, que el proyecto de ley sobre Kansas y Nebraska debía, de manera expresa y específica, revocar el Compromiso de Missouri, con lo cual Douglas se mostró de acuerdo.

Se sucedieron meses de violentos debates en el Congreso, pero finalmente Douglas y los estados esclavistas se impusieron. El proyecto fue aprobado por ambas cámaras y firmado para convertirlo en ley por el presidente Pierce en mayo de 1854.

Como en el caso de la Ley del Esclavo Fugitivo, ésta fue una victoria de los estados esclavistas que sólo podía acarrear problemas. La soberanía popular suponía que la gente de un territorio tomaba la decisión en lo concerniente a la esclavitud; por lo tanto, cada parte estaba vitalmente interesada en que la mayor cantidad posible de gente de su propio bando estuviese en dicho territorio.

El territorio que, según parecía, seguiría esta vía era Kansas, por lo cual las fuerzas antiesclavistas idearon métodos para reclutar y pagar a gente para que fuera allí. En febrero de 1855 se formó en Massachusetts la Compañía de Ayuda al Emigrante de Nueva Inglaterra; logró enviar 2.000 hombres en total a Kansas.

Para los estados esclavistas fue más difícil trasladar colonos, sobre todo a propietarios de esclavos, renuentes a arriesgar su propiedad en un lugar que, sin duda, iba a ser turbulento. Pero el estado esclavista de Missouri podía suministrar bandas de «rufianes fronterizos» (como los llamaban en los estados libres) que se abalanzarían sobre el Territorio de Kansas cuando fuese necesario para intimidar a los antiesclavistas o proporcionar votos proesclavistas.

Estaba montado el escenario para una contienda entre los estados libres y los esclavistas que sólo podía terminar de una manera: en el derramamiento de sangre.

La Ley de Kansas y Nebraska marcó la fase final de la muerte del Partido Whig. De los tres partidos principales –el Federalista, el Demócrata y el Whig– que habían luchado por el destino político de Estados Unidos hasta ese momento, el Partido Whig era el más débil y el que menos realizaciones contaba en su haber. Ahora ya no era lo bastante antiesclavista para muchos con cuyo voto contaba.

Había que crear un partido puramente antiesclavista (que resultó ser el cuarto –y hasta ahora el último– de los partidos americanos importantes), y los estados esclavistas se perderían para los demócratas.

El 28 de febrero de 1854, mientras se discutía en el Congreso el proyecto de ley sobre Kansas y Nebraska,

7. El camino del enfrentamiento

un grupo de whigs, de miembros del Partido de la Tierra Libre y de demócratas antiesclavistas se reunió en Ripon, Wisconsin, para crear ese nuevo partido. Se propuso llamarlo Partido Republicano, que fue el nombre dado al partido fundado por Jefferson (luego llamado Partido Demócrata Republicano y, finalmente, Partido Demócrata). Este nombre fue adoptado oficialmente en julio, y el movimiento creció rápidamente. Desde 1854, los partidos Demócrata y Republicano han sido los dos partidos principales de Estados Unidos, y todos los presidentes, desde Fillmore, han pertenecido a uno u otro.

Cuando, en las elecciones de 1854, para el Trigesimocuarto Congreso, el Partido Republicano se enfrentó con los demócratas por primera vez, fueron elegidos 15 senadores republicanos contra 40 demócratas; en la Cámara de Representantes, los republicanos obtuvieron la mayoría: 108 a 83.

El Partido Republicano no era el único nuevo en la competición. La llegada a Nueva York y Boston de católicos irlandeses que escapaban del hambre y la represión en su patria elevó a nuevas alturas el sentimiento nativista. Ya en 1849, los nativistas se habían organizado en una sociedad secreta llamada la Orden de la Bandera Estrellada, cuyo fin era luchar por la exclusión de los católicos y los extranjeros de los cargos públicos y por el requisito de una residencia de 21 años para que los inmigrantes obtuviesen la ciudadanía.

La sociedad creció rápidamente, y su crecimiento parecía tanto más amenazador cuanto menos se sabía de ella. Todos sus miembros se comprometían por juramento a responder *Know nothing* [«No sé nada»] a todas las preguntas que se les hicieran, de modo que el grupo fue conocido popularmente como el «Partido de los *know-nothing*», nombre muy apropiado, en cierto modo.

En 1852, los *know-nothing* habían ganado una serie de elecciones a nivel estatal y local, y en 1854 decidieron salir a campo abierto, organizándose como Partido Americano. Los whigs, demasiado conservadores para unirse al nuevo Partido Republicano –el ex presidente Fillmore entre ellos–, afluyeron al Partido Americano, que también ganó fuerza entre los whigs restantes en los estados esclavistas. Así, en 1854, los *know-nothing* habían adquirido una fuerza sorprendente, pues dominaban casi por completo Boston y Massachusetts, donde se aglutinaban los irlandeses. En el Trigesimocuarto Congreso había 5 senadores y 43 representantes de los *know-nothing*. Pero el partido se escindió en lo concerniente al problema de la esclavitud; en verdad, como el absorbente interés nacional por la esclavitud oscurecía la preocupación por los católicos y los extranjeros, el partido se esfumó tan rápidamente como había surgido.

Terror en Kansas

En febrero de 1855 había 2.905 votantes en Kansas, según un censo realizado allí. Sin embargo, el 30 de marzo de 1855, cuando se efectuó una votación para crear una cámara legislativa, se emitieron 6.307 votos. Como los votos adicionales habían sido emitidos por rufianes fronterizos de Missouri, se eligió una cámara proesclavista que se estableció en Shawnee, Kansas, a orillas del río Missouri.

7. El camino del enfrentamiento

El gobernador territorial, Andrew H. Reeder (Pensilvania, 1807), era antiesclavista, pero, hallándose rodeado de violentos rufianes fronterizos, fue incapaz de denunciar la verdad sobre la elección: que era un fraude.

La nueva cámara procedió a promulgar severas penas contra la agitación antiesclavista y a organizar un sistema totalmente esclavista, a modo de preparación para solicitar el ingreso en la Unión como estado esclavista. Reeder, que puso objeciones a esta idea, fue desplazado de su cargo en julio y reemplazado por Wilson Shannon (Ohio, 1802), que era abiertamente proesclavista.

Los colonos antiesclavistas protestaron contra esas maniobras. En septiembre de 1855, realizaron su propia convención en Lawrence, a 55 kilómetros de Shawnee, organizaron el llamado Partido del Estado Libre, y en otra reunión efectuada en Topeka, en octubre, empezaron a elaborar una constitución que prohibía la esclavitud. En enero de 1856, eligieron un gobernador y una cámara propios de acuerdo con la Constitución de Topeka. A comienzos de 1856, pues, el Territorio de Kansas tenía dos gobiernos, uno esclavista y otro libre.

Puesto que los rufianes fronterizos estaban armados, para restablecer el equilibrio llegaron a Kansas armas procedentes de Nueva Inglaterra y otros lugares; al comenzar el año 1856, el escenario estaba listo para una guerra civil.

Pierce trató de impedir el inminente conflicto inclinando el peso del gobierno a favor de una de las partes; así, censuró la Constitución de Topeka elaborada por el partido antiesclavista. Esta censura –equivalente al reconocimiento de Kansas como posible estado esclavista–

agudizó la indignación de los antiesclavistas e incrementó el flujo de armas a los antiesclavistas del territorio.

El primer incidente importante que llevó a un grado febril la cólera de la nación por la situación en Kansas, fue un ataque perpetrado por elementos proesclavistas, con la ayuda de rufianes fronterizos, contra la ciudad antiesclavista de Lawrence, en mayo de 1856. La ciudad fue destruida en su mayor parte, aunque sólo fue asesinado un hombre.

Casi simultáneamente, ocurrió un suceso desafortunado en el Senado. Dos días antes del saqueo de Lawrence, Sumner, de Massachusetts, pronunció un discurso, más tarde llamado «El crimen contra Kansas». Sumner tenía la intención de provocar y encolerizar a los proesclavistas, y lo consiguió. Se refirió a sus colegas senadores en términos groseros y degradantes, y lo peor de sus insultos cayó sobre el senador Andrew P. Butler, de Carolina del Sur (1796), y el senador Douglas, de Illinois, los autores de la Ley de Kansas y Nebraska.

El senador Butler contestó a Sumner con otro discurso, pero su sobrino, el congresista Preston S. Brooks (Carolina del Sur, 1819), ofendido por las palabras de Sumner, irrumpió en su despacho con un bastón. Brooks censuró a Sumner y luego lo golpeó. Quizá su intención fuera hacer del castigo un gesto simbólico, pero, en el calor de su furia, Brooks golpeó dura y repetidamente. Además, Sumner quedó atrapado entre su asiento y el escritorio, que estaba sujeto al suelo, y no podía escapar ni defenderse. Brooks rompió el bastón sobre Sumner, quien quedó sin sentido.

El alboroto que siguió fue increíble. Las violentas exigencias de los estados libres de que la cámara expulsase a

Brooks no hallaron respuesta. No obstante, Brooks renunció a su escaño, fue enjuiciado y condenado por lesiones y multado con 300 dólares. Fue reelegido más tarde de manera unánime y exultante por su distrito, y recibió desde todos los estados esclavistas una gran cantidad de bastones para reemplazar al que había roto.

Sumner permaneció ausente del Senado 3 años, con excepción de un solo día, y su asiento quedó conspicuamente vacío como testimonio de la brutalidad de los estados esclavistas. Su reelección por la indignada Massachusetts estaba asegurada. (Brooks murió al año siguiente, consciente para su desgracia de que su lugar en la historia reposaría enteramente en el ataque que hizo a un hombre indefenso.)

Noticias del ataque a Sumner, y relatos exagerados e inflamados del saqueo de Lawrence, llegaron a los estados libres al mismo tiempo, y el encono alcanzó niveles casi bélicos. Cantidades crecientes de ciudadanos de los estados libres y de los esclavistas llegaron a considerarse enemigos en el sentido militar, más que político. La única respuesta a la violencia parecía ser más violencia.

Así lo creyó John Brown (Connecticut, 1800), un abolicionista activo en el «Ferrocarril Subterráneo», pero que fracasó en todas las actividades que emprendió (excepto la paternidad, pues engendró 20 hijos). Brown llegó a tales extremos en sus opiniones que parecía haberse vuelto loco.

En 1855, se había marchado a Kansas, donde 5 de sus hijos lo habían precedido. Para entonces, estaba convencido de que la abolición sólo podría lograrse por la fuerza, y soñaba con conducir esclavos en una rebelión que daría lugar a la creación de una república negra.

El saqueo de Lawrence llevó a Brown a la necesidad de venganza. Creyendo cumplir órdenes directas de Dios, tomó a 4 de sus hijos y a otros 3 hombres, y en mayo de 1856 sorprendió a la pequeña colonia de Pottawatomie Creek, a 65 kilómetros de Lawrence. Allí, Brown y sus seguidores sacaron a 5 hombres de la cama y los mataron. Presumiblemente, los hombres eran proesclavistas, pero no habían hecho nada que mereciese la ejecución, a menos que ser simplemente proesclavista fuese un delito capital punible con la muerte sin juicio.

Aunque los desconcertados estados libres reprobaron la acción de Brown, las noticias de la «Matanza de Pottawatomie» enfurecieron a la facción proesclavista, tanto como el saqueo de Lawrence provocó en el bando antiesclavista.

Siguió una suerte de guerra de guerrillas. Hubo asesinatos de antiesclavistas tan implacables como los de Pottawatomie, y 300 proesclavistas atacaron la ciudad de Osawatomie, a sólo 15 kilómetros al noreste del escenario de la matanza de Pottawatomie. En la villa estaban John Brown y otros 40 hombres. Se defendieron valientemente (por lo que los abolicionistas dieron luego a Brown el apodo de «El viejo Brown de Osawatomie»), pero finalmente fueron expulsados y la villa fue saqueada. En el otoño de 1856 ya habían muerto 200 personas.

Pierce nombró entonces un nuevo gobernador, John W. Geary (Pensilvania, 1819), en septiembre. Geary recibió tropas federales, y no vaciló en usarlas; detuvo a 2.500 rufianes fronterizos y los envió de vuelta a Missouri, con lo que finalmente se logró la paz, aunque de manera muy inestable.

A todo esto, el Congreso no podía hacer nada. Stephen Douglas quería establecer un gobierno estatal en Kansas; atacó la Constitución antiesclavista de Topeka y el envío de armas desde Nueva Inglaterra. El proyecto de ley de Douglas fue aprobado por el Senado, pero ni siquiera fue tomado en consideración por la Cámara de Representantes, dominada por los republicanos, que pretendía admitir a Kansas como estado libre bajo la Constitución de Topeka; pero esta propuesta no sería aprobada por el Senado. Se llegó por tanto a un punto muerto.

El último «cara de masa»

El año de la agonía de Kansas, 1856, fue también un año de elecciones; parecía posible que el problema fuese dirimido por el mandato del pueblo.

Los *know-nothing* se reunieron en Filadelfia en febrero de 1856, y eligieron como candidato para la presidencia al ex presidente Millard Fillmore; como candidato a vicepresidente optaron por Andrew J. Donelson (Tennessee, 1799), que había sido secretario privado del mismo Andrew Jackson. Donelson había negociado el tratado de anexión de Texas.

El resto del Partido Whig se alineó con los *know-nothing* en este punto. Pero Fillmore no era un candidato estimulante y estaba completamente en manos de la facción proesclavista del partido, que había dominado la convención. La facción antiesclavista de los *Know-nothing* se separó y se unió a los republicanos. Esta escisión fue fatal para los *know-nothing;* después de las elecciones, el partido desapareció.

En cuanto al Partido Republicano, realizó su primera convención nacional en Filadelfia en junio de 1856 y dio una voltereta para apoyar a John C. Frémont, que no lo merecía. Era un personaje pintoresco, pero su única experiencia política desde que se le había formado consejo de guerra y había sido condenado, habían sido los dos años como senador por California, durante los cuales no se distinguió en nada. Pero los republicanos necesitaban a alguien con atractivo nacional que fuese conocido por algo más que por ser meramente antiesclavista. Nombraron candidato a vicepresidente a William L. Dayton, de Nueva Jersey (1807).

El Partido Demócrata se reunió en Cincinnati el 2 de junio de 1856 y experimentó su dificultad habitual para hallar a alguien que pudiese conseguir los dos tercios de los votos. El mismo presidente Pierce estaba tan comprometido en la cuestión de *Bloody Kansas* [«Kansas sangrante»], que no se juzgó conveniente elegirlo candidato y permitir que se agitasen contra él las pasiones de los estados libres. Por cuarta vez consecutiva, un presidente que había cumplido un solo mandato no fue nombrado candidato para su reelección. Stephen Douglas descubrió que cortejar a los estados esclavistas no le había servido de nada; también él estaba marcado negativamente por el problema de Kansas.

Por ello, en la votación decimoséptima, los delegados se volvieron hacia James Buchanan, quien tenía un historial político impresionante: había sido miembro de la Cámara de Representantes durante 10 años y en el Senado estuvo durante 11; también había sido embajador en Rusia con Jackson y secretario de Estado con Polk. Pero lo más importante era que había sido embajador en Gran Bretaña durante todo el mandato de Pierce y, por lo tanto, no se había visto involucrado para nada en la cuestión de Kansas.

Para candidato a vicepresidente, los demócratas eligieron al congresista John C. Breckenridge (Kentucky, 1821).

La campaña siguiente giró repetidamente alrededor de Kansas. Los republicanos pidieron el control por el Congreso de la cuestión de la esclavitud en los territorios, condenaron el Manifiesto de Ostende (como bofetada a Buchanan, pero el Manifiesto había aumentado su popularidad en los estados esclavistas) y exigieron que Kansas entrase en la Unión como estado libre.

Los demócratas defendieron el Compromiso de 1850 y la Ley de Kansas y Nebraska como único modo de preservar la Unión. Se referían constantemente a los «republicanos negros» para explotar los prejuicios y temores de los blancos aun en los estados libres. También señalaron que el Partido Republicano era un partido regional que sólo tenía fuerza en los estados libres, y que votar por ellos era votar por romper la Unión, mientras que los demócratas eran un partido nacional, con fuerza, mayor o menor, en todos los estados.

Los demócratas obtuvieron la victoria una vez más. Buchanan obtuvo 1.830.000 votos frente a 1.340.000 de Frémont; los votos electorales fueron de 174 a 114. Fillmore y sus *know-nothing* recibieron 870.000 votos –una proporción elevada para un tercer partido–, pero sólo obtuvieron los 8 votos electorales de Maryland. Después de la victoria, los demócratas recuperaron el dominio de ambas cámaras en el Trigesimoquinto Congreso: 36 a 20 en el Senado, y 118 a 92 en la Cámara de Representantes. (También hubo miembros de los *know-nothing* en ambas cámaras legislativas.)

La elección también marcó un hito. Zachary Taylor fue el último presidente esclavista. (En verdad, nunca volvería a haber otro.) Desde su muerte en 1850, había habido dos presidentes de los estados libres, Fillmore, de Nueva York, y Pierce, de New Hampshire, ambos «caras de masa» totalmente sumisos a la presión de los estados esclavistas.

La elección de Buchanan y su mayoría popular fueron enteramente resultado de los votos de los estados esclavistas. Obtuvo los votos electorales de 14 de dichos estados (el decimoquinto votó por los *know-nothing),* pero de sólo 4 de los 16 estados libres.

Sin embargo, los republicanos, a pesar de realizar su primera campaña nacional y de tener un candidato débil, habían logrado resultados impresionantes. Con votos de los estados libres únicamente (recibieron sólo 1.200 votos de la totalidad de los estados esclavistas), obtuvieron un tercio de todos los votos emitidos. Los republicanos consiguieron cuatro veces más votos que el Partido de la Tierra Libre en su mejor momento.

El 4 de marzo de 1857, Buchanan fue investido decimoquinto presidente de Estados Unidos, el único soltero que ocupó nunca el cargo, y con 66 años en ese momento; es decir, era un hombre viejo. Aunque totalmente honesto, Buchanan fue absolutamente incapaz de dominar los sucesos; la única acción que se le ocurrió empren-

7. El camino del enfrentamiento

der para salvar la Unión fue ceder en todos los aspectos ante los estados esclavistas. Ya en su discurso inaugural, defendió la «soberanía popular» y reprobó la agitación antiesclavista.

Y sólo dos días después de la investidura, el Tribunal Supremo tomó su más importante decisión desde los grandes días de Marshall, una decisión que exasperó a las fuerzas antiesclavistas. Buchanan no tenía nada que ver con ella, desde luego, pero parecía dar el tono de lo que sería su futuro gobierno.

La cuestión se originó en 1834, cuando un cirujano del ejército llamado John Emerson, de Missouri (estado esclavista), fue a Rock Island, Illinois, y luego a Wisconsin, llevando consigo un esclavo, Dred Scott (Virginia, 1795). En total, Emerson pasó 4 años en Illinois y Wisconsin antes de retornar a Missouri, donde murió en 1843, dejando sus esclavos a su esposa. En abril de 1846 Scott decidió demandar a la señora Emerson para obtener su libertad con el argumento de que, al ser ilegal la esclavitud en Illinois y en el territorio de Wisconsin, quedaba automáticamente en libertad al vivir allí y, por tanto, ya no podía ser retenido como esclavo.

Las ramificaciones legales del caso eran enormemente complicadas, y durante 10 años la cuestión fue de un tribunal a otro hasta que, en 1856, finalmente llegó al Tribunal Supremo, que estaba todavía, después de 21 años, bajo la presidencia de Taney. Éste y cuatro de los jueces miembros del Tribunal eran de los estados esclavistas, y la decisión, comunicada el 6 de marzo de 1857, fue adversa a Dred Scott por 7 contra 2; los dos disidentes eran de los estados libres.

La decisión del Tribunal era que Scott, en su condición de negro, no era ciudadano de los Estados Unidos y, por lo tanto, no tenía derecho a presentar demandas ante un tribunal federal.

El punto era discutible, pues en los estados libres, como el juez Benjamin R. Curtis (Massachusetts, 1809) señaló en su vigorosa disidencia, los negros eran considerados ciudadanos, aunque no se les permitía votar, y a menudo habían presentado demandas en tribunales federales. (Curtis renunció muy enfadado al Tribunal Supremo después de un duro intercambio de cartas con Taney.)

Pero la ley es lo que el Tribunal Supremo dice, y después de negar a Scott el derecho a presentar demanda, el Tribunal podía haber dejado las cosas en ese punto. No fue así. Aprovechó la oportunidad para afirmar que en el territorio de Wisconsin, al menos, Scott no era libre porque el Congreso no tenía derecho a prohibir la esclavitud en ningún territorio; solamente los estados podían prohibir la esclavitud en su propio territorio. El juicio suponía declarar inconstitucional el Compromiso de Missouri de 1820. (Ésta era la primera vez que el Tribunal Supremo declaraba inconstitucional una ley desde que Marshall había establecido el precedente, medio siglo antes.)

El resultado fue que todos los territorios quedaron abiertos a la esclavitud, aun aquellos –como Washington, Oregón y Minnesota– que habían votado ser libres. Más aún, parecía que los propietarios de esclavos podían viajar libremente con sus esclavos hasta por los estados libres.

La decisión parecía convertir todo Estados Unidos en un territorio esclavista y fue una gran victoria para los estados esclavistas. A las indignadas fuerzas antiesclavistas (en cuya lista de villanos, Taney quedó inscrito para siempre) les parecía que el poder proesclavista se había adueñado de la rama judicial, al igual que del ejecutivo y de la mitad senatorial del Congreso*.

La política en Kansas

Dijera lo que dijese el Tribunal Supremo sobre la legalidad de la esclavitud en los territorios, era en Kansas donde el problema se estaba poniendo a prueba duramente, y era allí donde las fuerzas proesclavistas y antiesclavistas siguieron enfrentándose.

El gobernador Geary, después de remendar una paz poco segura, hizo lo posible para preparar una votación más o menos justa, pero la cámara legislativa oficial reconocida por los Estados Unidos (elegida fraudulentamente por rufianes fronterizos) se afanó por aprobar una constitución propia que permitiese la esclavitud. Si tenía éxito, la cuestión se dirimiría antes de que se realizasen otras elecciones.

El 12 de enero de 1857, la facción proesclavista, reunida en Lecompton, a 25 kilómetros al este de Topeka, preparó un censo y una elección de delegados para una convención constitucional. La elección fue cuidadosa-

---

* El destino personal de Dred Scott siempre suscitó menos interés que los principios implicados en su caso. Resulta un tanto irónico que fuera liberado voluntariamente por un nuevo amo el 26 de mayo de 1857, tres semanas después de la decisión. Murió en Saint Louis el 17 de septiembre de 1857.

mente maquinada para elegir delegados que elaborasen una constitución proesclavista.

Geary trató de impedirlo, por lo cual fue destituido. El nuevo presidente, Buchanan, envió en su lugar a Robert J. Walker (Pensilvania, 1801), quien había sido senador por Misisipi de 1836 a 1845, y luego secretario del Tesoro en el gobierno de Polk. Puesto que Walker, quien vivía en el estado esclavista de Misisipi desde hacía 30 años, era un entusiasta partidario de los derechos de los estados y un ardiente imperialista que había movido cielo y tierra para lograr la anexión de Texas, Buchanan pensó que cooperaría con la facción proesclavista. Pero Walker era un hombre honesto y fue a Kansas decidido a tratar imparcialmente a ambas facciones. Tenía la extraña idea de que Buchanan lo respaldaría en ello.

Walker persuadió a la facción antiesclavista para que participara en una votación que eligiera una nueva cámara legislativa, prometiendo impedir el fraude en la medida de lo posible, y luego expulsó a miles de votantes proesclavistas claramente fraudulentos; el resultado fue que en octubre de 1857 se eligió una concluyente mayoría antiesclavista en ambas cámaras.

La vieja cámara proesclavista siguió elaborando su propia constitución. En noviembre, la «Constitución de Lecompton», como se la llamó, estaba a punto de ser votada, pero no se llegó a realizar, pues quienes la habían propuesto sabían que no podían ganar en ninguna votación que fuera limpia. En su lugar, prepararon una cláusula especial para ser sometida a una sola votación. Según esta cláusula, los votantes podían elegir entre la esclavitud plena y permitir la conservación de los escla-

7. El camino del enfrentamiento

vos ya existentes sin el agregado de otros nuevos. En cualquier caso, se aprobaba la Constitución de Lecompton, que estaba redactada de tal modo que la plena esclavitud podía ser restaurada fácilmente si era rechazada.

Walker estaba tan indignado que viajó a Washington para urgir al presidente Buchanan a que anulase la Constitución de Lecompton. Buchanan no se atrevió a ir contra los estados esclavistas, que llenaban su gabinete, ni tampoco a adoptar una posición que le granjearía la enemistad de la poderosa ala proesclavista del Partido Demócrata. Aceptó con indolencia la Constitución de Lecompton, y el indignado Walker renunció a su cargo en diciembre de 1857.

El mismo día se sometió a votación la cláusula. Como esperaba la facción proesclavista, los colonos antiesclavistas se negaron a participar; así, hubo 6.226 votos (un tercio de los cuales, al menos, fueron emitidos por rufianes fronterizos) a favor de incluir plenamente la esclavitud en la Constitución, frente a 569 a favor de la Constitución con la cláusula débil.

La cámara antiesclavista llamó a una votación a favor o en contra de la Constitución de Lecompton en su integridad. La votación se llevó a cabo en enero de 1858; 10.226 colonos votaron contra la Constitución, y 162 a favor de ella.

Para un observador imparcial, parecía claro que la mayoría de los colonos querían una constitución antiesclavista y, por consiguiente, que Kansas fuera admitido como estado libre, si es que la soberanía popular significaba algo. Sin embargo, Buchanan insistió cobardemente en someter la Constitución de Lecompton al Congreso, en febrero de 1858, recomendando que Kansas fuese admitido como estado esclavista.

Esto último era más de lo que Douglas podía digerir. El 13 de febrero protestó, diciendo que la acción de Buchanan hacía burla de la soberanía popular; luego censuró la Constitución de Lecompton, dividiendo, así, al Partido Demócrata.

Pero Buchanan puso toda la presión presidencial a favor de la Constitución de Lecompton y la hizo aprobar por el Senado (por 33 a 25 votos) en marzo. En la Cámara de Representantes, la situación era diferente. Allí, los antiesclavistas eran más fuertes y no cederían. Rechazaron la Constitución de Lecompton y exigieron que se la sometiese a otra votación en Kansas.

Entonces, el gobierno sugirió un compromiso. La Constitución de Lecompton sería sometida a la votación de los colonos de Kansas, como pedía la Cámara, pero la votación se realizaría en condiciones que favorecerían abrumadoramente al bando proesclavista. Si la Constitución era aceptada, Kansas entraría en la Unión inmediatamente como estado esclavista en condiciones muy favorables en lo concerniente a la concesión de tierras públicas; pero si la Constitución era rechazada, no se otorgarían estas favorables condiciones ni se concedería a Kansas el rango de estado. Kansas seguiría siendo un territorio hasta que su población llegase a los 90.000 habitantes (dando a la facción proesclavista una oportunidad, mientras tanto, de obtener la fuerza necesaria), y luego se podría hacer otro intento de conquistar la categoría de estado.

Douglas, después de algunas vacilaciones, rechazó el compromiso por considerarlo otro fraude, pero algunos

7. El camino del enfrentamiento

demócratas contrarios a la Constitución de Lecompton fueron inducidos a aceptarlo, y el compromiso fue aprobado. La Constitución de Lecompton fue sometida a votación en agosto de 1858, y a pesar del poderío del bando proesclavista, fue rechazada por 11.812 votos contra 1.916. Kansas siguió siendo un territorio.

8. La Unión se divide

Abraham Lincoln

La manera cobarde en que el gobierno se había sometido a la presión de los estados esclavistas a cada paso había debilitado enormemente a Buchanan y dividido al Partido Demócrata. Además, había dado al Partido Republicano un tema con el cual aumentar la irritación de los estados libres. Se acercaban las elecciones de 1858 para el Congreso, y los republicanos se aprestaron a sacar el máximo provecho.

Fue en el curso de estas elecciones de mitad de mandato cuando Abraham Lincoln comenzó su ascenso al plano nacional.

Aunque había nacido en el estado esclavista de Kentucky, la familia de Lincoln se trasladó a Indiana cuando éste tenía 7 años, y luego, en 1830, cuando tenía 21, a Illinois. Aquí, Lincoln trabajó en varias ocupaciones:

8. La Unión se divide

partir maderos para cercar la granja de su padre, llevar una chalana a Nueva Orleans, trabajar de tendero y hasta hacer de aprendiz de soldado (sin entrar nunca en acción) en la Guerra de Halcón Negro. En 1836, autodidacta en gran medida, sacó el título de abogado y al año siguiente empezó a ejercer en Springfield, la capital de Illinois.

Experimentó un interés cada vez mayor por la política y fue un entusiasta whig, deseoso, como muchos hombres del Oeste, de una mayor intervención federal en el desarrollo de los transportes y otras mejoras internas, que se verían más aceleradas de lo que los nuevos estados podían lograr por sí solos. Estuvo en la cámara legislativa de Illinois de 1834 a 1840. Aunque era antiesclavista, adoptó una posición moderada sobre este punto, pues pensaba que los abolicionistas no hacían más que exasperar a los habitantes de los estados esclavistas y empeorar la situación.

Como congresista whig en el Trigésimo Congreso, durante el gobierno de Polk, Lincoln cumplió solamente un mandato (de 1847 a 1849), sin distinguirse particularmente, aunque figuró en las actas como enérgico opositor a la Guerra con México. También presentó un proyecto de ley para la gradual emancipación de los esclavos del Distrito de Columbia, aunque sin éxito, por supuesto.

Trabajó a favor de la elección de Taylor en 1848 y luego se retiró de la política y se dedicó al ejercicio de la abogacía, hasta que la Ley de Kansas y Nebraska avivó aún más la lucha en torno a la esclavitud y encendió intensamente los sentimientos antiesclavistas del propio Lincoln. Entró nuevamente en la política estatal con vigor, logrando distinguirse en su estado, y luego se incorporó al Partido Republicano en 1856, conduciendo la lucha por arrancar el control de Illinois a Douglas.

Lincoln y Douglas eran ambos moderados, pero la gran diferencia era que Douglas creía en la soberanía popular y Lincoln pensaba que el Congreso tenía poder para prohibir la esclavitud en los territorios y debía usar este poder. Lincoln no compartía la tranquila confianza de Douglas de que la esclavitud no echaría raíces en la mayor parte de los territorios y que no era necesario hacer ningún esfuerzo para prohibirla.

Lincoln creía, además, que la esclavitud no sólo hacía miserable y degradante la vida para los esclavos negros, sino que, en una sociedad esclavista, también el trabajo se convertía en algo vergonzoso en sí mismo; los hombres blancos pobres que debían trabajar eran despreciados y considerados como «basura blanca». Por ello, abolir la esclavitud elevaría a los blancos tanto como a los negros. (Quedó demostrado que esto era así por el hecho de que los inmigrantes de Europa iban casi exclusivamente a los estados libres, donde no tenían que entrar en los estratos inferiores de un rígido sistema de castas ni soportar los bajos salarios que originaba la competencia con el trabajo esclavo.)

En 1858, cuando Lincoln fue elegido candidato al Senado por la convención estatal del Partido Republicano, se dirigió a los allí reunidos, el 16 de junio, y expresó sus ideas concernientes a los efectos perniciosos de la esclavitud y su capacidad para llegar a destruir la libertad en otras partes. Dijo, citando el Nuevo Testamento (Mateo, 12: 25):

8. La Unión se divide

Toda casa en sí dividida no subsistirá. –Y prosiguió–: Creo que esta nación no puede perdurar, si es permanentemente mitad esclava y mitad libre. Espero que la Unión no se disuelva, espero que la casa no caiga, y espero que deje de estar dividida. Será totalmente una cosa o totalmente la otra.

Stephen Douglas se presentó para su reelección al Senado por parte demócrata. (Por supuesto, la gente no votaba por un senador directamente; votaba para la cámara legislativa estatal, que a su vez votaba por un senador. Así, cada candidato trataba de persuadir a la gente de que votase por su partido, suponiendo que una mayoría sustancial de su propio partido aseguraría su propia elección.)

Lincoln comprendió que Douglas era una figura nacional y que él era relativamente desconocido; por ello, en julio desafió a Douglas a mantener una serie de debates. Éste no tenía nada que ganar con ellos, pero era un polemista experimentado y quizás esperara poca competencia del desgarbado y rústico Lincoln; así, después de algunas vacilaciones, Douglas aceptó el desafío.

Cada uno de ellos habló a muchos públicos en solitario durante el curso de la campaña, pero, además, hubo siete debates –cada uno realizado en una parte diferente del estado, con una duración de tres horas y pudiendo apelar a cualquier recurso– en los cuales los dos hombres se turnaban para hablar desde la misma plataforma.

Douglas se aferró obstinadamente al principio de la soberanía popular y rehuyó todos los intentos de Lincoln de entrar en la discusión de los aspectos legales de la esclavitud. Para Douglas, la esclavitud era una cuestión legal, no moral. Todo estado que la quisiera tenía derecho legítimo a ella; las cuestiones éticas que se derivaran de ello concernían a cada estado.

La decisión sobre Dred Scott, por supuesto, desmentía toda afirmación de que el Congreso podía impedir la esclavitud en los territorios. El Tribunal Supremo decía que no, y lo que el Tribunal Supremo decía era ley. Lincoln decidió, pues, acorralar a Douglas en la cuestión concerniente a Dred Scott.

El segundo debate se realizó en agosto de 1858, en la ciudad de Freeport, al norte de Illinois y a 160 kilómetros al oeste de Chicago. En la parte dedicada a preguntas y respuestas (en la que cada uno podía interrogar al otro), Lincoln preguntó solemnemente a Douglas cómo consideraba la soberanía popular a la luz de la decisión sobre Scott. ¿Podía un territorio ejercer su soberanía prohibiendo la esclavitud si lo deseaba?

Era una trampa, y Douglas debió de haberse percatado de ello, pero no había manera de eludirla. Negarse a responder lo habría convertido en el hazmerreír de todos. Estar de acuerdo con la decisión sobre Dred Scott y decir que un territorio no podía prohibir la esclavitud aunque todos sus habitantes quisieran hacerlo, enfurecería hasta tal punto a los antiesclavistas y pondría en su contra a tantos demócratas antiesclavistas que Douglas podría perder la oportunidad de ser elegido senador.

Douglas, pues, tuvo que enfrentarse a la decisión sobre Dred Scott. Declaró que, si bien ésta hacía teóricamente imposible que un territorio prohibiese la esclavitud, la prohibición se aplicaría en realidad. La esclavitud sólo era posible si era apoyada por el sector local y el poder policial. Sin apoyo local, los esclavos sencillamente no podían ser llevados al lugar, o no podrían permanecer en él si fueran llevados, fuese lo que fuese lo que la ley dijera en teoría.

Esta respuesta permitió a Douglas conservar el apoyo de los moderados y le dio bastante seguridad de poder mantener su escaño en el Senado, pero Lincoln señaló torvamente que él pretendía cobrarse una pieza más importante. Los hombres de los estados esclavistas, que habían considerado a Douglas uno de los suyos, quedaron conmocionados por su negativa a aceptar la Constitución de Lecompton y ahora estallaron de furia por su «Doctrina de Freeport». Douglas arruinó los esfuerzos de cuatro años dirigidos a cultivar el apoyo de los estados esclavistas, y Lincoln lo había obligado a hacerlo.

La leyenda dice que el 2 de septiembre, una semana después de su segundo debate, Lincoln, en un discurso pronunciado en Clinton, Illinois, dijo:

> Si una vez traicionáis la confianza de vuestros conciudadanos, nunca podréis recuperar su respeto y su estima. Es verdad que podéis engañar a todo el mundo durante algún tiempo; hasta podéis engañar a algunos todo el tiempo; pero no podéis engañar a todos durante todo el tiempo.

Quizá con esta idea en la mente, se esforzó continuamente por hacer que Douglas pusiese de manifiesto su insensible enfoque de la esclavitud como un problema puramente legal, no moral. Con el tiempo, pensó Lincoln, habría el número suficiente de personas que considerasen inadmisible esta concepción, y Douglas quedaría desacreditado.

En el sexto debate, realizado en Quincy, Illinois, en el río Misisipi, en la parte más occidental del estado y con la esclavitud legalizada en la otra orilla, en Missouri, Lincoln insistió en los males morales de la esclavitud:

> El Partido Republicano piensa que es un mal; pensamos que es un mal moral, un mal social y un mal político.

En respuesta, Douglas se vio obligado, una vez más, a declarar su indiferencia hacia la cuestión moral:

> Si cada estado conviniese en ocuparse de sus propios asuntos y dejar a sus vecinos en paz [...], esta república podría perdurar para siempre dividida en estados libres y estados esclavistas, como nuestros padres hicieron y la gente de cada estado ha decidido.

Lincoln, como réplica, señaló de manera serena que Douglas, al rechazar la doctrina de Lincoln de «la casa en sí dividida», afirmaba que la esclavitud existiría siempre en los Estados Unidos.

Así como el segundo debate puso a las fuerzas proesclavistas contra Douglas para siempre, también el sexto afectó a las fuerzas antiesclavistas. Como posibilidad presidencial, Douglas quedó arruinado. Lincoln, por su parte, después de medirse con el temible Douglas y aporrearlo hasta dejarlo paralizado, se había convertido en una figura nacional.

8. La Unión se divide

El desequilibrio creciente

A principios del mes de noviembre se realizaron las elecciones de 1858 para el Congreso. En el estado de Illinois, los republicanos obtuvieron unos pocos votos más que el partido de Douglas, pero fueron elegidos más demócratas que republicanos en la Cámara legislativa, pues, por una ley de reparto anticuada, el sur de Illinois, que era demócrata, estaba representado en exceso en comparación con el norte de ese estado, en rápido crecimiento y que era republicano. La nueva cámara demócrata votó a Douglas por 54 a 46, y le concedió otro mandato en el Senado. Pero Illinois e Indiana eran los únicos estados libres en los que habían triunfado los demócratas. El Partido Republicano, que sólo tenía dos años de existencia, ganó en el resto de los estados libres.

En el Trigesimosexto Congreso, la Cámara de Representantes se inclinó nuevamente al bando republicano, por 114 contra 92. Asimismo, los republicanos ganaron 6 escaños en el Senado, aunque los demócratas conservaron la mayoría.

Cuando el año 1858 se acercaba a su fin, pues, los ciudadanos de los estados esclavistas tenían todo tipo de razones para considerar que la situación era sombría. Habían hecho aprobar la «soberanía popular» en la Ley de Kansas y Nebraska, y la decisión sobre Dred Scott había ido aún más allá en el apoyo al bando esclavista, pero todas sus victorias políticas y legales en Washington no les habían brindado ninguna ventaja en el mundo real de fuera. Ni todos sus esfuerzos, ni los rufianes fronterizos de Missouri, ni el servilismo del presidente Buchanan les había permitido crear un solo estado esclavista nuevo en los territorios. Tampoco pudieron obtener Kansas, la única oportunidad que se les había presentado; todo lo que consiguieron fue un empate, que tarde o temprano se rompería a favor de los estados libres.

Mientras tanto, nuevos estados libres entraron en la Unión. En marzo de 1858, Minnesota se convirtió en el trigésimo segundo estado de la Unión. Había sido un territorio libre hasta que la decisión sobre Dred Scott anuló la legalidad de tal situación, a pesar de lo cual ingresó como estado libre.

Más tarde, en febrero de 1859, Oregón, la parte suroccidental del viejo Territorio de Oregón, entró en la Unión como trigésimo tercer estado, y también como estado libre.

Así, desde el triunfo de la Guerra con México, que había sido llevada a cabo principalmente como proyecto de los estados esclavistas, tres nuevos estados habían entrado en la Unión, pero todos ellos libres. Esto puso el tanteo en 18 estados libres y 15 estados esclavistas, y no parecía haber ninguna perspectiva de que surgiese algún nuevo estado esclavista. El desequilibrio, ciertamente, aumentaría.

Además, a los coléricos miembros de los estados esclavistas les parecía que los estados libres se estaban haciendo tan arrogantes que ya no se contentaban con admitir a los estados esclavistas ni siquiera como minoría oprimida. Lincoln había hablado de la alternativa de que fuesen todos libres o todos esclavistas, y parecía seguro que quienes estaban de acuerdo con él harían todo género de esfuerzos para que fuesen todos libres. Luego, Seward, de Nueva York, el republicano más descollante a

8. La Unión se divide

escala nacional, habló en Rochester, Nueva York, en octubre de 1858, y describió el problema de la esclavitud como «un conflicto incontenible entre fuerzas opuestas y perdurables». Los habitantes de los estados esclavistas estaban seguros de que el significado de sus palabras era que la alternativa de todos los estados libres sería impuesta incluso por la fuerza militar, si era necesario.

Era cada vez mayor el número de ciudadanos de los estados esclavistas para quienes la institución de la esclavitud sólo se podría mantener si sus estados formaban una nación nueva e independiente. En Carolina del Sur y Misisipi, particularmente, eran cada vez más audibles los gritos a favor de la secesión, y no sólo de extremistas aislados. En 1858, el nuevo gobernador de Carolina del Sur, William Henry Gist (1807), estaba en vías de convertirse en un secesionista convencido.

Los estados esclavistas, en general, tampoco albergaban dudas sobre la viabilidad de tal nación de estados esclavistas. Aunque sólo eran una parte de los Estados Unidos, los estados esclavistas tenían un territorio muy grande, según patrones europeos. Además, su economía, basada en gran medida en el cultivo del algodón, se adecuaba perfectamente a la industria textil de Gran Bretaña. Los ciudadanos de los estados esclavistas pensaban que podían formar una asociación con la lejana Gran Bretaña que sería igual de provechosa, y mucho más segura, que su asociación con los estados libres adyacentes que se entrometían en su vida.

Beneficiada por esa asociación, Gran Bretaña –cuyo deseo de algodón era mayor que su desaprobación de la esclavitud– ayudaría a los estados esclavistas (éstos estaban seguros de ello) a crear una nueva nación. Además, los estados libres no tratarían de obligar a los estados esclavistas a permanecer en la Unión y enfrentarse a ellos si contaban con la ayuda británica.

Otro suceso contribuyó a convencer a los estados esclavistas de lo aconsejable que era la secesión. Durante el decenio de 1850, la expansión de los ferrocarriles fue llevada a cabo con más entusiasmo que sensatez, y el fervor de la especulación en ferrocarriles y en bienes raíces explotó en agosto de 1857 con la quiebra de un importante banco de Nueva York. Esto provocó un agudo, aunque breve, pánico que afectó a las regiones industriales de los estados libres, pero no a los estados esclavistas rurales. Por ello, mucha gente en los estados esclavistas tenía la impresión de que los estados libres eran económicamente débiles, y los estados esclavistas, económicamente fuertes. Podía argüirse por tanto que los estados esclavistas se beneficiarían y se fortalecerían abandonando la Unión.

En realidad, éste fue un lamentable error de cálculo por parte de los extremistas de los estados esclavistas, pues, pese a algunos ataques de indigestión, la rápida industrialización de los estados libres estaba aumentando con fuerza tremenda, mientras que la esclavitud, que mantenía el carácter rural de los estados esclavistas, también los mantenía en la pobreza.

Con cada año que pasaba, los estados esclavistas se sumergían más profundamente en deudas con los industriales de los estados libres, y una proporción cada vez mayor de la población de blancos libres de los estados esclavistas se iba empobreciendo. Pero aunque sólo una pequeña parte de los blancos de los estados esclavistas eran lo bastante ricos como para tener esclavos, los blancos que no poseían esclavos también estaban ardientemente decididos a conservar la institución, quizá porque la población negra esclava hacía que el «blanco pobre» se sintiera miembro de una raza «superior», pese a su extrema pobreza y a su total ignorancia.

Estas observaciones no son sólo una visión retrospectiva. A mediados de 1857, Hinton R. Helper (Carolina del Norte, 1829) publicó *La inminente crisis del Sur: cómo hacerle frente*. En este libro, Helper no reprobaba la esclavitud por razones morales, ni por consideración alguna acerca de la penosa situación de los negros (pues era totalmente antinegro), sino porque hacía padecer a los blancos; la esclavitud, sostenía, empobrece a la población no esclava y frena el desarrollo económico de los estados esclavistas, debilitándolos más y más cada año. Para rematar su argumentación, usó el censo de 1850 y demostró su tesis.

Los estados esclavistas prefirieron abordar el problema negándose a admitir que existiese. Se hizo burla del libro de Helper, se le censuró y se le prohibió. Él mismo tuvo que mudarse a Nueva York; habría sido peligroso para él permanecer en cualquier estado esclavista. Sin embargo, sus argumentos eran correctos, pese a todo, pero los hombres de los estados esclavistas preferían creer en sus propias fantasías doradas.

Todo lo que los estados esclavistas necesitaban para coronar sus temores y su amargura creciente era una rebelión de esclavos instigada por abolicionistas de los estados libres. Y esto fue exactamente lo que consiguieron, o al menos así les pareció.

John Brown, el mentalmente inestable autor de la matanza de Pottawomie, tuvo una nueva idea: instigar una rebelión de esclavos en los estados esclavistas y crear una región libre dominada por negros en los Apalaches meridionales. Allí podrían reunirse los esclavos que escapasen, y la región podía ser el núcleo de una posterior rebelión general.

Era el plan de un loco, pero Brown, que tenía el aspecto de un profeta del Antiguo Testamento, logró obtener dinero de un grupo de abolicionistas, particularmente del filántropo Gerrit Smith (Nueva York, 1797). Smith era un viejo abolicionista que había ayudado a formar el Partido de la Libertad, se había resistido a ser absorbido por el Partido de la Tierra Libre, menos extremista, y se había presentado, en vano, como candidato a presidente con una plataforma estrictamente abolicionista en 1848 y 1852. Conoció a Brown y lo respaldó generosamente, aunque, al parecer, sin enterarse de todos los planes revolucionarios de éste.

En el verano de 1859, Brown se estableció en una granja de Harpers Ferry, Virginia, junto al río Potomac, a unos 80 kilómetros aguas arriba de Washington. Con él fueron 21 hombres, entre ellos 5 negros. En Harpers Ferry había un arsenal que Brown planeó tomar en un ataque por sorpresa. Allí obtendría armas de fuego y pólvora, y pensó que seguramente se le unirían negros de los campos circundantes.

En la noche del 16 de octubre de 1859, Brown dio el golpe. Rodeó a unos 60 hombres de la región para usarlos como rehenes y tomó el arsenal, matando en la acción al alcalde de la ciudad. Un hombre prudente se habría retirado a las montañas con el armamento obtenido, pero Brown, en espera de los refuerzos que él estaba seguro de que llegarían, permaneció en el arsenal.

Fueron enviados soldados contra él, por supuesto, y no llegaron refuerzos, ni un solo hombre. Brown resistió con indomable coraje durante un día y una noche; pero en la mañana del 18 de octubre, un pequeño contingente de infantería de marina irrumpió en el arsenal. Hallaron a Brown herido y a 10 de sus hombres (incluidos dos de sus hijos) muertos; 5 hombres del grupo atacante también murieron.

Brown fue llevado a juicio por traición a Virginia. Se negó a alegar demencia y se defendió con la mayor valentía. Fue condenado el 31 de octubre, y se le ahorcó el 2 de diciembre de 1859.

Los ciudadanos de los estados esclavistas vieron en Brown a un mercenario de las fuerzas antiesclavistas de los estados libres. Estaban seguros de que lo seguirían otros que no estarían satisfechos hasta que los negros se rebelaran y asesinaran a todos los blancos de los estados esclavistas.

Los políticos de los estados libres rápidamente desautorizaron a Brown, expresando su horror y repulsión por sus actos, y lo mismo hicieron los periódicos republicanos. Pero esta desaprobación fue considerada una actitud hipócrita por los ciudadanos de los estados esclavistas; a fin de cuentas, muchos antiesclavistas de los estados libres expresaban abiertamente su creencia de que John Brown era un mártir y un santo. Ésta era la opinión de dos literatos de Nueva Inglaterra: Ralph Waldo Emerson

(Massachusetts, 1803) y Henry David Thoreau (Massachusetts, 1817)*.

No es sorprendente, pues, que, con cada mes que pasaba, los ciudadanos de los estados esclavistas se volvieran más intransigentes, más susceptibles y menos dispuestos a ceder en cualquier punto. Durante dos meses paralizaron las actuaciones de la Cámara de Representantes negándose a permitir la elección de John Sherman, de Ohio (Ohio, 1823), para el cargo de presidente de la cámara por la única razón de que había aprobado el libro de Helper. Luego obtuvo el cargo un republicano conservador de Nueva Jersey.

En Misisipi hubo resoluciones exigiendo la revocación de las leyes que prohibían el comercio de esclavos, tratando, de este modo, de suprimir la única regla humanitaria que aun los estados esclavistas habían aceptado hasta entonces. En Georgia, se prohibió hacer testamentos liberando esclavos después de la muerte del propietario, y se aprobaron leyes que permitían vender como esclavo a cualquier negro libre condenado por vagancia (condena que cualquier jurado blanco concedería si alguien la pedía).

Mientras tanto, Abraham Lincoln se marchó al Este. A los pocos meses, los republicanos se reunirían para elegir un candidato presidencial, y Lincoln no sabía si presentarse o no como candidato. Por ello decidió hacerse ver

---

* En verdad, pronto llegarían tiempos en que los soldados de los estados libres marcharían al son de esta canción:

> El cuerpo de John Brown se desintegra en la tumba,
> pero su alma sigue marchando.

8. La Unión se divide

en el Este y luego adoptar una decisión en función de cómo fuese recibido allí por los republicanos. En cuanto a los republicanos del Este, estaban ansiosos de conocer al abogado occidental que tan bien se había desenvuelto contra el temible Douglas.

En febrero de 1860, Lincoln dio una conferencia en la Cooper Union de la ciudad de Nueva York ante el público más importante que se había reunido nunca para oírlo. Hizo todo lo posible para no despertar la ira de nadie. Se manifestó contra la soberanía popular y contra la expansión de la esclavitud, pero también contra los extremos de algunos antiesclavistas, y se pronunció en contra de llevar el enfrentamiento entre las partes de la nación hasta el punto de que se rompiese la Unión.

En conjunto, fue un discurso magistral que impresionó a su público sin enemistarlo con nadie. Gustó a los republicanos del Este, y Lincoln regresó a Illinois dispuesto a presentarse como candidato a la presidencia.

Mientras tanto, aunque las nubes de la esclavitud que ahora se cernían sobre la nación eran negras como el carbón y amenazaban con el rayo, Estados Unidos seguía creciendo extraordinariamente.

En 1860, la población era de 31.443.321, una vez y media la de Gran Bretaña, y dos quintos de la población de la enorme Rusia. Los inmigrantes seguían afluyendo a Estados Unidos. En la década anterior, más de 400.000 habían llegado de Gran Bretaña, y más de 900.000, de Irlanda. Había 4.000.000 de extranjeros en los Estados Unidos, casi todos ellos en los estados libres.

En 1856, Gail Borden (Nueva York, 1801) patentó un proceso para elaborar leche condensada, un producto fácilmente transportable que no se echaba a perder, y que pronto sería usado en las fuerzas armadas. También en 1856 se creó la Western Union Telegraph Company.

En 1858 se comenzó a construir en Nueva York la catedral de San Patricio, el primer edificio católico de la nación. El mismo año, George M. Pullman (Nueva York, 1831) inventó un coche-cama, algo sumamente útil en una nación cuyos ferrocarriles tenían una extensión que se acercaba a los 50.000 kilómetros; algunos viajes duraban varios días.

Nuevas máquinas agrícolas se inventaban casi cada mes, mientras se hacían nuevos descubrimientos de oro en California. En la primavera de 1859, se descubrió en Nevada el filón de Comstock –el primer gran depósito de plata hallado en Estados Unidos–, lo cual provocó otra avalancha hacia el Oeste.

En agosto de 1859, Edmoin Drake (Nueva York, 1819) fue el primero en hacer prospecciones en busca de petróleo, cerca de Titusville, al norte de Pittsburgh. Éste fue el comienzo de la moderna industria del petróleo: en 1860, Estados Unidos extraía 500.000 barriles de petróleo al año. (El principal uso del petróleo en aquellos días era como fuente de queroseno para lámparas).

La elección decisiva

En abril de 1860, la convención nacional demócrata se reunió en Charleston, Carolina del Sur, una elección de lugar poco afortunada, pues la colocó en el corazón y el alma de los sentimientos secesionistas. Los hombres de los estados esclavistas, al sentir el apoyo de la población circundante, se hicieron completamente inflexibles.

Stephen Douglas había trabajado duramente para presentarse como el candidato natural de los demócratas; apoyó la «soberanía popular», abogó por el acatamiento a las decisiones del Tribunal Supremo, defendió la Ley del Esclavo Fugitivo e incluso aprobó la adquisición de Cuba.

Pero los extremistas de los estados esclavistas ya no querían saber nada de Douglas. Su apoyo a la decisión sobre Dred Scott no era total, en vista de su «Doctrina de Freeport», y se había puesto contra la Constitución de Lecompton cuando llegó el momento culminante.

Los ciudadanos de los estados esclavistas pusieron a prueba a Douglas, exigiendo que la plataforma incluyese un punto por el cual el gobierno federal debía proteger categóricamente la esclavitud en los territorios, en vez de actuar como un árbitro imparcial. No querían que los habitantes de un territorio tuviesen esclavos ilegalmente, como Douglas había dicho que podían hacer en Freeport. Querían más Buchanans que impusiesen más Constituciones de Lecompton.

Los adeptos de Douglas no podían aceptar ese punto adicional, por lo que los delegados de 8 estados esclavistas abandonaron la convención. Los restantes delegados intentaron alcanzar una mayoría de dos tercios para Douglas (o para cualquiera), pero no pudieron. El 3 de mayo, después de 57 votaciones inútiles, la convención se suspendió en una profunda depresión.

En junio de 1860, la convención se reunió nuevamente en el sitio más habitual de Baltimore. Después de nuevos abandonos de estados esclavistas, Douglas finalmente fue elegido candidato. Se hizo un intento por hacer aparecer como nacional la candidatura buscando a un ciudadano de los estados esclavistas como candidato a la vicepresidencia. El primero en ser elegido, de Alabama, renunció, y finalmente la convención optó por Herschel Johnson (Georgia, 1812), quien había sido gobernador de su estado natal de 1853 a 1857.

Los delegados de los estados esclavistas que habían abandonado la convención de Charleston se reunieron separadamente en Richmond, Virginia, el 11 de junio, y luego en Baltimore el 28 de junio. Como candidato a presidente eligieron a Breckenridge, de Kentucky, que a la sazón era vicepresidente con Buchanan. Buscaron a alguien de un estado libre como candidato a vicepresidente y eligieron al senador Joseph Lane, de Oregón (Carolina del Norte, 1801), que había sido oficial en la Guerra con México y había luchado con particular distinción en Buena Vista. Pero Lane en realidad había residido en los estados esclavistas durante la mayor parte de su vida.

Entre tanto, en mayo de 1860, los restos de quienes no eran demócratas ni republicanos, sino que se consideraban whigs o *know-nothing*, se reunieron en Baltimore y adoptaron el nombre de Partido de la Unión Constitucional. Como candidato a presidente eligieron al senador John Bell, de Tennessee (Tennessee, 1797), quien, aunque era un gran propietario de esclavos, era también un férreo partidario de la Unión y muy moderado en sus ideas. Para la vicepresidencia eligieron a Edward Everett, de Massachusetts (1794). Everett había sucedido a Webster como secretario de Estado bajo Fillmore; había estado en el Senado durante un año, pero tuvo que dimitir porque era demasiado moderado en la cuestión de la esclavitud para la antiesclavista Massachusetts.

Quedaba el Partido Republicano, que rompió el precedente realizando su convención en lo que por entonces era el Lejano Oeste, Chicago, en mayo de 1860. Seward era la principal personalidad del partido, pero se había forjado muchos enemigos y su posición con respecto a la esclavitud era lo bastante extremista como para hacerle perder los votos de los moderados. La elección de Chicago favoreció al republicano de Illinois Abraham Lincoln; se pensó que era el más moderado y menos ofensivo de los dos. Su discurso en la Cooper Union, fresco en la mente de muchos hombres del Este, había parecido sensato y frío.

Así, aunque Seward estuvo a la cabeza de los candidatos en las dos primeras votaciones, Lincoln obtuvo la mayoría en la tercera, convirtiéndose en el segundo candidato del partido para la presidencia. Las convenciones de los otros tres partidos habían elegido a un miembro de los estados libres para la presidencia y a otro de los estados esclavistas para la vicepresidencia o a la inversa, pero el Partido Republicano no pudo alcanzar tal equilibrio. No se pudo hallar a nadie de los estados esclavistas que quisiera presentarse como republicano. La candidatura a la vicepresidencia recayó en el senador Hannibal Hamlin, de Maine (1809), quien era aún más radicalmente antiesclavista que Lincoln.

La plataforma del Partido Republicano incluía muchos otros temas, además del de la esclavitud, pues los republicanos pensaban con razón que no debían constituir un partido limitado a un único asunto. Apoyaban las mejoras en infraestructuras y la extensión de los ferrocarriles, querían estimular la inmigración y proponían aranceles más elevados, además de las habituales medidas antiesclavistas.

En la campaña, sólo Lincoln tenía probabilidades claras de ganar, pues el habitual voto demócrata estaba dividido en tres sectores.

Para impedir la victoria republicana, varios estados esclavistas anunciaron que se separarían si Lincoln ganaba las elecciones. La estrategia consistía en disuadir a la mayor cantidad de gente posible de que votase por él, de modo que nadie obtuviese la mayoría en el colegio electoral. Esto obligaría a efectuar la elección por la Cámara de Representantes, la cual, aunque republicana, muy probablemente terminaría por llegar a un compromiso y se decantaría por Douglas. En tal caso, la crisis podía ser pospuesta por cuatro años más.

Pero, por otro lado, había muchos extremistas de los estados esclavistas, cansados de las postergaciones que sólo empeoraban la situación, que esperaban que Lincoln ganase.

El 6 de noviembre de 1860 se celebraron las elecciones; ningún candidato recibió la mayoría del voto popular. Lincoln obtuvo 1.866.000 votos, más que cualquier otro, pero sólo el 40% de los votos. Douglas, con 1.382.000, obtuvo el 30%. Seguía Breckenridge, con 848.000 (el 18%), y luego Bell, con 593.000 (el 12%), resultado sorprendentemente respetable, lo cual indicaba que muchos ciudadanos de los estados esclavistas no deseaban llegar a extremos.

Los 15 estados esclavistas practicantes no dieron votos republicanos, y sus votos se dividieron entre los tres candidatos antirrepublicanos. Los votos relativamente escasos de Breckenridge estuvieron lo bastante concentrados en los diversos estados esclavistas como para ganar en no menos de 11 de ellos, para un colegio electoral de 72. Bell ganó en 3 (Virginia, Kentucky y Tennessee) de 39 votos electorales. El pobre Douglas ganó en el restante estado esclavista (Missouri), y obtuvo 3 votos electorales de Nueva Jersey, para tener un total de 12.

Pero Lincoln ganó en los 18 estados libres (menos 3 de los votos electorales de Nueva Jersey), con un total de 180 votos electorales. Era una clara mayoría electoral: 180 para Lincoln contra 123 de toda la oposición sumada.

Lincoln, pues, era claramente el vencedor.

Secesión

Los estados esclavistas tenían que decidirse. Se trataba de ofrecer resistencia ahora o, quizá, callar para siempre. La crisis era seria.

Medio siglo antes habían perdido la Cámara de Representantes ante los cada vez más populosos estados libres; habían perdido el Senado ante los estados libres con el Compromiso de 1850; ahora perdían la presidencia, y esto significaba que perderían también el Tribunal Supremo, pues era seguro que el nuevo presidente antiesclavista sólo nombraría jueces antiesclavistas cuando se presentase la ocasión.

Para algunos, quizá las elecciones no habían sido tan desastrosas. A fin de cuentas, Lincoln había nacido en un estado esclavista y se había declarado a favor de la adaptación regional y contra la intervención con respecto a la esclavitud en los estados en que ya estaba establecida. Pero se oponía inflexiblemente a que la esclavitud se siguiera expandiendo.

La forma de las elecciones había puesto en claro para los estados esclavistas que en la Unión, tal como se hallaba constituida por entonces, sólo serían votados en lo sucesivo presidentes antiesclavistas. Puesto que el número de estados libres seguía aumentando, y como la población de los estados libres seguía dejando atrás cada vez más a la de los estados esclavistas, era una situación que sólo podía afianzarse con el tiempo. Los estados esclavistas estarían perpetuamente condenados a la posición de una minoría sujeta al constante ataque de la creciente agitación antiesclavista efectuada por la arrogante mayoría de los estados libres.

A los ciudadanos de Carolina del Sur, en particular, les parecía que había llegado el momento de la secesión. Recordaban el anterior interludio secesionista de la época de Andrew Jackson como un período heroico. Habían esperado un cuarto de siglo desde entonces y no esperarían más. No tenía sentido aguardar a la investidura ni esperar a ver qué haría Lincoln. Había llegado el momento y debía ser aprovechado.

El gobernador Gist había dicho que emprendería la acción inmediatamente si Lincoln era elegido, y lo hizo. Tan pronto como llegaron noticias de la victoria republicana, se convocó una convención del estado para consi-

8. La Unión se divide

derar la secesión. El 17 de diciembre de 1860, se reunió la convención en la capital de Carolina del Sur, Columbia; parecían pocas las dudas existentes sobre lo que decidirían hacer los 170 delegados.

Mientras tanto, Buchanan era aún presidente, y lo seguiría siendo hasta el 4 de marzo. Fue entonces cuando su incapacidad se mostró en su forma más siniestra, y cuando ese período de cuatro meses entre las elecciones y la investidura fue más peligroso.

En esta crisis, Buchanan fue absolutamente incapaz de tomar medidas vigorosas y enérgicas. (¡Lo que la nación se habría ahorrado si en ese momento hubiera estado Andrew Jackson en la presidencia un solo mes!) El 3 de diciembre de 1860, en su mensaje anual al Congreso, dijo que ningún estado tenía derecho a separarse, pero tampoco el gobierno federal tenía poder alguno para impedir la secesión. Esta estúpida actitud fue una invitación abierta a los estados esclavistas a que se separasen, en la seguridad de que Buchanan no haría nada por impedirlo.

Sin duda, se levantaron voces en los estados esclavistas contra la secesión. Una de ellas fue la del congresista Alexander H. Stephens, de Georgia (1812). Fue siempre un moderado, y uno de los pocos ciudadanos importantes de los estados esclavistas que se opusieron a la Guerra con México. Stephens suplicó a los estados esclavistas que permaneciesen dentro de la Unión. Otro convencido antisecesionista de los estados esclavistas fue el viejo Sam Houston, de Texas, quien, a los 67 años, era nuevamente gobernador del estado, después de haber estado 13 años en el Senado.

El más importante de los movimientos contra la secesión en los estados esclavistas fue el iniciado por el senador John J. Crittenden, de Kentucky (1787). La vida de Crittenden había comenzado justamente una semana antes de que la Constitución fuese completada y firmada, y ahora luchó desesperadamente para salvar la Unión que esa Constitución había creado. En diciembre de 1860, propuso lo que se llamó el «Compromiso de Crittenden», en un intento de detener a Carolina del Sur antes de que fuese demasiado lejos.

Crittenden siempre había sustentado una posición tibia hacia la esclavitud. Se había opuesto a la Guerra con México y a la Ley de Kansas y Nebraska, y había apoyado a Bell en las elecciones recientes. Ahora sugería que la vieja línea de 36° 30' del Compromiso de Missouri fuese revivida y extendida a la frontera californiana, asegurando así a los estados esclavistas miembros adicionales, y que los estados libres garantizasen que la esclavitud no sería alterada en ningún estado en el que estuviese establecida. También propuso un compromiso sobre la Ley del Esclavo Fugitivo por el cual, si los esclavos fugitivos no eran devueltos, el gobierno federal entregaría una compensación monetaria a los propietarios; en esencia, se trataba de un medio para comprar la libertad de los esclavos.

Los congresistas de los estados que habían votado por Bell apoyaron el Compromiso de Crittenden, pero Lincoln hizo saber que era inaceptable cualquier medida que permitiese la extensión de la esclavitud a nuevos estados, y los republicanos lo apoyaron. La Cámara de Representantes, dominada por los republicanos, votó contra el

8. La Unión se divide

Compromiso en enero de 1861, por 113 votos contra 80, y luego el Senado lo rechazó por un voto. El Compromiso de Crittenden había fracasado.

Pero aunque los republicanos hubiesen aceptado el Compromiso desde el comienzo, era dudoso que se hubiese podido detener a Carolina del Sur. Todo el estado estaba poseído por una exaltación que no cedería ante la razón. El 20 de diciembre de 1860, dos días después de ser propuesto el Compromiso, la convención de Carolina del Sur, por decisión unánime, declaró disueltos los lazos que la unían a los estados restantes. Se había separado de la Unión.

Los ciudadanos de Carolina del Sur tampoco temían las consecuencias. Podría parecer temerario que un estado se enfrentase con la Unión, pero Carolina del Sur no esperaba estar sola. Aunque los otros estados esclavistas no se separasen inmediatamente, ciertamente lo harían si Estados Unidos intentaba enviar ejércitos a través del territorio de los estados esclavistas para someter a Carolina del Sur.

Y si los estados esclavistas se separaban todos juntos y se mantenían unidos, los extremistas creían muy discutible que lo que restase de la Unión se atreviese a ir a la guerra.

Los 15 estados esclavistas tenían una superficie total de 2.320.000 kilómetros cuadrados, y la de los 18 estados libres era de 2.140.000. Más aún, los estados esclavistas formaban un sólido bloque, mientras que los estados libres de California y Oregón, que abarcaban un tercio de la superficie total del Norte, estaban separados del resto por más de 1.600 kilómetros de desiertos escasamente poblados e infestados de indios.

Sin duda, los estados libres eran más populosos y tenían una base industrial más fuerte, pero esto no tenía importancia para los extremistas de los estados esclavistas. Aún no se había librado ninguna gran guerra en la era industrial, y la influencia de la nueva economía sobre los asuntos militares era desconocida.

Lo que esos extremistas veían era que la población rural de los estados esclavistas estaba habituada a la vida al aire libre, a los caballos y a las armas; tenían buenos generales, soldados que luchaban con fiereza y los más osados jinetes del mundo. Frente a ellos, ¿qué podían presentar los estados libres como no fuesen tenderos y obreros fabriles? Además, los estados esclavistas estaban convencidos de que Gran Bretaña y Francia acudirían en su ayuda por el algodón que esas naciones necesitaban para sus fábricas.

La confianza de Carolina del Sur en los otros estados esclavistas pronto pareció justificada. Varios de ellos entraron rápidamente en acción al recibir las noticias de la secesión de Carolina del Sur.

El 9 de enero de 1861, una convención estatal convocada por Misisipi votó la secesión por 84 a 15; al día siguiente, una convención de Florida votó la secesión por 62 a 7; un día después, una convención de Alabama votó la secesión por 61 a 39. El 19 de enero fue el turno de Georgia, que la votó por 208 a 89; el 26 de enero, Luisiana la votó por 113 a 17; y el 1 de febrero lo hizo Texas, por 166 a 7.

En el lapso de seis semanas, 7 de los estados esclavistas se habían separado de la Unión. Quedaban cinco semanas para la investidura de Lincoln, y Buchanan, que todavía era el presidente, estaba paralizado y no hacía nada.

En ninguno de esos estados, dicho sea de paso, se sometió a votación popular el asunto de la secesión antes de tomar la decisión. Sólo en uno, Texas, se convocó a una votación después de la decisión. Allí, el gobernador Houston defendió valientemente el mantenimiento de la Unión. La votación, efectuada el 23 de febrero de 1861, con 46.000 electores, dio un resultado de tres a uno a favor de la secesión. Houston se negó a aceptar el resultado y a admitir la nueva situación, por lo que fue depuesto y pasó los últimos años de su vida en el retiro.

Indudablemente, una votación popular, considerando el ardor y los sentimientos de la época, habría dado un resultado resueltamente favorable a la secesión en cada uno de los 7 estados. Pero el hecho de que no se sacase ventaja de tal votación parecería indicar que la aristocracia esclavista sentía un evidente desprecio por los principios democráticos. No se le ocurrió, al parecer, que tal votación fuera necesaria, aunque una medida como ésa indudablemente habría fortalecido su causa.

Los Estados Confederados de América

Buchanan fue tan pusilánime al oponerse en los detalles a la secesión como lo había sido al enfrentarse con su declaración. En todos los estados separados había fuertes y arsenales dispersos de la Unión, bajo el mando de oficiales del ejército de la Unión. Los estados separados se adueñaron de estos puestos, que se hallaban dentro de sus fronteras, en rápida sucesión, con escasa o ninguna resistencia de los militares y sin despertar al letárgico Buchanan, quien al parecer temía que cualquier acción enérgica empujase a la secesión a los 8 estados esclavistas que permanecían en la Unión.

Sólo un fuerte se resistió: Fort Sumter, en Carolina del Sur (así llamado en homenaje a Thomas Sumter, nacido en Virginia, quien comandó las tropas de Carolina del Sur durante la Guerra Revolucionaria). El 26 de diciembre de 1860, seis días después de la secesión de Carolina del Sur, el comandante Robert Anderson (Kentucky, 1805), al no hallar respuesta sus solicitudes de refuerzos, sondeó la situación y concentró a sus hombres en una isla fortificada del puerto de Charleston que era fácil de defender, y que con apoyo adecuado, podía ser mantenida indefinidamente. Pero la isla se hallaba muy en el interior del puerto, y ciudadanos resueltos de Carolina del Sur podían impedir la entrada de refuerzos si colocaban apropiadamente la artillería.

Carolina del Sur pidió a Anderson la rendición de Fort Sumter, pero Anderson se negó a hacerlo si no recibía órdenes. Entonces, los hombres de Carolina del Sur enviaron comisionados a Washington para transmitir su exigencia al presidente. Buchanan convino en recibir a los emisarios y discutir la cuestión, pero logró hallar el coraje necesario para negarse a sacar las tropas del fuerte.

El 9 de enero de 1861 Buchanan ordenó a un barco mercante desarmado, el *Star of the West,* llevar refuerzos y provisiones a Fort Sumter. El hecho de que fuese un barco mercante desarmado, y no un barco de guerra, tenía la finalidad de no provocar a los ciudadanos de Carolina del Sur.

Pero eso no sirvió de nada. Los cañones de los de Carolina del Sur dispararon sobre el barco que se aproximaba; no pudo entrar en el puerto y tuvo que retornar a Nueva York. Éste fue el fin del intento de Buchanan de hacer algo, y dejó a las fuerzas federales de Fort Sumter ante la perspectiva de tener que rendirse por hambre.

Aunque los 7 estados separados habían reafirmado en teoría su derecho a ser naciones soberanas e independientes, no intentaron mantenerse aislados unos de otros. Era evidente que no podían realmente estar seguros de si actuaban de acuerdo con sus propias afirmaciones, y así, después de abandonar una unión de estados, procedieron a crear otra más de su gusto.

El 4 de febrero de 1861, delegados de los 7 estados separados se reunieron en Montgomery, la capital de Alabama, y allí procedieron a elaborar una constitución para los Estados Confederados de América. (Los estados sólo estaban «confederados», lo cual implicaba una asociación voluntaria de miembros iguales, y no «unidos», lo que suponía una fusión y una pérdida de soberanía.)

Sólo necesitaron cuatro días para elaborar la nueva Constitución, pues no era una gran tarea. En general, se adoptó la Constitución de los Estados Unidos con unas pocas diferencias importantes. Los estados se reservaban una mayor cantidad de derechos y el gobierno central era significativamente más débil, pues no podía, por ejemplo, aprobar aranceles protectores o asignar fondos a mejorar infraestructuras internas. No había Tribunal Supremo, y el legislativo estaba formado por una sola cámara. El presidente recibía un solo mandato de 6 años y no podía ser reelegido. Los miembros del gabinete podían participar en la cámara legislativa. Extrañamente, no se otorgó a los estados ningún derecho a separarse de la Confederación.

Naturalmente, la Constitución Confederada mencionaba de manera específica la esclavitud (lo que la Constitución americana no hacía) y garantizaba la permanencia de la institución. Sin embargo, también prohibía el comercio de esclavos con África, en vista de la decisión británica de suprimirlo; los Estados Confederados eran consciente de que dependerían de la ayuda británica para su supervivencia.

El 8 de febrero fue publicada la Constitución, que había sido adoptada en un debate secreto. Al día siguiente, una convención, que se convirtió en el Congreso Confederado hasta que se realizasen elecciones formales, eligió a Jefferson Davis, de Misisipi, como presidente de los Estados Confederados y a Alexander H. Stephens como vicepresidente. El 18 de febrero, ambos fueron investidos en Montgomery.

Pero en esos primeros días de 1861 el movimiento secesionista tuvo algunos reveses. El 9 de febrero, en el estado esclavista de Tennessee, se celebró un referéndum público para establecer si se debía convocar una convención que considerara la secesión; el resultado fue de 68.000 votos negativos contra 59.000 a favor. El 13 de febrero, también en Richmond, Virginia, la secesión fue rechazada.

Estados Unidos hasta ganó un nuevo estado, Kansas. Después del rechazo de la Constitución de Lecompton, el péndulo se había inclinado cada vez más a favor de los colonos de los estados libres. En octubre de 1860, se sometió a votación una constitución creando un estado libre (elaborada en una convención reunida en Wyandotte) y fue aprobada por 10.400 votos contra 5.500. Al retirarse del Congreso muchos miembros de los estados esclavistas, a causa de la secesión, ya no hubo ningún problema en aceptar a Kansas como estado libre. El 29 de enero de 1861, Kansas fue oficialmente admitido en la Unión, bajo la Constitución de Wyandotte, como trigésimo cuarto estado y decimonoveno estado libre.

Durante la primavera de 1861, los Estados Confederados permanecieron confiados. Incluso había razones para pensar que no habría guerra. Ciertamente, no había razón para que los Estados Confederados fuesen a la guerra; ya tenían lo que deseaban: la independencia. Si iba a haber guerra, ello dependía de la iniciativa de Estados Unidos.

Y si había guerra, los Estados Confederados podían permanecer a la defensiva y luchar sólo para lograr un empate. A fin de cuentas, no buscaban conquistas; sólo querían que se les dejase en paz. En cambio, la Unión, para ganar, tenía que invadir y ocupar un vasto territorio y someter a una población hostil.

Muchos, en la Unión, comprendieron esto y previeron el desequilibrio del esfuerzo que se necesitaría. Algunos abolicionistas idealistas eran renuentes a derramar la sangre que costaría hacer volver a los estados separados e instaron a que se les dejase en paz; otros pensaron que la secesión era un alivio, y aun otros consideraron que la secesión era el preludio de un desmembramiento general de la nación. Así, el alcalde de la ciudad de Nueva York, Fernando Wood (Pensilvania, 1812), sugirió en enero de 1861 que, en caso de guerra, la ciudad de Nueva York se separaría y se declararía neutral.

En los estados esclavistas que todavía no se habían separado, muchos pensaban que era una oportunidad para imponer un compromiso que pusiese fin de una vez por todas a la inseguridad que vivían. La Unión, consciente de que no podía obligar a reintegrarse a los estados que se habían separado, tendría que atraérselos aceptando tal compromiso.

Una convención patrocinada por Virginia se reunió en Washington el 4 de febrero de 1861 para elaborar el compromiso. El ex presidente Tyler, con sus 71 años, presidió una asamblea de 133 delegados de 21 estados, que se reunieron a puerta cerrada, y en dos semanas prepararon siete enmiendas constitucionales destinadas a satisfacer a los estados esclavistas.

La enmienda fundamental señalaba que el Congreso jamás podría intervenir en un estado con respecto al problema de la esclavitud. Más aún, el país nunca podría modificar esta condición mediante ulteriores enmiendas a la Constitución.

Estas enmiendas fueron rápidamente aprobadas por un Congreso acosado. Parecía haber considerables probabilidades de que los estados aceptaran esas enmiendas y que los estados esclavistas tuviesen una garantía de hierro.

Pero el plan no tuvo éxito. Ahora que los Estados Confederados eran independientes y tenían su propio gobierno, no estaban dispuestos a escuchar zalamerías:

no se reincorporarían a la Unión en ninguna condición; sólo por la violencia manifiesta.

Pero los estados secesionistas subestimaron a la Unión y la devoción de su pueblo. Sobre todo, subestimaron la resolución serena de Abraham Lincoln. Éste estaba dispuesto a darles todo lo que quisieran, siempre que no se contemplase una ulterior extensión de la esclavitud a otras partes; pero no les permitiría en absoluto abandonar la Unión. Habría violencia.

9. Comienza la guerra

Fort Sumter

El 11 de febrero de 1861, Lincoln abandonó su hogar en Springfield, Illinois, y dijo a la gente de la ciudad que acudió a despedirlo que no sabía cuándo volvería, ni siquiera si volvería. En su largo viaje a Washington pronunció discursos en varios puntos de su camino, pero se limitó a hablar de generalidades.

La última etapa del viaje era la más complicada. Washington, D. C., estaba, por supuesto, en territorio esclavista, con Virginia al sur y Maryland al norte, y Lincoln era tan popular allí como lo hubiera sido Jorge III después de la Declaración de Independencia. El 22 de febrero, en Harrisburg, Pensilvania, Lincoln tuvo noticias de que estaba en marcha un complot para asesinarlo, y que moriría si pasaba por Baltimore al día siguiente, como estaba planeado.

9. Comienza la guerra

El complot había sido descubierto por un detective privado llamado Allan Pinkerton (nacido en Escocia, en 1819, y que había llegado a Estados Unidos en 1842), quien había logrado considerable éxito y reputación en su esfera mediante actividades como implacable rompehuelgas al servicio de ricos industriales. Pinkerton había descubierto que una imaginación exaltada lo hacía parecer más útil a sus empleadores, de modo que no hay forma de saber si hubo realmente un complot para asesinar a Lincoln.

El séquito de Lincoln tembló ante la historia de Pinkerton y logró persuadir al renuente Lincoln de que cambiase sus planes en secreto y tomase un tren nocturno directo a Washington, evitando Baltimore. Lincoln así lo hizo y llegó a Washington sin incidentes, disfrazado hasta el punto de usar un sombrero de fieltro en lugar de su chistera habitual. Psicológicamente, fue un error. Ofreció una imagen poco digna que fue groseramente exagerada por sus enemigos, quienes, en tiras humorísticas, lo pintaron entrando furtivamente en Washington disfrazado con un traje escocés a cuadros. Era un comienzo poco propicio para la carrera de Lincoln en Washington.

Hasta el 4 de marzo Lincoln no fue investido decimosexto presidente de los Estados Unidos, y pudo hacerse cargo personalmente, por fin, de la crisis de la secesión. Pero en el ínterin entre su llegada y su investidura, hubo una noticia esperanzadora: una convención del estado esclavista de Missouri había rechazado la secesión por 89 votos contra 1.

En su alocución inaugural, Lincoln se esforzó por ser conciliador con los estados esclavistas, asegurándoles que su gobierno en modo alguno intervendría en el asunto de la esclavitud en los estados en que estaba vigente. Por lo demás, no mostró ningún signo de debilidad. La secesión, dijo Lincoln, era ilegal y no sería tolerada. Los estados separados debían considerarse parte de la Unión, aunque no había necesidad de ninguna guerra si los estados separados sencillamente anulaban lo que habían hecho en los tres meses anteriores y volvían voluntariamente al redil.

Desgraciadamente, no había ninguna probabilidad de que ocurriera esto. En el curso de las semanas transcurridas desde la secesión de Carolina del Sur, la Unión no había hecho nada, y a medida que pasaban las semanas sin que se actuara, los Estados Confederados se convencían cada vez más de que la Unión no se atrevería a usar la fuerza.

Ya antes de la investidura de Lincoln, el Congreso Confederado había autorizado un empréstito interno de 15.000.000 de dólares y convocado a 100.000 voluntarios para su incorporación a filas durante 12 meses. El 4 de marzo, el día mismo de la investidura de Lincoln, los Estados Confederados adoptaron una bandera nacional propia. Era similar a la bandera americana en cuanto a que consistía en listas rojas y blancas con un emblema de unión azul que contenía estrellas blancas. El número de estrellas era, en principio, igual al número de estados: 7. Las listas eran más anchas que las de la bandera americana y eran sólo tres: roja, blanca y roja. Como la bandera americana era llamada *stars and stripes* («estrellas y bandas»), la bandera confederada fue llamada *stars and bars* («estrellas y franjas»).

9. Comienza la guerra

El 11 de marzo, una semana después de la investidura, la Constitución Confederada fue adoptada formalmente, y en las seis semanas siguientes fue ratificada por cada uno de los 7 estados separados.

El balón, evidentemente, estaba en las manos de Lincoln. Tenía que decidir, en particular, qué hacer con respecto a Fort Sumter, que para entonces resistía desde hacía tres meses sin recibir refuerzos. Tenía que ser reforzado... o rendido.

La cuestión planteaba un difícil dilema. Llevar suministros en barcos de guerra habría sido considerado el

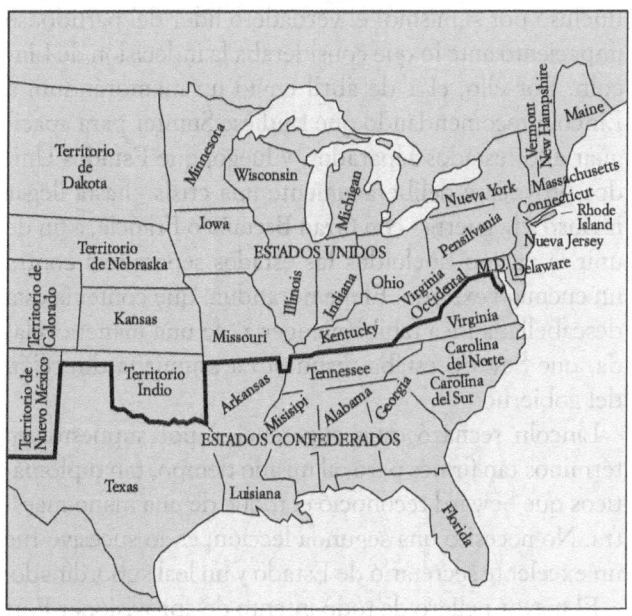

Los Estados Confederados de América

primer acto bélico y habría hecho responsable de la agresión a la Unión, lo cual podía alentar a gobiernos extranjeros, particularmente a Gran Bretaña, a ayudar a los confederados. También podía provocar nuevas secesiones. Pero rendirse sin más, supondría una demostración de debilidad que podía hacer fracasar todo intento de restaurar la Unión, y esto podía estimular a Gran Bretaña a ayudar a la Confederación.

¿Qué hacer? Lincoln, perplejo, quería ganar tiempo, mientras las semanas pasaban.

Seward, quien casi había ganado la candidatura republicana el año anterior y era considerado por muchos (incluso por sí mismo) el verdadero líder del partido, se impacientó ante lo que consideraba la indecisión de Lincoln. Por ello, el 1 de abril envió un memorándum a Lincoln recomendando que rindiese Sumter para apaciguar a los estados separados, y luego, que Estados Unidos provocase deliberadamente una crisis –hasta llegar incluso a la guerra– con Gran Bretaña o Francia, a fin de unir la nación (incluidos los estados separados) contra un enemigo externo. El memorándum que contenía esta descabellada idea también sugería, de una manera velada, que Seward estaba dispuesto a asumir la dirección del gobierno.

Lincoln rechazó estas sugerencias, por supuesto, en términos tan firmes pero, al mismo tiempo, tan diplomáticos que Seward reconoció el toque de una mano maestra. No necesitó una segunda lección; en lo sucesivo fue un excelente secretario de Estado y un leal subordinado.

El mayor peligro de todo intento de aprovisionar Fort Sumter por la fuerza era que esto podía llevar a Virginia a la secesión. Virginia estaba inmediatamente al otro lado del río con respecto a Washington, D. C., y su secesión habría puesto en gran peligro a la capital americana, de la que el gobierno no podía retirarse sin una seria pérdida de prestigio.

Durante un momento, fue tal su desesperación que Lincoln pensó en ofrecer la rendición de Fort Sumter a cambio de la promesa de Virginia de no separarse, pero esto era como hacer depender a la Unión de un solo estado, y el presidente decidió que eso no era posible.

Finalmente, el 6 de abril, después de un mes de indecisión, Lincoln llegó a la conclusión de que una actitud agresiva era peligrosa, pero la rendición era imposible. Por ello, ordenó que Fort Sumter fuese aprovisionado, pero antes advirtió a Carolina del Sur para que la medida no pareciese en principio un acto de guerra. Carolina del Sur podía entonces permitir que la acción se llevase a cabo pacíficamente, dando un poco más de tiempo para que la crisis fuese resuelta de modo pacífico.

No había probabilidad alguna. Carolina del Sur, aún presa de gran exaltación, halló muy ofensivo que la bandera enemiga de los Estados Unidos ondease con insolencia en el puerto de su ciudad principal. Estaba dispuesta a soportarlo hasta que el fuerte fuese rendido por hambre, pero si recibía provisiones y refuerzos, eso jamás ocurriría.

Al enterarse de la acción de Lincoln, por tanto, Carolina del Sur exigió el 11 de abril al comandante Anderson que rindiese el fuerte inmediatamente. Anderson ofreció la rendición una vez que sus provisiones se hubiesen agotado, declarando que ello suponía sólo unos pocos días de demora. Unos pocos días de demora era exactamente lo que Carolina del Sur no podía admitir: quería hacerse con el fuerte antes de que llegasen nuevas provisiones.

Los cañones de Fort Johnson, en tierra firme, a poco más de 3 kilómetros al suroeste de Fort Sumter, estaban bajo el mando de Pierre Gustave Toutant de Beauregard (Luisiana, 1818). Veterano de la Guerra con México, Beauregard había sido durante un tiempo superintendente de West Point, pero tan pronto como Luisiana se separó, renunció al ejército de la Unión y se unió al ejército confederado.

Ahora, a las 4,30 de la mañana del 12 de abril de 1861, Beauregard dio la orden y comenzó el bombardeo confederado de Fort Sumter. Anderson no podía resistir por mucho tiempo. Durante 34 horas, sus hombres respondieron al fuego cuanto pudieron y resistieron los cañonazos. Finalmente, sus municiones se agotaron y se hizo imposible toda defensa; Anderson se rindió el 13 de abril de 1861, a las 2,30 de la mañana. Se permitió a la pequeña guarnición marcharse con todos los honores militares y navegar de vuelta a Nueva York.

Ese bombardeo fue el primer combate de la Guerra Civil Americana –o, como también se la llamó, «Guerra entre los Estados» o «Guerra de Secesión»– y constituyó un terrible error de los confederados. Cualquiera que fuese la estrategia de Carolina del Sur, cualesquiera que fuesen sus ideas sobre el valor de poseer el fuerte, cualquiera que fuese su evaluación de la gloria de un desafío triunfal a la Unión, el bombardeo sacó a Lincoln de su difícil situación.

Lincoln ya no tenía que debatirse entre usar la fuerza o rendirse. La Confederación había cargado sobre sus espaldas la responsabilidad de haber iniciado la guerra, cuando podía haberse presentado como la víctima pacífica de una invasión foránea.

La acción también favoreció a Lincoln en el interior. Si la gente de la Unión podía haberse dividido gravemente con respecto a la conveniencia de lanzarse a una gran guerra para hacer volver a estados que no deseaban formar parte de la Unión, en cambio reaccionó de modo muy diferente cuando pensó que se había disparado sobre la bandera americana sin provocación, y que la guerra subsiguiente sería sólo una respuesta a la violencia confederada.

Elección de bando

Una vez tomado Fort Sumter, Lincoln ya no tuvo que esperar. Constató que la Unión estaba furiosa y se dispuso a aprovechar esta furia mientras durase. El 15 de abril de 1861, declaró a los estados secesionistas en situación de insurrección, lo cual significaba que podía usar legalmente al ejército para sofocarla. Pero el ejército sólo tenía 16.000 hombres, de modo que Lincoln convocó a 70.000 voluntarios, y la nación respondió. Los hombres acudieron a alistarse.

Aunque Carolina del Sur había sido la primera en apelar a la violencia, Virginia consideró que la convocatoria de voluntarios por parte de la Unión era una medida agresiva. Las simpatías de los virginianos estaban fuertemente a favor de la Confederación, por lo que necesitaban pocas excusas. El 17 de abril, una convención reunida en Virginia votó por 103 votos a favor y 46 en contra la ruptura con la Unión.

La secesión de Virginia desencadenó una nueva oleada de acciones similares. Arkansas se separó el 6 de mayo, Tennessee el 7 de mayo, y Carolina del Norte (ahora rodeada por todos lados de estados secesionistas) les siguió el 20 de mayo. Todos se incorporaron a la Confederación, que entonces pasó a estar formada por 11 estados esclavistas, mientras 19 estados libres y 4 esclavistas permanecían en la Unión.

Los restantes estados esclavistas eran los más septentrionales (a veces eran llamados «estados fronterizos» porque lindaban con los estados libres): Missouri, Kentucky, Maryland y Delaware. Como eran los más expuestos a un ataque si se hubiesen incorporado a la Confederación en caso de guerra, se mostraron muy renuentes a alinearse con los restantes estados esclavistas; de hecho, no lo hicieron, al menos no oficialmente.

De ellos, Delaware, al menos, no tenía ningún problema; con sólo 1.800 esclavos dentro de sus límites, era el menos esclavista de todos los estados esclavistas; el 3 de enero de 1861, votó por la permanencia en la Unión, y nunca dudó de su decisión.

Maryland era un asunto más espinoso. Estaba al norte de Washington, por lo que si se hubiese separado y aferrado a la secesión, el gobierno de la Unión habría tenido que abandonar la capital, lo cual habría supuesto un duro golpe para su causa de la Unión.

La mayoría en Maryland era unionista, pero había una fuerte minoría simpatizante de la Confederación, mino-

9. Comienza la guerra

ría concentrada en Baltimore. El 19 de abril de 1861, un regimiento de Massachusetts que atravesaba Baltimore en dirección a Washington fue atacado por una muchedumbre de simpatizantes confederados; antes de que fuera rechazada, 4 soldados murieron y 36 acabaron heridos. Puesto que en el bombardeo de Fort Sumter no había habido derramamiento de sangre, éstas fueron las primeras bajas de la Guerra Civil.

Dividido entre un gobernador favorable a la Unión y una cámara legislativa favorable a la Confederación, Maryland parecía inclinarse por la neutralidad, pero el gobierno de la Unión no podía permitirlo al estar tan cerca de la capital. Muchos funcionarios estatales fueron arrestados y encarcelados, y al final del año Maryland estaba –y seguiría estando– firmemente en el campo de la Unión.

Kentucky estaba en una situación menos estratégica con respecto a Washington, y cuando se inclinó por la neutralidad, Lincoln admitió mantener al ejército fuera de su territorio, al menos temporalmente. Durante unos pocos meses, el estado permaneció, efectivamente, neutral.

Missouri, mucho más al oeste, era, como Maryland, en gran medida partidario de la Unión, pero contaba con una fuerte minoría que era partidaria de la Confederación. Ambas partes apelaron a las armas, de modo que se inició una guerra civil dentro del estado (peor que la que se produjo en Kansas cuatro años antes) que se libró sobre el fondo de una guerra civil mayor.

De manera sorprendente se creó un quinto estado fronterizo al surgir en Virginia un movimiento de secesión interno. Los condados de los Apalaches, en Virginia

Occidental, llevaban ya tiempo manifestando su poca simpatía por los territorios de plantaciones, más ricos, del Este. Estos condados occidentales formaban parte, económicamente, del valle del Ohio y no de la sociedad esclavista. Tenían tres octavos de la superficie del estado, sólo tenían una quincuagésima parte de los esclavos de Virginia. Con sentimientos fuertemente unionistas, los condados occidentales convocaron una convención que se reunió en Wheeling, a orillas del río Ohio, el 11 de junio de 1861; allí se organizó un gobierno unionista y se eligió un gobernador.

El gobierno federal estimuló estas acciones, por supuesto, como una manera de debilitar a Virginia; más tarde la región fue invitada a entrar en la Unión como el trigesimoquinto estado: Virginia Occidental.

Pero a pesar de la agitación en sus condados occidentales, Virginia ocupó su posición natural como líder de la Confederación. La capital confederada fue transferida de Montgomery, Alabama, a Richmond, Virginia, en mayo de 1861, y allí permanecería. El Congreso Confederado se reunió allí por primera vez el 20 de julio.

Esto significaba que la capital de los Estados Confederados y la de los Estados Unidos se hallaban separadas por sólo 160 kilómetros, hecho que iba a tener mucha influencia en la guerra: cada bando se concentró en la capital del otro como objetivo ofensivo, y en la propia como objetivo defensivo. Ningún bando percibió el hecho de que se sobreestimó la trascendencia de las capitales; importantes principios estratégicos fueron totalmente ignorados en una absurda concentración de la lucha en Washington y Richmond.

9. Comienza la guerra

La secesión de Virginia tuvo también un efecto más sutil sobre la guerra. Los mejores generales de Estados Unidos, a la sazón, eran virginianos. Entre ellos se contaba Robert E. Lee (Virginia, 1807), un general de primer nivel.

Lee había formado parte del Estado Mayor de Scott durante la marcha sobre Ciudad de México –en la que obtuvo un gran prestigio– y fue nombrado superintendente de West Point de 1852 a 1855; fue además él quien capturó a John Brown cuando se produjo su abortado intento de rebelión en Harpers Ferry.

Lee estaba de servicio en Texas cuando empezó la crisis de la secesión, y fue llamado de vuelta a Washington en febrero de 1861. Scott, que estaba al frente del ejército de los Estados Unidos (y, aunque virginiano, era inquebrantablemente leal a la Unión), ya había tenido a Lee a sus órdenes y conocía bien sus capacidades, le ofreció el mando del ejército de la Unión.

Fue una desgracia para la Unión que Lee no aceptase el puesto. Se mostraba contrario a la esclavitud y a la secesión, pero pensaba que su lealtad debía estar ante todo con su estado, no con la Unión. Por ello esperó a ver qué hacía Virginia. Cuando Virginia se separó, Lee inmediatamente renunció a su grado en el ejército federal y se convirtió en oficial del ejército confederado*.

---

* La Guerra Civil es llamada a veces «la última guerra de caballeros». Estados Unidos fue lo bastante cortés como para permitir que 270 de sus 900 oficiales renunciasen a su ejército para hacer resuelta y hábilmente la guerra a la Unión. Éste no era un privilegio que se aplicara a los hombres reclutados, pues la conducta caballeresca habitualmente está reservada a los caballeros y no se extiende al común. Si Estados Unidos hubiera dejado de lado lo caballeresco y hubiese arrestado y encarcelado a todo oficial que planease convertirse en traidor, se habrían ahorrado muchísimos miles de vidas.

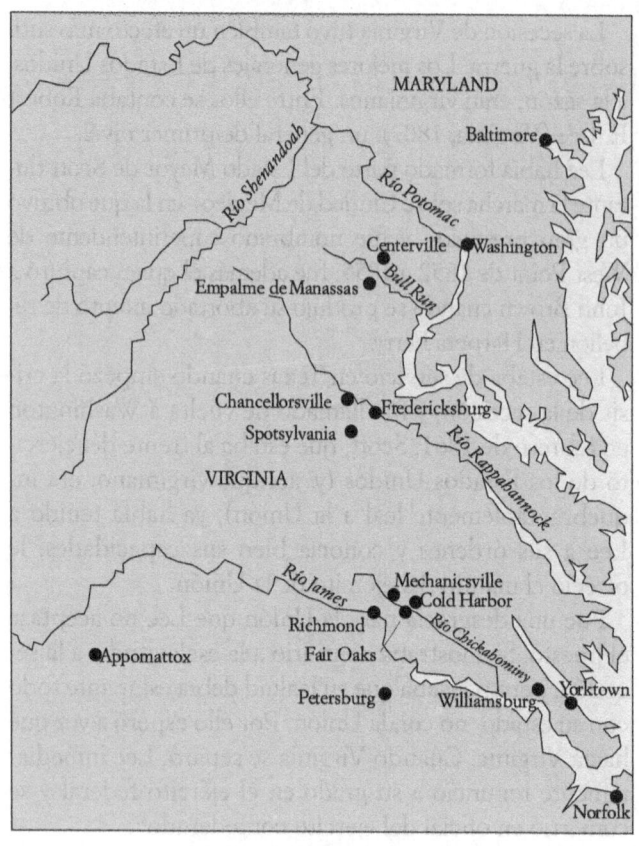

Virginia en la Guerra Civil

Otro virginiano que también renunció a su grado y se unió al ejército de la Confederación fue Joseph E. Johnston (1807). Dos semanas más joven que Lee, Johnston se había graduado en la misma promoción de West Point y también había estado a las órdenes de Scott en México.

9. Comienza la guerra

Era intendente general del ejército federal cuando renunció a su cargo.

Un tercer virginiano en abandonar su cargo para pasarse a los confederados fue Thomas J. Jackson (1824). Jackson había prestado servicios en la Guerra con México, pero había renunciado a su grado en 1851 y había sido nombrado profesor del Instituto Militar de Virginia, el segundo en importancia –después de West Point– de los colegios militares que había en la nación. Cuando Virginia se separó, inmediatamente se incorporó al ejército confederado.

Además de provocar estas deserciones de destacados militares, los sucesos de Virginia perjudicaron al ejército de la Unión en otro aspecto.

El primer combate de la guerra (exceptuando el ataque de la multitud en Baltimore) se produjo en Virginia Occidental, donde las fuerzas de la Unión intentaron apoyar a los virginianos disidentes que trataban de crear un gobierno unionista.

Al frente de las fuerzas de la Unión en Ohio –que tenían la orden de apoyar a los montañeses de Virginia– estaba George McClellan (Pensilvania, 1826). Hombre que para algunos (sobre todo para él) era de una brillantez que recordaba a la de Napoleón, McClellan había entrado en West Point cuando sólo tenía 15 años y fue el segundo de su graduación. Al igual que Lee, había luchado junto a Scott en el camino a México y, también como Lee, se había distinguido considerablemente en la acción. Había abandonado el ejército en 1857 para ser ejecutivo de los ferrocarriles, pero se reincorporó en abril de 1861.

McClellan condujo sus fuerzas a Virginia Occidental hallando muy poca resistencia. El 3 de junio de 1861, en la primera escaramuza entre los dos ejércitos de la Guerra Civil (siete semanas después del bombardeo de Fort Sumter), fuerzas unionistas expulsaron a un contingente confederado de la ciudad de Philippi. Aunque el encuentro fue breve y, militarmente, sin importancia (no hubo bajas de la Unión, y sólo unos pocos heridos en el contingente confederado), se trataba del primer enfrentamiento de las fuerzas contendientes, y McClellan lo aprovechó al máximo. Tenía el hábito de dirigirse a sus hombres con grandilocuencia, y cuidó de que sus declaraciones recibiesen la máxima publicidad. En esto imitaba conscientemente a Napoleón, y por un momento fue llamado de hecho «el joven Napoleón del Oeste». Su reputación aumentó cuando sus fuerzas obtuvieron el éxito en otra pequeña escaramuza en Rich Mountain, 40 kilómetros al sur de Philippi.

No hay ninguna duda de que la campaña de McClellan se puede considerar bastante buena, y de que Robert E. Lee, que comandaba las fuerzas confederadas, tuvo un fracaso*. Además, las victorias de McClellan ayudaron a Virginia Occidental a consolidar su separación de Virginia.

El resultado final fue que la Unión consideró a McClellan un gran general, lo cual supuso un desastroso error, pues no lo era.

---

* En este caso, el fracaso de Lee obedeció a su mayor defecto como general: era un auténtico caballero; nadie, ni siquiera sus enemigos, podían hallar ningún defecto en él a este respecto. Pero esto hacía que se mostrase blando con sus subordinados y, en momentos decisivos, no lograba que cumpliesen con sus obligaciones.

9. Comienza la guerra

Bull Run

Las secesiones de la primavera de 1861 fueron las últimas que se produjeron; el 20 de mayo, los Estados Confederados de América llegaron a su máxima extensión. Se había tomado partido y las opciones estaban claramente definidas.

Lo que quedaba de la Unión tenía una población de unos 22 millones, frente a los 5,5 millones de blancos de la Confederación; además, contaba con 3,5 millones de negros que no sólo no se rebelaron, sino que contribuyeron al esfuerzo bélico de la Confederación con su trabajo. Por otro lado, la afluencia de inmigrantes a la Unión no cesó durante la Guerra Civil, y una cuarta parte de los soldados que combatieron en sus filas habían nacido en el extranjero.

Esta diferencia de población implicaba que, durante toda la guerra, la Unión podía sufrir mayores bajas que la Confederación y suplirlas más fácilmente.

Además, la Unión era económicamente mucho más fuerte que la Confederación; estaba alrededor de diez veces más industrializada que la Confederación y se hallaba unida por una vasta red de ferrocarriles, del doble de extensión y mucho mejor conectada que la de los secesionistas. (Gran parte de la red de ferrocarriles de la Unión había sido construida durante la década de 1850, gracias a la labor a favor de la paz de Clay, Webster y el Compromiso de 1850.) La Unión también tenía una agricultura próspera, una sólida estructura financiera, una marina mercante y una armada.

La Confederación, en cambio, era casi exclusivamente agrícola, y menos próspera a este respecto que la Unión.

Los Estados Confederados prácticamente no tenían industria, lo cual implicaba que siempre tendrían problemas para aprovisionar a su ejército, debido, sobre todo, a que su red de ferrocarriles era exigua.

Sin embargo, la Confederación contaba con algunos factores a su favor (aunque confiaba demasiado en ellos, como se demostró posteriormente). Entre otras cosas, dio por sentado el debilitamiento de la resolución unionista con el paso del tiempo, pues consideró que contaba con numerosos simpatizantes entre la población de la Unión. Algunos había, ciertamente, pero no los suficientes como para desbaratar el esfuerzo de guerra de la Unión.

La Confederación también pensó que tenía un triunfo en la mano con la posesión de los tramos inferiores del río Misisipi. Su razonamiento era que el Medio Oeste sólo podía comerciar a través del río y tendría que apoyar a la Confederación como único modo de evitar ser estrangulado económicamente. Esto había sido cierto hasta 1850, pero, desde entonces, los ferrocarriles habían unido el Medio Oeste con la costa atlántica y disminuido su dependencia del río. Esto no fue comprendido por la Confederación, que estaba fuera de sintonía con la nueva industrialización.

Finalmente, la Confederación creyó que Gran Bretaña, desesperada por obtener algodón para alimentar sus fábricas, acudiría en su ayuda*. Pero hacía años que los británicos habían previsto la aparición de problemas, y

---

* «El algodón es el rey», gustaban de decir los ciudadanos de los estados esclavistas.

9. Comienza la guerra

antes del estallido de la Guerra Civil habían comprado, almacenado y acumulado todo el algodón que pudieron de los propios estados esclavistas, que, ansiosos por recaudar fondos, no habían tenido la previsión de escatimar los suministros. Gran Bretaña también halló otros proveedores de algodón en Egipto y la India. Peor aún: resultó que Gran Bretaña necesitó trigo, mucho más que algodón, y fue la Unión la que tuvo un buen excedente de trigo durante los años de la guerra.

La Confederación pasó por alto otro factor con respecto a la ayuda británica. Sólo las clases gobernantes británicas, por el deseo de debilitar a los Estados Unidos, eran proconfederadas; el pueblo se mostraba resueltamente prounionista, por odio a la esclavitud, e hizo sentir sus simpatías por la Unión incluso cuando sufrió la depresión que siguió al aumento de la escasez de algodón. Fue uno de esos casos (no frecuentes en la historia) en que los principios primaron sobre las necesidades materiales.

Los británicos hicieron una declaración de neutralidad el 13 de mayo de 1861, una decisión peligrosa para la Unión. Implicaba que los británicos consideraban la crisis una cuestión de guerra entre dos naciones, no como el sofocamiento de una insurrección por el gobierno legítimo de una de ellas; en el primer caso, los británicos podrían comerciar con los dos bandos en guerra; en el segundo, sólo con el gobierno legítimo. Los británicos parecían pensar en esta diferencia cuando su ministro de Relaciones Exteriores, lord John Russell, se reunió con agentes confederados, presumiblemente para discutir sobre el comercio del algodón.

Lincoln tenía que asegurarse de que Gran Bretaña no fuese demasiado lejos; por ello apeló a Charles Francis Adams, quien había sido candidato a vicepresidente por el Partido de la Tierra Libre en 1848 y fue uno de los whigs que antes se unió al Partido Republicano. Adams fue nombrado embajador en Gran Bretaña y llegó a Londres el mismo día en que se hizo pública la proclama británica de neutralidad. Inmediatamente se puso a trabajar sin descanso combinando la firmeza con el tacto, para mantener a raya a Gran Bretaña. La suya fue una de las tareas menos envidiables de la Guerra Civil.

Mientras tanto, Lincoln hacía todo lo posible por hallar un modo de plantar cara a la Confederación en el plano militar. Reclutar un ejército era fácil, pero prepararlo y convertirlo en un instrumento eficaz era mucho más difícil.

Winfield Scott, general en jefe del ejército de los Estados Unidos, pese a su edad y su obesidad, veía claramente la situación y no juzgaba seguro confiar en campañas terrestres. La Confederación, pensaba, tenía que ser asfixiada; el bloqueo de sus puertos tenía que ser cada vez mayor, mientras los ejércitos se concentraban en la toma del Misisipi para cortar en dos la Confederación. Calculó que el proceso llevaría dos o tres años, pero sería totalmente seguro y no costaría a la Unión prácticamente nada.

Lincoln comprendió las virtudes del plan, pero la Armada era por entonces un grupo anticuado de barcos demasiado escasos para bloquear la larguísima línea costera de la Confederación. No obstante, procedió al bloqueo –que sólo era una pantomima al principio– y esperó que ninguna nación europea tratase de romperlo.

9. Comienza la guerra

Entre tanto, también inició un desesperado programa de construcciones navales con la esperanza de que el bloqueo fuera cada vez más riguroso.

El plan funcionó perfectamente, pero era una carrera contra el tiempo... y contra las intenciones británicas.

Peor aún, la opinión pública de la Unión no se conformaría con un bloqueo largo y lento. Millones de personas, totalmente ignorantes de las cuestiones militares, pedían a voces alguna acción que rápidamente diera su merecido a los estados secesionistas y pusiese fin a la crisis. La protesta popular, aumentada por las declaraciones de los políticos, cuya falta de conocimientos en el terreno militar hacía más aguda su sed de sangre, era imposible de resistir.

La situación era la siguiente. La principal fuerza confederada consistía en 20.000 hombres apostados en la ciudad de Manassas, cerca de la pequeña corriente llamada Bull Run. Esos hombres, situados a sólo 40 kilómetros al oeste de Washington, D. C., estaban bajo el mando de Beauregard, quien era, en ese momento, el gran héroe militar de la Confederación porque había tomado Fort Sumter tres meses antes. Otros 12.000 hombres estaban bajo el mando de J. E. Johnston, a unos 80 kilómetros al oeste de Manassas. Las dos posiciones confederadas estaban conectadas por ferrocarril.

En Washington había 35.000 hombres bajo el mando de Irvin McDowell (Ohio, 1818), un veterano de la Guerra de México. McDowell se puso a la cabeza de soldados bisoños que sólo habían tenido dos meses de entrenamiento, y se le ordenó que marchase con ellos a la posición que ocupaba Beauregard.

En la tarde del 16 de julio de 1861, McDowell inició su avance; le llevó dos días y medio recorrer 30 kilómetros hasta llegar a Centerville, al otro lado de Bull Run con respecto a las fuerzas de Beauregard. Fue una marcha pesada, indisciplinada y agotadora, y no contribuyó a mejorar la situación el hecho de que los líderes políticos y sociales de Washington, irradiando buen humor, acudiesen a observar la batalla.

Naturalmente, una segunda fuerza de la Unión fue enviada para bloquear a Johnston e impedirle que uniera sus fuerzas con Beauregard. Pero Johnston no era fácil de bloquear.

Como comandante de su caballería, Johnston tenía a James Ewell Brown Stuart (Virginia, 1833), generalmente conocido, por las iniciales de sus nombres, como «Jeb» Stuart. Había estado bajo el mando de Lee en la represión de la insurrección de John Brown y era otro de los brillantes virginianos que habían renunciado a su grado en el ejército de la Unión para servir a su estado. Iba a convertirse en el más espectacular y competente jefe de caballería de la guerra.

En esa ocasión, Jeb Stuart y sus jinetes galoparon con tanta eficacia y confundieron tan completamente a las fuerzas de la Unión con sus demostraciones de fuerza aquí, allá y en todas partes, que el cuerpo principal del ejército confederado pudo subir a los trenes sin oposición y dirigirse hacia el este para unirse a Beauregard. Una de las brigadas que llegó así a Manassas estaba comandada por Thomas Jackson.

Las fuerzas de Johnston no llegaron hasta el 20 de junio. McDowell había tenido tiempo para atacar a Beauregard antes de que llegasen los refuerzos, pero careció de la capacidad o de hombres bien entrenados para hacerlo. No estuvo en condiciones de atacar hasta el 21, cuando ya era demasiado tarde, pues las fuerzas sumadas de los confederados superaban en número a las de la Unión.

Lo que se llamó la primera batalla de Bull Run (o, por los confederados, la primera batalla de Manassas) empezó cuando las fuerzas de la Unión cruzaron el Bull Run e hicieron retroceder ligeramente al flanco izquierdo de los confederados. Una brigada bajo la firme conducción de William T. Sherman (Ohio, 1820) atacó de manera particularmente dura el centro confederado. Pero los confederados tuvieron tiempo de recuperarse, porque la brigada de Jackson, en la cima de una colina, resistió todos los intentos de desplazarla de allí, aunque había sido duramente atacada y había sufrido muchas bajas.

El general Barnard Bee, tratando de reunir a los hombres del bando confederado, gritó: «¡Mirad!, allí está Jackson, firme como una muralla de piedra. Reunámonos detrás de él». (Bee fue muerto un poco después, pero ya había hecho su contribución a la historia militar con esta observación.)

Desde ese día, Thomas Jackson fue conocido sólo como Stonewall («Muralla de Piedra») Jackson; tanto se ha generalizado esta manera de llamarlo, que mucha gente para quien Stonewall Jackson es un nombre familiar, no sabe cuál era su verdadero nombre de pila.

La resistencia de Jackson permitió a los confederados lanzar un contraataque. Aún no se habían adoptado uniformes diferenciados, y, en cierto modo, esto resultó decisivo. La artillería de la Unión era muy efectiva y podría haber asegurado la victoria, pero un contingente confederado vestido con el uniforme azul de la Unión se acercó lo suficiente para dar muerte a los artilleros.

Al final de la tarde, las fuerzas de la Unión estaban en retirada, ordenadamente al principio. Pero todos los políticos y los excursionistas que habían acompañado al ejército se marcharon corriendo. Esto tuvo un mal efecto sobre los inexpertos soldados (que habían luchado con sorprendente valentía aunque poca habilidad), y la retirada se hizo cada vez más desordenada a medida que se acercaban a Washington. Rumores de una nueva acción confederada, finalmente, obligaron a los hombres a buscar desesperadamente la seguridad, lo cual podría haber sido peligroso para ellos si las fuerzas confederadas no hubiesen sido también demasiado novatas y estado demasiado desorganizadas por la batalla para realizar una persecución eficaz.

Fue una clara derrota de la Unión, que tuvo 2.900 bajas, por 2.000 de los confederados. El único oficial de la Unión que evidenció capacidad era Sherman, quien se había abierto camino en West Point haciendo frente a muchas dificultades y se había desgastado en la inacción en California durante la Guerra con México. Era un pelirrojo tan malhumorado que generalmente se suponía que estaba loco. En verdad, era muy excéntrico (como Stonewall Jackson), pero Sherman, como Jackson, era un magnífico soldado, y Bull Run fue su primera batalla.

El resultado de la batalla confirmó a la Confederación en su fácil supuesto de que no había que temer a la Unión, mientras que ésta perdía la euforia. Quedó claro para la gente de la Unión que, antes de poder enfrentarse con la Confederación, era menester entrenar un ejército, para lo cual la nación tendría que hacer considerables sacrificios. Esto, al menos, tuvo algo de positivo: el 5 de agosto se recaudó un impuesto sobre la renta, que ascendía al 3 % de todos los ingresos que superasen los 800 dólares. El impuesto no estaba graduado, de modo que fue menos pesado para los ricos. Éste fue el primer impuesto sobre la renta en Estados Unidos, pero no el último.

McDowell fue destituido del mando casi inmediatamente después de Bull Run, y el 24 de julio, el joven «Napoleón del Oeste», George McClellan, que solo tenía 35 años, fue puesto al mando del ejército que defendía Washington.

Preparativos

McClellan inició el proceso de entrenamiento del que fue llamado «Ejército del Potomac», y en esto, de creerle a él, era excepcional. Estaba sincera y obviamente interesado en el bienestar de sus hombres (hasta el punto de que nunca osaba ponerlos en peligro en combates) y, como recompensa, sus hombres lo idolatraban.

Pero era increíblemente vanidoso; en sus cartas a su mujer se describía repetidamente como el único hombre competente de Washington, el único sobre el cual recaía todo el peso de la guerra. Pensaba que podía convertirse en un dictador napoleónico, de no haber sido por su moderación.

El resto del año 1861 transcurrió sin mayores combates, aunque se produjeron sucesos importantes, ya que ambas partes se preparaban para la verdadera lucha. Se combatió en Missouri, donde un enérgico comandante de la Unión, Nathaniel Lyon (Connecticut, 1818), que estaba destinado en Saint Louis, comprendió que, si bien Missouri había rechazado la secesión, la minoría proconfederada de la parte meridional del estado tenía que ser reducida por la fuerza. Se apoderó por tanto de Jefferson City, la capital de Missouri, en junio, e hizo considerables progresos hasta que fue derrotado por un contingente confederado que lo superaba en número, en agosto, en la batalla de Wilson's Creek, en la parte suroccidental del estado. Mas, para entonces, la causa confederada estaba muy debilitada, de modo que Missouri permaneció en lo sucesivo bajo el control de la Unión.

La neutralidad de Kentucky duró casi cinco meses después de Fort Sumter. Había fuerzas confederadas rondando por el sur del estado y tropas de la Unión en el norte; unas y otras se sintieron fuertemente tentadas de emprender la acción y adelantarse a sus enemigos.

Al mando del ejército confederado estaba Leonidas Polk (Carolina del Norte, 1837), primo del difunto presidente Polk y obispo episcopaliano.

Al frente de los unionistas se hallaba Ulysses S. Grant (Ohio, 1822). Su nombre original era Hiram Ulysses, pero cuando entró en West Point, en 1839, descubrió que su nombre había sido registrado incorrectamente. Era más fácil para Grant aceptar la equivocación que para el ejército corregir su error.

9. Comienza la guerra

Grant había sido el mejor jinete de su promoción, aunque se mostraba mediocre en la mayor parte de otras habilidades; fue el 21 de una promoción de 39. Había actuado de manera distinguida en la Guerra con México pero no aprobaba aquella guerra y tampoco le gustaba la vida militar. Una vez acabada la contienda, fue destinado a puestos solitarios del Oeste, y allí el aburrimiento y la separación de su esposa lo llevaron a la bebida. En 1854 renunció al ejército. A continuación, intentó ser granjero y tendero, pero fracasó.

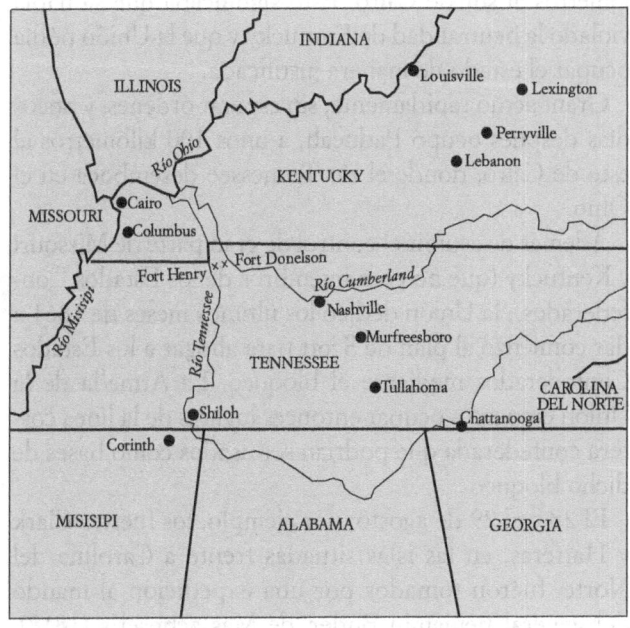

Kentucky y Tennesse en la Guerra Civil

Se produjo entonces la crisis de la secesión. Grant solicitó el grado de coronel, pero fue ignorado, por lo que preparó a una compañía de la milicia estatal de Illinois y emprendió algunas acciones en Missouri, hasta que las exigencias de la guerra obligaron a su reconocimiento. Un graduado de West Point no podía ser rechazado. En agosto, Grant fue nombrado general de brigada y se le asignó un destino en Cairo, Illinois, en el extremo occidental de Kentucky.

Polk fue el primero en actuar. El 1 de septiembre ocupó Columbus, en Kentucky, junto al río Misisipi, a 32 kilómetros al sur de Cairo. Esto significaba que se había violado la neutralidad de Kentucky y que la Unión podía ocupar el estado de manera justificada.

Grant actuó rápidamente, sin esperar órdenes, y pocos días después ocupó Paducah, a unos 100 kilómetros al este de Cairo, donde el río Tennessee desemboca en el Ohio.

Además de asumir el control de gran parte de Missouri y Kentucky (que no eran miembros de los Estados Confederados), la Unión dedicó los últimos meses de 1861 a dar comienzo al plan de Scott para ahogar a los Estados Confederados mediante el bloqueo. La Armada de la Unión empezó a ocupar entonces lugares de la línea costera confederada que podrían ser usados como bases de dicho bloqueo.

El 28 y el 29 de agosto, por ejemplo, los fuertes Clark y Hatteras, en las islas situadas frente a Carolina del Norte, fueron tomados por una expedición al mando del general Benjamin Butler, de Massachusetts (1818). Butler era un político de principios débiles. Había sido

9. Comienza la guerra

un demócrata de Breckenridge en 1860, y se hizo tan impopular en Massachusetts que perdió allí ese año la competición para el cargo de gobernador. Cuando se produjo la secesión, rápidamente se convirtió en un prounionista muy radical. Había estado al mando de los soldados de Massachusetts que fueron atacados en Baltimore.

Como general, Butler era particularmente incompetente, pero tras su éxito en las islas de Carolina del Norte logró un engañoso brillo al principio, y sus aliados políticos en años posteriores tuvieron que soportar su incapacidad.

El 7 de septiembre, fuerzas de la Unión tomaron Ship Island, al sur del puerto de Biloxi, Misisipi, y el 7 de noviembre se apoderaron de Port Royal, Carolina del Sur, al suroeste de Fort Sumter.

A partir de entonces el bloqueo se fue haciendo cada vez más firme y más eficaz, y lentamente (pero con seguridad) empezó a ahogar a la Confederación. Como es natural, los barcos confederados trataron de eludir el bloqueo, y siempre hubo algunos que lo lograron, pero la frecuencia con que lo hacían fue disminuyendo con el tiempo.

La Confederación estuvo particularmente inerte en los meses posteriores a Bull Run. Podía haber hecho enérgicos esfuerzos para importar armas a cambio de algodón en los meses en que el bloqueo de la Unión todavía era fácil de burlar o haber intentado impedir la captura de las bases del bloqueo. Pero no intentó nada porque consideró que Gran Bretaña haría lo necesario para obtener el algodón que necesitaba. De hecho, Davis (que creía ser un gran estratega) dio la bienvenida al bloqueo, pues pensó que que los británicos se desesperarían aún más por el algodón.

Las fuerzas de la Confederación también podían haber efectuado fogosas incursiones en territorio de la Unión para desalentar a los unionistas y estimular la ayuda extranjera para su causa, pero, después de romper el fuego, la Confederación se limitó a sostener una guerra puramente defensiva.

No obstante, había algo que la Confederación tenía obligatoriamente que hacer: ir a la caza de la ayuda europea. A tal fin, el gobierno confederado designó a dos comisionados: James Mason, el autor de la Ley del Esclavo Fugitivo, iría a Gran Bretaña a buscar ayuda; y John Slidell, que había intentado, sin éxito, alcanzar los objetivos americanos en México sin apelar a la guerra en 1845, marcharía a Francia.

A finales de octubre, ambos salieron hacia Europa a bordo del barco británico *Trent*. Pero en noviembre de 1861, el *Trent* fue detenido por el buque de la Unión *San Jacinto,* al mando de Charles Wilkes, el explorador antártico. Wilkes (que actuaba por su cuenta, sin seguir ninguna orden) sacó a Mason y Slidell del *Trent* por la fuerza y los llevó a Boston como prisioneros. Wilkes fue recibido como un héroe y agasajado en todas partes, pero la medida fue un gran error.

Estados Unidos había abordado un barco extranjero por la fuerza en alta mar y se había llevado prisioneros. Un acto semejante había sido una de las causas de la Guerra de 1812 cuando lo hicieron los británicos. Era una acción que podía ser considerada un acto de piratería o de guerra; en ambos casos, los británicos se senti-

9. Comienza la guerra

rían molestos por ello, y su gobierno estaría encantado de usarlo como excusa para lograr el apoyo de la opinión pública si se declaraba abiertamente a favor de ayudar a la Confederación.

En Estados Unidos también había gente deseosa de llevar las cosas al extremo. Por ejemplo, Seward (quizá soñando todavía con una guerra extranjera que reunificase a la Unión y la Confederación) estaba totalmente dispuesto a desafiar a los ingleses.

Pero también había moderados en ambas partes. Entre los británicos, el marido de la reina Victoria, el príncipe Alberto, logró, aunque al borde de la muerte, modificar el ultimátum que Gran Bretaña estaba preparando para enviarlo a Estados Unidos y suavizarlo lo suficiente para que Estados Unidos lo pudiera aceptar. De parte americana, estaba el presidente Lincoln, quien, haciendo caso omiso de Seward, ordenó la liberación de Mason y Slidell y presentó las excusas necesarias.

Así, a finales de diciembre de 1861, los comisionados zarparon nuevamente hacia Europa, Mason a Gran Bretaña y Slidell a Francia. Ninguno logró gran cosa, aunque permanecieron en Europa durante toda la guerra y los gobiernos europeos fueron muy corteses con ellos. Pero nunca fueron reconocidos oficialmente, y la ayuda que recibieron no era del tipo que pudiese influir en el curso de la guerra.

Liberarlos, pues, fue lo más juicioso que hizo Lincoln, evitando, de ese modo, verdaderos problemas con Gran Bretaña.

10. La furia en ascenso

Guerreros a disgusto

En modo alguno la moderación, la paciencia y la sensatez de Lincoln tuvieron el apoyo de todos. El hecho de que los estados secesionistas hubiesen resistido durante todo el año y hubiesen infligido una importante derrota a las fuerzas de la Unión era exasperante. Un grupo de republicanos radicales conducido por el congresista Thaddeus Stevens, de Pensilvania (1792), empezó a exigir una acción militar más enérgica, la emancipación inmediata de los esclavos y medidas duras contra los territorios reconquistados.

Lincoln sabía bien que era inútil exigir una acción militar más enérgica mientras no hubiese un ejército lo bastante poderoso para llevarla a cabo. Además, se resistía a emancipar a los esclavos por temor a que ello provocase nuevas divisiones, enajenase a los demócratas y obstaculi-

10. La furia en ascenso

zase la posibilidad de reconciliación con la Confederación. La tarea de Lincoln, tal como él la consideraba, era mantener la Unión; si la emancipación de los esclavos contribuía a tal fin, los emanciparía, pero, en caso contrario, no.

Los republicanos radicales se fortalecieron cuando, en octubre de 1861, un destacamento de la Unión fue batido en Ball's Bluff, en el río Potomac, a unos 55 kilómetros aguas arriba de Washington. Fue un pequeño encuentro sin mayor importancia, pero, como se había producido cerca de Washington, suponía otra humillación, y había que buscar algún chivo expiatorio.

El chivo expiatorio fue Scott. Era viejo y estaba enfermo; además, había nacido en Virginia, y esto bastaba para que fuera sospechoso para los radicales. En noviembre de 1861, Scott fue retirado y nombrado superintendente de West Point*, y McClellan se convirtió en el general en jefe de los ejércitos de la Unión.

Los republicanos radicales lograron luego que el Congreso crease una Comisión Conjunta para la Conducción de la Guerra en diciembre. Dominada por los radicales, esta comisión atormentó a Lincoln durante toda la guerra con demandas de acción enérgica (y, por lo general, poco juiciosas).

Sin embargo, logró algo de valor. Puso de manifiesto la corrupción que rodeaba a Simon Cameron (Pensilvania, 1789), el secretario de Guerra. Cameron era un comerciante convertido en político; llegó a ser un exitoso jefe

---

* Scott mantuvo el cargo el resto de su vida. Vivió para ver el fin de la guerra y la restauración de la Unión, pues murió en mayo de 1866, poco antes de cumplir los 80 años.

de partido que controlaba votos y vendía favores, consiguiendo con artimañas entrar en el Senado en 1845. Había tratado de ser elegido candidato en 1860, y al fracasar, dio su apoyo a Lincoln a cambio de la promesa de recibir un puesto en el gabinete.

Cuando las investigaciones mostraron que Cameron estaba convirtiendo el Departamento de Guerra en un sucio centro de soborno, Lincoln se alegró de sacárselo de encima. Pero evitó enfadar demasiado a los aliados políticos de Cameron nombrándolo embajador en Rusia. (Cuando se supo esta noticia, un congresista comentó que el zar haría bien en vigilar sus pertenencias cuando Cameron llegase allí.)

Lincoln pensó en Edwin Stanton (Ohio, 1814) para que reemplazara a Cameron. Stanton, que era demócrata, había votado por Breckenridge en 1860, porque despreciaba a Lincoln y pensaba que una victoria republicana dividiría a la Unión. Pero una vez producida la división, apoyó a la Unión con todas sus fuerzas. Se incorporó al gabinete de Buchanan como secretario de Justicia el mismo día en que Carolina del Sur se separó, y fue un elemento fuerte en ese gobierno penosamente débil.

Lincoln deseaba la incorporación de Stanton al gabinete, en parte, porque era un «demócrata de la guerra», es decir, un demócrata que estaba dispuesto a cooperar con los republicanos para llevar la guerra adelante. En verdad, Lincoln, con la esperanza de reducir a los «demócratas de la paz» a una minoría impotente y poner la guerra por encima de la política partidista, estaba organizando un Partido de la Unión que incluyera a republicanos y demócratas favorables a la guerra.

10. La furia en ascenso

Stanton aceptó el cargo, en enero de 1862, después de cierta vacilación; fue rápidamente confirmado por el Senado y se puso a trabajar. Antes de asumir esta tarea, había sido una persona severa y agresiva, que expresaba su disgusto por Lincoln abiertamente y de la manera más amarga. Una vez en el gabinete, no cambió; siguió siendo absolutamente antipático y fue muy odiado por casi todos los que tuvieron algo que ver con él. Pero era muy honesto y totalmente incorruptible, dotado de una arrolladora energía; un administrador de primera categoría y, muy probablemente, el mejor secretario de Guerra de la historia americana. Lincoln lo soportó por sus virtudes.

A medida que los meses pasaban, el ejército de McClellan estaba empezando a relucir y a convertirse en un instrumento utilizable. Pero, desgraciadamente, McClellan no tenía idea de cómo utilizarlo. Le gustaba contemplar cómo relucía y no podía tolerar nada que lo ensuciase*.

McClellan, en ese momento y posteriormente, excusaba su inacción alegando invariablemente que los ejércitos confederados eran mucho más fuertes que el suyo. En esto tenía la ayuda de Pinkerton, el detective privado, cuya organización hacía las veces de servicio de inteligencia, y que persistentemente sobrestimaba el número de soldados, los suministros y la rapidez de los confederados, a veces hasta lo grotesco. Al reforzar las inseguridades de McClellan, Pinkerton hizo un daño indecible a la causa de la Unión.

---

* Lincoln se comportaba, en toda situación, casi como un santo en su tolerancia con McClellan, incluso cuando lo desairaba. En una ocasión en que el presidente fue a verlo, McClellan se metió ostentosamente en cama. Todo lo que Lincoln dijo fue: «Sería su sirviente con tal de que nos brindara el éxito».

Lincoln, consciente de que era necesaria alguna acción –casi cualquier acción–, trató de sustituir a McClellan, pero no sólo éste se negó a moverse, sino que se hizo amigo de políticos demócratas e hizo saber su postura contraria a la emancipación de los esclavos. Estaba empezando a considerarse una fuerza política, y los radicales pensaban que era simpatizante de los confederados.

En el Oeste, la situación era exactamente la inversa, pero igual de mala para Lincoln. Allí, Frémont estaba al frente de Missouri. Era el mismo Frémont que se había insubordinado en California en 1845 y se había presentado, sin éxito, como candidato por los republicanos en 1856.

Frémont fue el beneficiario de la triunfal campaña de Lyon en Missouri, pero carecía de la capacidad de ampliar los logros de Lyon. En cambio, se empeñó en otra clase de campaña política, y así, en agosto de 1861 liberó a todos los esclavos del territorio que gobernaba. Lincoln no estaba dispuesto a adoptar una medida emancipatoria y ordenó a Frémont que anulase sus disposiciones. Cuando éste se negó, fue destituido, en noviembre, medida que encolerizó a los republicanos radicales.

Para reemplazar a Frémont, Lincoln eligió a Henry Halleck (Nueva York, 1815), un teórico de la guerra cuyo libro de texto sobre la ciencia militar fue muy usado en el ejército de la Unión durante la Guerra Civil. Pero Halleck no era muy bueno aplicando la teoría a la práctica; todo lo que realizó se debió a la energía de los oficiales bajo su mando, quienes de vez en cuando lograban librarse de su paralizante incertidumbre.

Con Halleck, en Ohio, estaba Carlos Buell (Ohio, 1818), un amigo de McClellan que, como éste, era formidable organizando y entrenando ejércitos, pero a quien era casi imposible obligarlo a combatir. Esto era algo lamentable, porque los montañeses del este de Tennessee se mostraban tan enérgicamente partidarios de la Unión como los montañeses de Virginia Occidental. Los hombres de Tennessee trataron de formar un gobierno adepto de la Unión, pero, al no recibir ningún apoyo de Buell, el movimiento fracasó.

Frente a Halleck y Buell estaba el general confederado Albert Johnston* (Kentucky, 1803). Johnston había tomado parte en la Guerra de la Independencia de Texas e incluso había sido, por poco tiempo, secretario de Guerra de ese estado. Cuando se produjo la crisis de la secesión, Johnston estaba en el Lejano Oeste (donde había dirigido una expedición contra los mormones). Volvió al Este y se incorporó al ejército confederado.

Bajo el mando de Buell estaba George Thomas (Virginia, 1816), uno de los pocos generales virginianos que decidió permanecer con la Unión. A causa del lugar de su nacimiento, nunca se confió completamente en él ni recibió su justo reconocimiento como uno de los oficiales más competentes y leales del ejército de la Unión.

En enero de 1862, Thomas, que por entonces prestaba servicio en Lebanon, Kentucky, recibió la orden de avanzar hacia el río Cumberland, 80 kilómetros al sur, para hacer frente a las fuerzas confederadas que se encontraban allí. Con 5.000 soldados avanzó bajo una lluvia invernal que mató o enfermó a unos 1.000 de sus hombres antes de llegar a su objetivo.

---

* No confundirlo con el otro general confederado, Joseph E. Johnston.

Thomas acampó a una veintena de kilómetros de donde estaban los confederados, en Mill Springs, a orillas del río Cumberland. Los confederados estaban bajo el mando de George Crittenden (Kentucky, 1812), que era el hijo mayor del senador de Kentucky que había tratado de preparar un compromiso cuando empezó la crisis de la secesión*.

Crittenden trató de avanzar hacia el norte en la noche del 19 de enero de 1862 para sorprender mientras dormían a las fuerzas de Thomas. Desgraciadamente para él, llovía más intensamente que nunca y no pudo conducir a la totalidad de su ejército al campamento de la Unión en orden de batalla. Mientras Crittenden intentaba reunir a sus hombres, Thomas tuvo tiempo de preparar y organizar a los suyos. Después de ceder un poco de terreno por la mañana, Thomas lanzó un dedicido y bien organizado contraataque, y los confederados rompieron filas.

Contendieron solamente 4.000 hombres en cada bando en esta batalla de Mill Springs, pero fue la primera victoria decisiva de la Unión. Más aún, sirvió para poner firmemente a Kentucky en manos de la Unión.

Rendición incondicional

Mientras tanto, Halleck se enfrentaba a dos fuertes confederados: Fort Henry, en el río Tennessee, y Fort Donelson, en el río Cumberland. Ambos estaban cerca de

---

* De qué manera la Guerra Civil dividió al país es buena muestra el hecho de que el hermano menor de George, Thomas Crittenden (Kentucky, 1819), fue general de las fuerzas de la Unión.

10. La furia en ascenso

los límites septentrionales de Tennessee; podían haber sido construidos más al norte, en mejores posiciones, pero esto los habría situado en Kentucky, que había logrado permanecer neutral durante unos pocos meses. Los dos fuertes estaban separados por una distancia de 17 kilómetros.

Grant quería emprender alguna acción contra esos dos fuertes, pero tuvo que insistir mucho antes de que el eternamente cauteloso Halleck se lo permitiese.

De los dos fuertes, Fort Henry era el más fácil de tomar; estaba construido sobre terreno bajo y era muy vulnerable al fuego de las cañoneras desde el río. Grant llevó 1.700 hombres al río Tennessee, el 2 de febrero de 1862, acompañados por una flotilla de siete cañoneras, que eran dirigidas por el comodoro Andrew Foote (Connecticut, 1806).

Las cañoneras solas hicieron la tarea. El comandante confederado de Fort Henry comprendió que la resistencia era inútil. Envió todos los hombres que pudo a Fort Donelson y rindió a los que quedaron.

Grant envió inmediatamente a sus hombres por tierra a Fort Donelson, pero éste era harina de otro costal. Estaba en un terreno elevado y podía defenderse bien; además, la Confederación, consciente de su importancia, había enviado rápidamente grandes refuerzos, elevando el número de sus defensores a 15.000. Para empeorar las cosas, cuando Foote llevó sus cañoneras aguas abajo del Tennessee y luego aguas arriba del Cumberland, fueron bombardeadas y él mismo resultó gravemente herido. Grant tendría que someter el fuerte sin apoyo naval.

Grant, cuyas fuerzas ascendían ahora a 25.000 hombres, no retrocedió. A diferencia de McClellan, Halleck y Buell, era capaz de no detenerse ante la posibilidad de una derrota.

Nominalmente a cargo de Fort Donelson estaba John Floyd (Virginia, 1806), quien había llevado los refuerzos una semana antes. Como secretario de Guerra de Buchanan, Floyd había hecho lo posible por impedir cualquier acción enérgica contra la secesión, y de hecho, más tarde se unió a los secesionistas. Pero no era un militar, y dependía mucho de su subordinado Gideon Pillow (Tennessee, 1806).

Grant formó sus líneas alrededor de Fort Donelson, y cuando los confederados hicieron una salida, el 15 de febrero, logró contenerlos después de una dura lucha, gracias en parte a la timorata y prematura retirada de Floyd cuando el combate estaba aún indeciso.

Ese combate fue suficiente para Floyd, quien temió ser acusado de traición si era capturado (pues sus actividades como secretario de Guerra habían sido sumamente discutibles). Se dispuso a abandonar el fuerte, dejando su defensa a Pillow, pero éste tampoco quiso saber nada del tema y prefirió marcharse con Floyd. Ambos, con un pequeño número de hombres, huyeron esa noche (para vergüenza de la Confederación) en dos cañoneras. Quedó al mando del fuerte Simon Buckner (Kentucky, 1823).

Desmoralizada la guarnición confederada por la deserción de sus jefes y sabedores de que Grant había recibido refuerzos, Buckner tuvo que considerar la posibilidad de rendirse. En el fuerte se encontraba Nathan Forrest

(Tennessee, 1821), un comerciante de esclavos, autodidacta jefe de caballería y buen soldado, quien se opuso a la rendición y, con el permiso de Buckner, condujo a sus hombres fuera del fuerte a fin de salvarlos y de que pudiesen volver a luchar más adelante. Sólo después de que escaparan y se pusieran a salvo, Buckner preguntó por los términos de la rendición.

Grant respondió que no los había. Quería la «rendición incondicional e inmediata» o, en caso contrario, prometía un ataque fulminante. Buckner no tuvo más opción que quejarse de la actitud poco caballeresca de Grant y luego capitular incondicionalmente*. El 16 de febrero de 1862 Fort Donelson fue tomado, con 11.000 hombres y gran cantidad de pertrechos. Fue la mayor cantidad de prisioneros que un ejército americano había tomado hasta entonces; muchos de ellos podían haberse puesto a salvo si hubiesen podido disponer de las dos cañoneras que se habían llevado Floyd y Pillow.

El resultado de la pérdida de ambos fuertes obligó a Johnston a retirarse de gran parte de Tennessee, lo que permitió a Grant tomar Nashville, la capital del estado, el 25 de febrero.

El efecto psicológico sobre la Unión fue grande. Fue una espectacular victoria para un ejército que hasta entonces se había destacado poco; y había tenido como resultado la recuperación de buena parte de uno de los estados separados. La gente se puso eufórica, y la coincidencia

---

* Pero los azares de la guerra no hacían enemigos a los hombres. Cuando Grant murió, casi un cuarto de siglo más tarde, Buckner fue uno de los portadores del féretro en su funeral. Buckner vivió otro cuarto de siglo más, pues murió en 1914, a la edad de 90 años.

de que las iniciales de los nombres de Grant (Ulysses Simpson) fuesen también las de *Unconditional Surrender* («rendición incondicional») y las de *Uncle Sam* («Tío Sam») pareció aumentar su deleite.

Pero Grant no era ningún ídolo para su superior, Halleck. Éste era un hombre mezquino, y en esta victoria de la nación a la que servía sólo vio una amenaza a su propia posición. No quería que ningún subordinado obtuviese una fama que pudiera oscurecer su propia reputación, y empezó a difundir rumores sobre la inclinación de Grant a la bebida para eliminarlo del mando.

Pero Lincoln frustró el intento. Necesitaba un general que no tuviese miedo a luchar, y no podía permitir el alejamiento de un hombre que acababa de demostrar su capacidad en este sentido. De modo que ascendió a Grant a general de división.

Acoso en el Misisipi

Lo más lógico que podían hacer los ejércitos de la Unión después de tomar Nashville era seguir a Johnston, en retirada, y aplastarlo. Johnston estaba concentrando sus fuerzas en Corinth, en el extremo nororiental de Misisipi, inmediatamente al sur de la frontera de Tennessee. Grant quería marchar aguas arriba a lo largo del río Tennessee y atacar a Johnston sin dilación, antes de que hubiese preparado su defensa.

Pero Halleck, en su momento de mayor estupidez, lo impidió. Estaba preocupado por las fuerzas confederadas que había en el Misisipi, temiendo que fuesen lo bastante fuertes para lanzar un ataque contra el flanco izquierdo de cualquier fuerza de la Unión que se desplazase hacia el sur. Por ello, destacó una parte del ejército de la Unión al oeste, al mando de John Pope (Kentucky, 1822), para atacar esas posiciones.

Pope puso sitio a la Isla n.º 10, una posición confederada en el río Misisipi, en la frontera entre Kentucky y Tennessee. Con ayuda de las cañoneras de Foote, se hizo con la isla en abril; 5.000 soldados confederados se rindieron, y se tomaron importantes cantidades de suministros. Fue otra victoria muy aclamada por la población de la Unión. Por esta acción menor, que Pope difícilmente podía perder, ganó una reputación que (a diferencia de Grant) no merecía, como la Unión iba a conocer con pesar más tarde. Además, dio a Johnston tiempo para consolidarse en Corinth, mientras se le quitaban a Grant los 25.000 hombres que fueron puestos al mando de Pope.

Grant avanzó río arriba hasta Pittsburg Landing, al noreste de Corinth. Apostó a sus hombres al oeste del río, de un modo descuidado, y no se preocupó por fortificar la posición. Sólo pensaba en atacar y creyó que los confederados no harían más que cruzarse de brazos después de su retirada de Kentucky y Tennessee. Tampoco avanzó con mucha rapidez, pues esperaba refuerzos de Buell, que se movía bastante despacio. Desdichadamente, instaló su cuartel general 16 kilómetros por detrás del campamento.

Grant, sin embargo subestimó el espíritu de los confederados. Johnston necesitaba urgentemente una victoria después de sus derrotas, y estaba seguro de poder atrapar por sorpresa al ejército de la Unión. El 3 de abril,

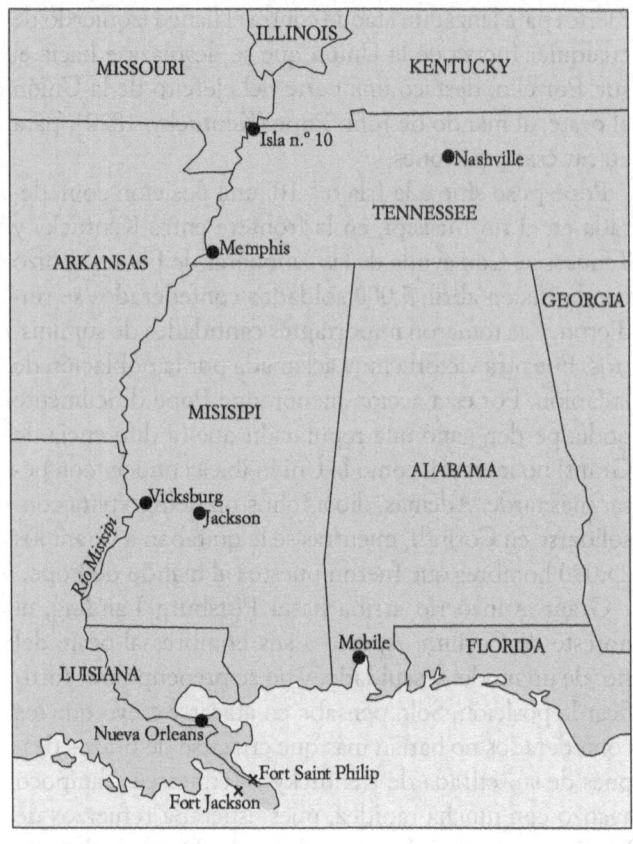

El río Mississippi en la Guerra Civil

empezó a hacer avanzar a sus hombres por una región boscosa. A los confederados les llevó tres días de dificultosa marcha llegar a las cercanías de Pittsburg Landing, pero finalmente lo lograron y acamparon a tres kilómetros de las fuerzas de la Unión, que nada sospechaban.

10. La furia en ascenso

Era domingo, el 6 de abril, y un contingente considerable de fuerzas de la Unión bajo el mando de Sherman* descansaba en la vecindad de Shiloh Church. Fue allí donde cayó lo más recio del sorpresivo ataque confederado, lo que dio a la batalla su nombre más familiar, la batalla de Shiloh, aunque también se la llama batalla de Pittsburg Landing. En esta segunda batalla importante de la guerra, 40.000 confederados atacaron a 33.000 hombres de la Unión.

Ambos bandos luchaban con tropas novatas. Cuando los confederados chocaron con las tropas de Sherman alrededor de Shiloh, las fuerzas de la Unión se derrumbaron y muchas unidades huyeron, presas de pánico. Pero la fuerza confederada atacante pronto se desorganizó y no pudo maniobrar adecuadamente. Más aún, muchos de los hambrientos confederados se detuvieron para comer los alimentos que habían dejado las tropas de la Unión.

El mismo Grant se vio sorprendido por el ataque. Dos días antes, había resultado herido al caer un caballo sobre él, y se estaba recuperando. En cuanto le llegaron noticias de la batalla, marchó aguas arriba en un barco de vapor. Fríamente y sin alterarse (nunca era presa del pánico), examinó la situación y ajustó y movilizó sus fuerzas tratando de mantener una razonable línea defen-

---

* Después de sus prometedores comienzos en Bull Run, Sherman prestó servicios en Ohio, pero se comportó tan irregularmente que estuvo a punto de ser destituido. Halleck le dio otra oportunidad y lo asignó a Grant (¿para que le diera más problemas a éste, quizá?). Pero los dos hombres hicieron buenas migas, y Sherman no tuvo problemas en lo sucesivo. Formaban un buen equipo de combate.

siva contra los fieros ataques confederados. Las líneas defensivas de la Unión al terminar el día se establecieron a 5 kilómetros de Shiloh Church, donde había comenzado la batalla.

Cuando el día llegó a su fin, algunos signos parecían indicar una victoria confederada. Johnston fue herido y murió alrededor de las 2,30 de la madrugada, pero Beauregard, el vencedor de Fort Sumter y Bull Run, asumió el mando y envió un jubiloso mensaje de victoria a Richmond al caer el día.

Sin embargo, Grant permaneció esa noche en el campo de batalla y se proponía reanudar el combate. Los confederados habían empleado todo su ejército y habían sufrido enormemente. También Grant había sufrido, pero esperaba refuerzos; Buell llegó finalmente, antes del amanecer, con tropas frescas que ascendían a 25.000 hombres.

Tan pronto como hubo luz, en la mañana del 7 de abril, el ejército de la Unión atacó, y ahora les tocó a los confederados el turno de ser sorprendidos y rebasados. El peso de una ventaja de casi dos a uno a favor de la Unión fue abrumador. Por la tarde, las tropas confederadas se retiraron a Corinth, y el ejército de la Unión las dejó marcharse. Estaba demasiado agotado para perseguirlas.

Fue una batalla espantosamente sangrienta, pues ambas partes perdieron una cuarta parte de sus fuerzas, entre muertos, heridos y desaparecidos. Con un total de 13.700 bajas de la Unión y 10.700 de los confederados, ambos contendientes empezaron a comprender lo que la guerra iba a significar en cuanto a derramamiento de sangre.

10. La furia en ascenso

En lo concerniente a la batalla en sí, Shiloh se saldó con un empate. Ambos bandos conservaron sus posiciones anteriores, pero, en términos estratégicos, fue una victoria de la Unión. El ejército confederado retornó a Corinth reducido a la mitad y con la deprimente certeza de que el ejército de la Unión, una vez que descansase, tendría fuerzas para proseguir.

Habría ocurrido de este modo si se hubiese permitido a Grant seguir dirigiendo la campaña. Pero Halleck acudió a hacerse cargo del mando, reduciendo a Grant al humillante papel de segundo jefe ignorado. Halleck avanzó poco a poco hacia Corinth del modo más cauteloso posible. Le llevó todo un mes atravesar 30 kilómetros, y cuando finalmente llegó a Corinth, el 30 de mayo, el ejército confederado se había marchado; se había esfumado la posibilidad de atraparlo y destruir lo que quedaba de él.

Halleck siguió intrigando para eliminar a su agresivo subordinado, y para ello usó como pretexto el hecho indudable de que Grant fuera atrapado dormitando en Shiloh. Sin duda, había salvado la situación con indomable coraje, pero a costa de enormes pérdidas, y se ganó la reputación de ser un carnicero (reputación que se afianzaría, por razones adicionales, antes de que terminase la guerra).

Pero Lincoln hacía oídos sordos a todas las peticiones para destituir a Grant del mando. Sabía que el gran error de Grant había sido el de concentrarse casi exclusivamente en la ofensiva y descartar la posibilidad de derrota. Después de medio año soportando a McClellan, que sólo pensaba en la defensa y la derrota, cualquiera hubiese estado dispuesto a tolerar el tipo de errores que cometía Grant. Lincoln decía: «No puedo prescindir de este hombre: él lucha», y eso era todo.

Quizás el aspecto más importante de la ofensiva de Grant aguas abajo del Ohio, a través de Kentucky y Tennessee, a principios de la primavera de 1862, fue que debilitó la hegemonía confederada en el río Misisipi. Obviamente, si las fuerzas de la Unión podían adueñarse del Misisipi, la Confederación quedaría cortada por la mitad y se debilitaría mucho. Los ejércitos confederados del Este no podrían recibir refuerzos del Oeste (y a la inversa), ni tampoco los suministros extranjeros que eludiesen el bloqueo de la Unión y que eran desembarcados en México. Sin embargo, era tal la obsesiva concentración del gobierno confederado en el enfrentamiento a lo largo del eje Washington-Richmond que siempre tendió a descuidar el escenario occidental, para ventaja de la Unión.

Al ocupar las fuerzas de la Unión una posición importante en el sector del río perteneciente a Tennessee, parecía aconsejable lanzar otra campaña desde el sur.

La Armada de la Unión había ido extendiendo notablemente su control de la línea costera de la Confederación. Ben Butler había ganado una inmerecida reputación en el proceso, lo mismo que Ambrose Burnside (Indiana, 1824), quien condujo a 12.000 hombres a tomar zonas de la línea costera de Carolina del Norte.

Pero ya era hora de pasar más allá de la costa atlántica de la Confederación y entrar en el golfo de México. Allí, los barcos podían llegar a la desembocadura del Misisipi y lanzar una campaña hacia Nueva Orleans, la gran metrópoli del Oeste confederado.

10. La furia en ascenso

Al mando de los barcos destinados a esta tarea se hallaba David G. Farragut (Tennessee, 1801), quien se había lanzado al mar a los 9 años y en la preadolescencia había combatido en la Guerra de 1812. Era otro natural de un estado secesionista que, como George Thomas, había optado por la Unión.

Las instrucciones de Washington eran que Farragut bombardease y redujese los fuertes ribereños situados aguas abajo de Nueva Orleans; sólo entonces podría aventurarse a marchar contra la ciudad misma. Farragut, después de bombardear los fuertes durante una semana, decidió que el procedimiento era inútil y concibió el plan más audaz de pasar frente a los fuertes de noche.

El plan tuvo éxito. En abril de 1862, se encontraba más allá de los fuertes y en las afueras de la ahora desprotegida ciudad. Nueva Orleans y los fuertes cayeron sin dificultad, y la Unión dominó el río al norte y al sur.

Empezó la presión interna desde ambos extremos, y el río Misisipi se vio atenazado. Las dos mitades de la Confederación, la oriental y la occidental, sólo estaban conectadas en el verano de 1862 por una pequeña extensión del río Misisipi.

Barcos de hierro

La fortalecida armada de la Unión, en la primavera de 1862, estaba empezando a ahogar lentamente a la Confederación, haciendo cada vez más difícil la recepción de los suministros que necesitaba y desalentando toda ayuda formal por parte de potencias europeas que simpatizasen con ella. Sin embargo, el bloqueo naval de la Unión también estuvo a punto de derrumbarse.

Ocurrió del siguiente modo.

Durante toda la historia, el material natural para construir barcos había sido la madera. A medida que los cañones navales mejoraron, la madera resultó ser cada vez más ineficaz como protección y los barcos de guerra se volvieron cada vez más frágiles. Una solución obvia era recubrir los lados de madera con placas de hierro, como los guerreros de antaño.

Durante la Guerra de Crimea, librada por Gran Bretaña y Francia contra Rusia, de 1854 a 1856, las naciones aliadas pusieron a flote algunos cañones sobre estructuras fijas frente a la costa, y sobre estas estructuras colocaron placas de hierro como protección. Después de la guerra, los franceses construyeron un barco «acorazado» en 1859, y los británicos en 1861.

Estados Unidos también se interesó por los acorazados, y algunas de las cañoneras de Foote en Fort Henry y en la Isla n.° 10 lo eran. Cuando empezó la Guerra Civil, el gobierno pidió diseños de acorazados que fuesen algo más que barcos de madera blindados.

John Ericsson (nacido en Suecia, en 1803, y que llegó a Estados Unidos en 1839) presentó el proyecto, en agosto de 1861, de un pequeño barco blindado, de muy escasa altura sobre el agua, con una torreta circular giratoria sobre la que se montaban dos cañones de once pulgadas*. Los oficiales navales quedaron mudos ante la extra-

---

* Ericsson había diseñado el *Princeton*, en cuya botadura, en 1844, el cañón explotó matando al secretario de Estado Upshur (aunque Ericsson no

ña sugerencia, pero Lincoln insistió en que se ensayara, y los planes fueron aceptados por la armada.

El barco, al que Ericsson llamó *Monitor,* fue construido a toda velocidad en 100 días y estuvo listo en marzo de 1862. Flotaba con dificultad y, cuando estaba en movimiento, todo lo que se veía de él era la torreta circular y una cubierta llana que apenas se elevaba por encima de la línea de flotación. Parecía una caja de queso sobre una balsa, observó alguien.

El *Monitor* abandonó Nueva York el 6 de marzo de 1862, muy a tiempo, pues la Confederación también conocía el valor de los acorazados.

El punto más vulnerable de la costa de la Confederación era el río James, a cuyas orillas estaba Richmond, 120 kilómetros tierra adentro. Si el ejército de la Unión decidía atacar por mar (y algún día podría hacerlo), seguiría la ruta del río James.

La Confederación estaba mal equipada para construir barcos para defnderse, pero ya contaba con algunos. Cuando fuerzas de la Unión abandonaron Norfolk Navy Yard en la época de la secesión de Virginia, el buque de guerra *Merrimack,* que a la sazón estaba en el puerto, fue incendiado y barrenado para impedir que cayera en manos de los confederados. Aunque el barco se hallaba ahora en el fondo del puerto, estaba al alcance de la Confederación.

Durante el invierno, el *Merrimack* fue reflotado y rebautizado con el nombre de *Virginia* (aunque lo llama-

---

era en modo alguno responsable de esa explosión). La idea de la torreta giratoria fue una invención de Theodore R. Timby (Nueva York, 1822). Ésa fue la primera vez que el mecanismo se usó realmente en un buque de guerra; hoy es un elemento generalizado en ellos.

remos siempre *Merrimack* en el relato que sigue). El barco fue luego acorazado con piezas de hierro de cuatro pulgadas de espesor (incluso una parte de hierro al sesgo para reemplazar la superestructura incendiada) y provisto de diez cañones y un espolón de arrabio bajo la línea de flotación. Pero se hizo de una manera bastante torpe. Una vez acorazado, el barco apenas podía moverse; pero cuando lo hacía, se convertía en un artefacto formidable.

El 8 de marzo, finalmente, el *Merrimack* salió de Norfolk, resoplando, a su máxima velocidad, cinco millas por hora, y remontó el James hacia donde había tres barcos de la Unión, muy poderosos para ser de madera, reforzando el bloqueo. Se prepararon para defenderse, pero no había manera de hacerlo. Todas las balas de cañón que lanzaban hacia el *Merrimack* sencillamente rebotaban. El *Merrimack* no dejó de aproximarse, lanzó cañonazos sobre los barcos de la Unión y clavó en uno de ellos el espolón, que se rompió en el proceso. Dos barcos de la Unión fueron destruidos ese día, y el tercero, al día siguiente; el río James quedó libre.

Las noticias del suceso hicieron vibrar a la Confederación, que acababa de recibir las deprimentes nuevas de la pérdida de Nashville y de la mitad de Tennessee. La Unión, por otro lado, fue presa del pánico. El secretario de Guerra, Stanton, ya tenía visiones en las que el *Merrimack* se dirigía al norte para bombardear Washington y destruir los grandes puertos de la Unión. Lo cierto es que parecía que el bloqueo había sido roto y que la Confederación podría ahora comerciar con Europa y obtener la ayuda que impidiera su derrota.

10. La furia en ascenso

Todo el mundo, al parecer, se había olvidado de que el *Monitor* estaba en marcha. El 9 de marzo, sólo un día después del triunfo del *Merrimack,* llegó el *Monitor,* en un momento tan oportuno que uno no osaría ponerlo en una obra de ficción. Por primera vez en la historia, dos barcos acorazados se enfrentaron en la batalla de Hampton Roads, y el mundo nunca volvió a ser el mismo, pues ese día terminó la era de los barcos de madera. Todas las armadas importantes del mundo empezaron a construir solamente acorazados.

Si no fuese por lo que implicaba la situación, la batalla podría ser considerada como algo cómico. Durante casi cinco horas, desde las 8 de la mañana hasta después de mediodía, los dos barcos, moviéndose y maniobrando con enorme dificultad, se dispararon mutuamente sin que ninguno lograse una clara ventaja. Eran como dos dinosaurios avanzando dificultosamente por una ciénaga, cada uno embotándose los dientes en la armadura del otro.

Terminó el enfrentamiento en un empate, naturalmente, cuando ambos barcos se retiraron, pero un empate era una victoria de la Unión. El *Merrimack* fue neutralizado; sus esfuerzos de esos dos días le habían causado una vía de agua y tuvo que ser llevado a dique seco, de donde nunca volvió a salir.

El bloqueo de la Unión se salvó, y el río James permaneció abierto para la armada de la Unión a la espera del momento en que se ordenase una ofensiva contra Richmond. La Unión empezó a construir nuevos y mejores acorazados siguiendo el modelo del *Monitor,* mientras que la Confederación, en este tema, no podía hacer nada.

McClellan fracasa

Durante los primeros meses de 1862, Lincoln movió cielo y tierra para lograr que McClellan actuase. Las victorias en el Oeste estaban muy bien y Lincoln se congratulaba de ellas, pero Washington era una ciudad fronteriza con un ejército enemigo a sólo 50 kilómetros de distancia, y quería que este ejército fuese derrotado. Si eso se producía y Richmond, la capital enemiga, podía ser tomada rápida y brillantemente, los Estados Confederados tal vez se derrumbasen. Por lo menos, ya no planearía el temor de que la derrotada Confederación recibiese ayuda extranjera.

Lo que Lincoln deseaba, pues, era que McClellan usase su fuerza, ahora adecuadamente entrenada y muy superior al enemigo en número, como un ariete para irrumpir en Virginia, aplastar la oposición con que se encontrara y tomar Richmond.

Desgraciadamente, McClellan siempre contemplaba al enemigo con una lente de aumento y pensaba que era enormemente superior en número, aunque la realidad fuera la contraria. Siempre lo abrumaba el pensamiento de la derrota y nunca se mostraba dispuesto a combatir. (Tan notoria era la tendencia de McClellan al miedo que Joseph Johnston, cuyo ejército estaba en Bull Run, apostó cañones ficticios, confiado en que McClellan vería dos cañones reales por cada cañón falso de madera.)

Finalmente, en marzo de 1862, Lincoln despojó a McClellan de todos los mandos excepto el del Ejército del Potomac, y luego le ordenó directamente que avanzara. McClellan no podía seguir negándose; era evidente que,

10. La furia en ascenso

si lo hacía, sería destituido. Con todo, hizo lo que pudo por frustrar a Lincoln. Se negó a avanzar directamente por tierra y optó por trasladar a su ejército por mar y remontar uno de los ríos que lo llevasen a la proximidad de Richmond. De este modo, evitaría una batalla inmediata, tendría menos terreno en el que luchar hasta llegar a la capital y obtendría la ayuda de la Armada.

Lincoln estuvo en desacuerdo; le parecía un error llevar el ejército al sur mientras dejaba al enemigo fuertemente concentrado en las cercanías de Washington. Pero Lincoln tuvo que dar su permiso: cualquier cosa con tal de que McClellan se moviera. No obstante, puso la condición de que se dejasen 35.000 hombres al mando de McDowell para defender Washington contra un posible contraataque confederado.

El 17 de marzo, McClellan finalmente empezó a mover su ejército, con una eficiencia que demostró su habilidad como administrador, al menos. El 5 de abril llegó a la península situada entre las desembocaduras de los ríos James y York, a unos 15 kilómetros al norte del James. Allí estaba a sólo 100 kilómetros al sureste de Richmond.

Yorktown, en la desembocadura del York, era la base de una línea de fortificaciones que se extendía por toda la península; los cañones confederados en tierra cubrían el río York. Puesto que gran parte de la lucha tuvo lugar en la península, la campaña que siguió es llamada la Campaña Peninsular.

Al mando de las tropas confederadas de la región estaba John Magruder (Virginia, 1810). Tenía sólo 15.000 hombres, frente a los 33.000 de McClellan, pero Magruder conocía a su adversario. Lanzó sus tropas a una enorme actividad, y el deslumbrado McClellan pronto llegó a la conclusión de que era ampliamente superado en número, por lo que empezó a pedir refuerzos. El hecho de que no los obtuviera le sirvió para justificar los acontecimientos subsiguientes.

McClellan no hizo ningún esfuerzo para eludir Yorktown. La vaga amenaza del inactivo e inamovible *Merrimack* era suficiente para impedírselo. Tampoco intentó entrar en las líneas enemigas lanzando un asalto repentino. En lugar de eso, empezó a trabajar del modo más metódico y cauteloso posible. De este modo, no se arriesgaba a ninguna derrota aplastante (que la Unión sí podía permitirse) y renunciaba a toda esperanza de una victoria aplastante (que la Confederación no podía permitirse).

A McClellan le llevó un mes de cuidadoso asedio tomar Yorktown, el 4 de mayo, y cuando finalmente ordenó un ataque contra la línea fortificada, la encontró vacía. Magruder pensó que había hecho lo posible como maniobra dilatoria, y se retiró para volver a combatir más tarde.

Mientras McClellan perdía ese mes precioso avanzando a paso de tortuga, Johnston reorganizó el ejército confederado para proteger Richmond de las fuerzas que avanzaban por el este, más que de las del norte.

Por otro lado, Robert E. Lee concibió una brillante maniobra de diversión. Lee, indudablemente el mejor general que nació en suelo estadounidense y, por desgracia, el mejor general que luchó contra los Estados Unidos, era consejero militar de Jefferson Davis por aquel entonces. Lee sugirió que el mejor modo era aprovechar

10. La furia en ascenso

los temores existentes en la Unión por la seguridad de Washington.

En Virginia Occidental, el río Shenandoah corre de suroeste a noreste, a través del rico valle del Shenandoah, para volcar sus aguas en el río Potomac, en un punto donde éste es fácil de cruzar, a sólo 65 kilómetros aguas arriba de Washington. En ese valle se hallaba Stonewall Jackson con 15.000 hombres. Cualquier ejército enemigo en el valle era una amenaza directa para Washington, por lo que la Unión mantenía allí dos ejércitos que, juntos, superaban en número a Jackson en tres a uno.

La idea de Lee era conseguir que Jackson hiciese todo lo posible para mantener a esos ejércitos ocupados, de modo que la Unión, temerosa por Washington, no pensara en enviar refuerzos a McClellan.

Jackson colaboró gustoso. Trasladó sus tropas de un lugar a otro por el valle de Shenandoah con tan incesante energía que los ejércitos de la Unión, desconcertados, debieron de pensar que había el doble de ellos. Los hombres de Jackson, con fatigado orgullo, se llamaban a sí mismos «la caballería de a pie» de Jackson.

En el lapso de diez semanas derrotó a un contingente tras otro en seis batallas diferentes. El gobierno de Washington estaba lógicamente preocupado, y McClellan no obtuvo los refuerzos en la cantidad que pedía. De hecho, parte del ejército cercano a Washington fue enviado al valle de Shenandoah para sumarse a las fuerzas de la Unión que se enfrentaban a Jackson.

Así, cuando McClellan finalmente pensó que podía avanzar hacia el noroeste, hacia Richmond, lo hizo sin contar con refuerzos ni con un ataque de diversión desde otra dirección. Su sentido de la derrota, siempre fuerte, se agudizó más aún. Los confederados, que se retiraron hacia el oeste a lo largo de la península, libraron una hábil acción de retaguardia en Williamsburg, retrasando más a McClellan y fortaleciendo su deseo de moverse muy lentamente.

McClellan podría haber sido ayudado si la Armada hubiese sido de más utilidad. Durante un momento, la situación parecía prometedora. Al avanzar McClellan hacia Richmond, los confederados se veían obligados a salir de Norfolk. Esto significaba que no había nada que hacer con el *Merrimack,* sino hundirlo por segunda vez*. Una vez desaparecida esta amenaza, la Armada avanzó aguas arriba del río James, pero en Drewry's Bluff, a 11 kilómetros aguas abajo de Richmond, los barcos de la Unión no lograron reducir los fuertes y tuvieron que retirarse.

McClellan comprendió que no podía contar con apoyo de la armada, lo cual lo deprimió aún más. Finalmente, llegó al río Chickahominy, a 8 kilómetros al norte de Richmond. Para entonces, tenía 105.000 hombres, frente a los 60.000 de Johnston. Pero para McClellan esto no era suficiente, por supuesto. Sus espías le dijeron lo que él quería oír, y se convenció de que era superado en número por tres a uno.

---

* En cuanto al gran adversario del *Merrimack,* el *Monitor,* se hundió en una tempestad frente al cabo Hatteras, en diciembre de 1862, muriendo 16 hombres. Los restos del *Monitor* fueron buscados periódicamente, hasta que en la primavera de 1974 se informó, por fin, de que habían sido hallados al sur del cabo, a 70 metros de profundidad. Por entonces, no pareció posible elevarlo a la superficie.

10. La furia en ascenso

Envió a algunos de sus hombres al lado meridional del río Chickahominy, pero dejó el resto en la orilla norte para recibir los refuerzos (de los que siempre tenía una terrible necesidad) de McDowell. Dividir su ejército de este modo era arriesgado; pero cuando se vio que los hombres de McDowell no llegaban, sino que se dirigían al valle del Shenandoah, McClellan mantuvo sus fuerzas divididas, lo cual era una locura.

Johnston decidió atacar a la parte del ejército que estaba al sur del Chickahominy, y eligió un momento en que las grandes lluvias habían llevado el río al borde de la inundación. Sería difícil para McClellan enviar refuerzos al otro lado del río rápidamente, y la parte meridional podría ser derrotada.

Los confederados atacaron el 31 de mayo. La lucha se centró alrededor de una estación de ferrocarril llamada Fair Oaks y una granja llamada Seven Pines (razón por la cual la batalla tiene ambos nombres). Si el plan confederado hubiese funcionado perfectamente, el ejército de la Unión situado al sur del Chickahominy habría sido aplastado. Pero Johnston no dio órdenes lo suficientemente claras, y el comandante confederado James Longstreet (Carolina del Sur, 1821), que había combatido con distinción en Bull Run y Williamsburg, se confundió y no apostó a sus hombres en el lugar ni en el momento adecuados. Además, algunas unidades adicionales de la Unión lograron cruzar el Chickahominy a tiempo para tomar parte en la batalla.

Como resultado de todo ello, el desenlace de la batalla, no fue concluyente. De hecho, las pérdidas confederadas fueron mayores que las de la Unión (8.000 y 6.000

respectivamente). Uno de los confederados seriamente heridos fue Johnston. Pero esto no supuso ninguna victoria para el Norte, pues fue reemplazado por Lee.

McClellan, como era de prever, no hizo ningún intento de devolver el golpe al ejército confederado, trastornado como estaba por el cambio de mando. En vez de eso, convencido de que era superado en número, empezó a preparar un lento asedio a Richmond; transcurrieron más de tres semanas.

Lee tenía intención de atacar de lleno tan pronto como se pusiese al mando de las tropas. Tenía a su servicio a Jeb Stuart, el jefe de caballería que había estado a su mando en Harpers Ferry contra John Brown y había luchado bien en Bull Run. Lee envió a Stuart a efectuar una incursión para informar sobre la disposición de las tropas de McClellan.

Stuart hizo brillantemente más de lo que se le ordenó (lo cual no siempre sucedía); mandó que sus hombres cabalgasen alrededor de todo el ejército de la Unión, unos 240 kilómetros, y obtuvo una idea clara de lo que McClellan estaba haciendo. Informó que éste, después de trasladar la mayor parte de su ejército al sur del río Chickahominy, había dejado parte de él al norte bajo el mando de Fitz-John Porter (New Hampshire, 1822).

Lee decidió atacar al contingente del ejército de McClellan que había en la parte septentrional con sus fuerzas principales, mientras dejaba a un pequeño contingente al mando de Magruder para enfrentarse con el ejército principal de McClellan. Al actuar así confiaba en que McClellan, creyéndose siempre superado en núme-

10. La furia en ascenso

ro, se quedaría inmóvil mientras el contingente del norte era barrido.

Pero nuevamente una idea excelente fue mal ejecutada. El 26 de junio, varias partes del ejército confederado deberían converger en Mechanicsville, donde estaba acampado el ejército de Porter. Era una maniobra complicada en realidad, y fue justamente Stonewall Jackson, el hombre de la caballería de a pie (ahora llamado «del valle de Shenandoah», donde completó su labor), quien llegó seis horas tarde*.

Cuando un contingente confederado, cansado de esperar a Jackson, atacó desesperadamente sin aguardar la llegada del apoyo apropiado, fue rechazado. Las pérdidas confederadas en esta batalla de Mechanicsville (la primera de una serie de batallas en rápida sucesión que fueron llamadas en conjunto la batalla de los Siete Días) ascendieron a 1.500 hombres, por 250 de la Unión.

Si McClellan hubiese atacado a las fuerzas, muy inferiores en número, que ahora tenía delante, al mando de Magruder, podía haber obtenido una victoria importante. Sus subordinados lo urgieron a atacar, pero cuando McClellan entraba en la inactividad, era inmovible. Todo lo que hizo fue ordenar a Porter que se retirase al sur del Chickahominy.

Al día siguiente, Lee atacó nuevamente en Gaines' Mill alcanzando a Porter antes de que hubiese cruzado

---

* Nadie sabe por qué estuvo tan lento en esa ocasión y en los días siguientes. Quizá sus esfuerzos en el valle del Shenandoah lo habían agotado por un tiempo; o, como era un hipocondríaco sumamente neurótico, tal vez pensó que estaba enfermo y se quedó abortado en sus síntomas en el curso de esa campaña.

el río. Otra vez McClellan permaneció inmóvil, contemplando a Magruder, y otra vez lo que salvó a Porter fue la lentitud de Stonewall Jackson. Los hombres de Porter rechazaron ataque tras ataque hasta que, al caer el día, las fuerzas de la Unión cedieron y se retiraron apresuradamente. Esa noche, por fin, Porter consiguió cruzar el río.

Esta batalla también fue costosa para los confederados, pues perdieron 8.750 hombres por 4.000 de la Unión, pero supuso una victoria aunque sólo fuese porque los nervios de McClellan, si los tenía, estallaron.

Después de permitir durante dos días que una pequeña parte de su ejército resistiese a fuerzas confederadas que la superaban en número, infligiendo más daño del que recibía, McClellan decidió retirarse y retroceder a una base más fuerte, en Harrison's Landing, a orillas del río James, al sureste de Richmond.

Lee no permitiría que esa retirada se efectuase sin problemas. Siguió de cerca a las tropas de la Unión; los confederados atacaron a contingentes de la Unión en Savage Station, el 29 de junio, y en Fraysers' Farm el día siguiente. En ambas ocasiones, Stonewall Jackson (por tercera y cuarta vez) no estuvo donde se le necesitaba y, en ambas ocasiones, Lee perdió la oportunidad de infligir serios daños al ejército de la Unión.

Finalmente, el 1 de julio, el ejército de la Unión llegó a Malvern Hill, y los confederados atacaron de nuevo. Pero esta vez el ejército de la Unión ocupaba una buena posición y, además, tenía la ayuda de cañones desde el río. Los confederados, después de sufrir terribles pérdidas, fueron rechazados.

10. La furia en ascenso

La situación, pues, al final de la batalla de los Siete Días era tal que el ejército de la Unión se había conservado intacto. En verdad, el ejército confederado había perdido más de 20.000 hombres, y el de la Unión, menos de 16.999; pero el primero podía permitirse muchas menos pérdidas que el segundo.

Que el ejército de la Unión hubiese salido bien parado no era en modo alguno mérito de McClellan. La razón estribaba en que McClellan, en todo momento, luchó lo menos posible, y siempre se desenvolvía muy bien conduciendo un ejército cuando no había combate.

En toda esta campaña, el ejército de la Unión había sido superior en número y en equipo a los confederados y había demostrado tener al menos tanto espíritu de lucha como ellos. El ejército de la Unión sólo era inferior en lo concerniente a su general, y este factor único anulaba todos los demás. El resultado fue que el ejército de la Unión se dejó acosar de un lado a otro, siempre a la defensiva, frente a un enemigo más débil.

Aun después de la retirada, con éxito, de McClellan a Harrison's Landing, el ejército de la Unión era lo bastante fuerte para tomar Richmond, si hubiese sido conducido por un jefe resuelto. Pero McClellan no era el hombre adecuado. Fue batido; Lee mantuvo la iniciativa y la guerra continuó durante tres años más.

11. Robert E. Lee

Pope fracasa

Lincoln mandó a Harrison's Landing para ver a McClellan en julio de 1862, y decidió que no se podía conseguir nada más de la Campaña Peninsular. Dos días después nombró a Halleck general en jefe y le dio la tarea de decidir qué hacer a partir de aquí.

Un nuevo ejército de la Unión se había formado en Virginia septentrional y estaba al mando de Pope, quien había tomado la Isla nº 10 cuatro meses antes. Cabía la posibilidad de que el nuevo ejército de Pope atacase desde el norte, mientras McClellan avanzaba desde Harrison's Landing. El ejército de Lee, atrapado entre los dos, seguramente sería destruido.

Pero había un doble problema: Pope no conocía la región, y McClellan era McClellan. Ni Lincoln ni Halleck pensaban que un ataque en dos frentes, que requería una hábil cooperación, pudiera ser llevado a la práctica por los dos hombres.

El plan de Halleck, pues, era hacer que McClellan dirigiese su ejército a Washington y allí se uniera a Pope. Juntos marcharían sobre Richmond, tratando de conseguir por mero peso numérico lo que podría haberse logrado más fácilmente si hubiera habido mejores generales dirigiendo un ataque en dos frentes.

Lentamente, el Ejército del Potomac empezó a desplazarse hacia el norte, y el intento de tomar Richmond desde el este, que había durado cinco meses, llegó a un final ignominioso. McClellan, taciturno por su fracaso y dispuesto a acusar a todo el mundo menos a sí mismo, no tenía ninguna prisa en unirse a Pope.

La lentitud de McClellan brindó a Lee su oportunidad. No tenía ninguna intención de imitar a McClellan y esperar a que los dos ejércitos de la Unión se concentrasen para atacarle, por lo que se preparó para enfrentarse a Pope antes de que pudiera unirse a McClellan.

Stonewall Jackson fue enviado al norte, para acosar a Pope, aun antes de que el ejército de McClellan hubiese abandonado Harrison's Landing, y Lee le siguió poco después. Pope superaba a Lee por 75.000 a 55.000 hombres, y por un tiempo se desenvolvió bien. Lee trató de conseguir que pusiera su ejército de espaldas al río, pero Pope evitó cuidadosamente esa posición.

Luego, en una de sus brillantes hazañas con su caballería, Jeb Stuart hizo una incursión en el cuartel general de Pope y descubrió documentos que probaban que estaban en camino refuerzos de la Unión. Lee tenía que actuar rápidamente. Intentó una maniobra desesperada que, contra un general de primera, habría sido suicida. Puso en manos de Stonewall Jackson a la mitad del ejército confederado, 23.000 hombres, y le dijo que se moviese alrededor del ejército de Pope en una amplia extensión y se colocase entre él y Washington. Jackson lo logró el 26 de agosto haciendo alarde de esa habilidad que parecía haberlo abandonado durante la batalla de los Siete Días.

Quizá lo que Lee esperaba era que Pope se retirase apresuradamente y que la ofensiva de la Unión quedase abortada por un tiempo. Lo que ocurrió fue mucho más que esto.

Pope, al parecer, estaba tan ansioso de mostrar que no era ningún McClellan, que hizo una interminable exhibición de incansable energía*. Además, a diferencia de McClellan, él no iba a retirarse.

Cuando el 27 de agosto Pope halló cortadas sus comunicaciones, con su línea telegráfica con Washington silenciada, y a Stonewall a su retaguardia, en Manassas (donde se había librado la batalla de Bull Run 13 meses antes), se enfureció. Decidió que Jackson, aislado del resto del ejército de la Confederación, podía ser atrapado mediante una acción enérgica, por lo que se lanzó ciegamente en su busca, pero Jackson lo evadió y lo demoró todo lo que pudo para dar a Lee la oportunidad de hallar una buena posición para la cacería. Finalmente, el 29 de agosto, Pope halló a Jackson y lo atacó de frente.

---

* Pope gustaba de despachar sus mensajes desde «el cuartel general en la silla de montar», sugiriendo que estaba demasiado ocupado para bajarse de su caballo. Lincoln señaló secamente que Pope tenía su cuartel general donde debía de tener sus cuartos traseros.

11. Robert E. Lee

Pope estaba demasiado furioso para vigilar a Lee, quien ya había ocupado su posición. Evaluando la situación perfectamente, Lee esperó a que Pope estuviera completamente empeñado en la batalla y luego, el 30 de agosto, envió a Longstreet contra su flanco izquierdo. Atrapado por sorpresa, el flanco se derrumbó, y ahora Pope, atacado desde dos direcciones, no pudo hacer nada más que reunir a sus hombres lo mejor que pudo y, el 2 de septiembre, retirarse a los alrededores de Washington.

La victoria confederada en esta segunda batalla de Bull Run fue mayor que la primera, con 16.000 bajas de la Unión frente a 9.000 de su ejército. Esta vez, al menos, el ejército de la Unión se retiró en buen orden.

El hombre que más se benefició de la derrota de la Unión fue McClellan. Durante toda la campaña de Pope, McClellan no había hecho nada: era su especialidad. Ni había hecho ningún esfuerzo perceptible para acudir en ayuda de Pope ni provocó una maniobra de diversión que obligara a Lee a dividir sus fuerzas. De hecho, seguramente deseaba la derrota de Pope, pues había llegado a considerar la guerra un asunto entre él y Lincoln, no entre la Unión y la Confederación.

Pope, por supuesto, fue eliminado del mando y sólo se le empleó en tareas secundarias durante el resto de la guerra*. Hubo una sensación general de que McClellan había sido vengado. Había realizado una campaña cau-

---

* Pope trató de echar la culpa de su derrota a sus subordinados, particularmente a Fitz-John Porter, quien fue juzgado por un consejo de guerra y condenado más tarde, ese mismo año. Unos 20 años después, Porter fue exonerado y se le devolvió su rango en el ejército, pero esto no lo compensó de ver arruinada su vida.

telosa, evitando el desastre, y ahora Pope mostraba los resultados de una campaña imprudente.

La presión pública fue enorme, y Lincoln, muy a su pesar, restituyó a McClellan, en septiembre de 1862, como jefe indiscutible del Ejército del Potomac (aunque, por supuesto, Halleck siguió siendo el general en jefe).

No había duda de que esta medida fue popular en el ejército, que consideraba a McClellan un hombre que no despilfarraba la vida de sus hombres inútilmente. Esto era cierto. El problema era que tampoco arriesgaba sus vidas útilmente, de modo que la guerra se prolongó y, a la larga, costó más vidas.

Contrainvasión

Como consecuencia de la segunda batalla de Bull Run, tanto la Confederación como la Unión se enfrentaron con la necesidad de atraerse a Gran Bretaña y Francia. Los gobiernos de ambas naciones, y las clases dominantes, eran manifiestamente proconfederados, y después del fracaso de la Campaña Peninsular y el desastre de la segunda batalla de Bull Run, Gran Bretaña se ofreció para mediar en el conflicto. Esto significaba claramente que no creía a la Unión capacitada para obtener una victoria militar, y parecía a punto de declararse abiertamente por la independencia de la Confederación y de usar sus barcos para romper el bloqueo de la Unión.

Lee tenía que hacer algo que incitase definitivamente a Gran Bretaña a participar de forma activa en la guerra, y ese algo bien podía ser un avance sobre Maryland, es decir, invadir la Unión. Era un propósito arriesgado, en verdad, debido al disminuido y harapiento ejército de Lee, que, pese a sus victorias, había recibido un considerable castigo. Pero Lee contaba con dos factores: las simpatías de la gente de Maryland, que podía rebelarse y unirse a la Confederación, aislando a Washington, y la certidumbre de que podía derrotar a McClellan en cualquier circunstancia.

En cuanto a Lincoln, estaba tan desesperado por detener a Gran Bretaña como Lee por incitarla. Lincoln no tenía ninguna esperanza de ganarse a las clases superiores, pero podía atraerse a clases medias y bajas británicas si convertía la Guerra Civil en una cruzada antiesclavista. Era un camino arriesgado, y disgustaría a muchos unionistas, pero parecía cada vez más ineludible.

En julio de 1862, Lincoln preparó una declaración que anunciaba la liberación de los esclavos, y leyó esta Proclama de Emancipación a su gabinete. Halló una fría desaprobación. Finalmente, Seward señaló que semejante anuncio en un momento en que la Unión estaba siendo derrotada en los campos de batalla no era político; parecía el acto desesperado de un gobierno consciente de que no podía ganar la guerra y, por lo tanto, trataba de provocar una rebelión de los negros. Lo que había que hacer en primer lugar era obtener una gran victoria y entonces, la emancipación parecería el don generoso de un poderoso vencedor, sin más cuestiones. Lincoln, que sabía reconocer el buen sentido, estuvo de acuerdo.

Pero ¿cómo lograr una victoria? Llegaron entonces las tristes noticias del desastre de Pope, y ahora Lee avanzaba hacia el Norte.

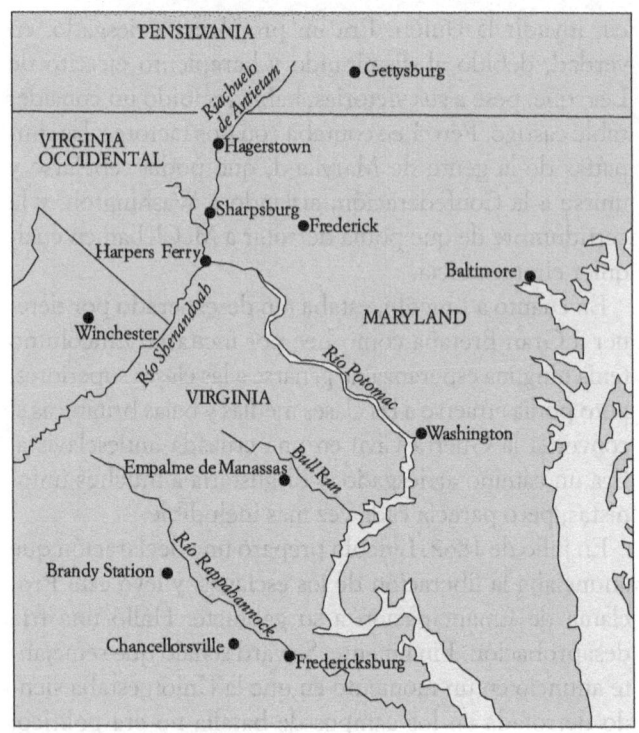

Maryland y Pensilvania en la Guerra Civil

Lee actuaba con su acostumbrada velocidad. Mientras McClellan se hacía cargo del mando nuevamente y reorganizaba al derrotado Ejército del Potomac, Lee cruzaba este río y penetraba en territorio de la Unión. El 7 de septiembre llegó a Frederick, Maryland, 65 kilómetros al noroeste de Washington.

McClellan, con su habitual y manifiesta cautela, hizo avanzar poco a poco a su ejército hacia el noroeste, manteniéndose entre Washington y el ejército confederado, con visiones, como de costumbre, de un enorme número de confederados frente a él. El 13 de septiembre llegó a Frederick, pero la halló vacía. Los confederados se habían desplazado hacia el oeste y más al norte. Longstreet estaba en Maryland, a unos 100 kilómetros al noroeste de Washington.

Pero al menos una de las esperanzas de Lee no se cumplió: Maryland no se rebeló. En el otoño de 1862, la guerra ya no era atractiva, y el hombre medio de Maryland deseaba mantenerla en Virginia y lejos de sus tierras. En vez de unirse jubilosamente al ejército invasor, Maryland quería que se marchase.

Entonces, McClellan tuvo uno de esos insólitos golpes de suerte para los que no hay ninguna explicación.

Lee, en su total desprecio por McClellan, tuvo la ambición de querer también alcanzar algunas victorias secundarias. Deseaba tomar Harpers Ferry, en la parte virginiana del río Potomac, y barrer al contingente de la Unión que lo defendía. Esto suponía que Lee tendría que dividir su ejército, ya numéricamente inferior, pero estuvo dispuesto a hacerlo; dividió por tanto su ejército en cuatro contingentes, dando a cada uno complicadas instrucciones sobre dónde y cómo moverse.

Un oficial confederado recibió una exposición detallada de esas órdenes especiales y no se le ocurrió nada mejor que usarlas como envoltura de sus cigarros. Peor aún, olvidó o perdió esos cigarros, junto con su envoltura, en Frederick cuando los confederados la abandonaron.

Soldados de la Unión hallaron el documento y fueron lo bastante inteligentes como para llevárselo a McClellan a toda prisa. Así, McClellan se enteró de que el ejército de Lee estaba fragmentado y supo exactamente dónde se hallaba cada fragmento. Sabía, por ejemplo, que Stonewall Jackson estaba en Harpers Ferry y se hallaba separado de Lee por 30 kilómetros.

Todo general medianamente competente habría comprendido instantáneamente que lo que se debía hacer era atacar como un rayo, interponerse entre las diversas partes del ejército confederado, derrotar a una y luego volverse para derrotar a la otra.

Sólo McClellan era capaz de esperar 16 horas antes de actuar de acuerdo con lo que sabía. Esta demora le brindó a Lee la oportunidad de enterarse de que McClellan tenía la información y empezar a acercarse a Jackson, mientras a éste le concedía tiempo para tomar Harpers Ferry (capturando a 11.000 hombres y gran cantidad de material) y luego dirigirse hacia el norte para encontrarse con Lee.

En el momento en que McClellan tomó contacto con el enemigo, estaba frente a un ejército confederado en buena parte unido. El contacto se produjo en Antietam Creek, una pequeña corriente que fluye hacia el sur para volcar sus aguas en el Potomac. Al oeste de la corriente, el ejército confederado se extendió alrededor de la ciudad de Sharpsburg. La batalla fue bautizada con el nombre del riachuelo en la Unión y con el nombre de la ciudad en la Confederación.

McClellan tenía 70.000 hombres, frente a 39.000 de Lee, pero esto no suponía prácticamente ninguna diferencia; McClellan estaba semiderrotado antes de empezar. Introdujo a su ejército en la batalla por partes, sin

11. Robert E. Lee

hacer ningún intento de coordinarlo, y un tercio de sus hombres nunca entró en combate, aunque su intervención podía hacer cambiar el resultado. McClellan se contentó con dar órdenes vagas, esperando que sus subordinados supieran qué hacer y obtuviesen la victoria para él. Lee, con su habitual habilidad, hizo frente a cada ataque según se efectuaba, trasladando a sus hombres de un lado a otro, de modo que en cada uno la superioridad numérica estuviese de su parte. Resistió mientras llegaban los refuerzos de Harpers Ferry.

Pero los ataques de la Unión provocaron un gran número de bajas durante todo aquel espantoso día 17 de septiembre de 1862, el más sangriento de la guerra.

Por la noche, la arrojada defensa de Lee había detenido al ejército de la Unión, pero a un coste terrorífico. Había sufrido 13.700 bajas, un tercio de sus fuerzas; la Unión, por su parte, había perdido 12.350, sólo una sexta parte de sus tropas.

Lee tuvo que retirarse, pues sólo podía recuperarse en Virginia. Cualquier general que no fuese McClellan tendría esto previsto y habría lanzado una persecución contra Lee con la esperanza de atrapar a su ejército exhausto antes de que pudiese hallarse seguro en Virginia.

Pero no McClellan. Tan seguro estaba Lee de la increíble cobardía de su adversario que se negó a abandonar el campo durante todo un día. A lo largo de todo el día 18 de septiembre Lee no se movió, como para demostrar que su ejército no podía ser expulsado de un campo de batalla, y McClellan, con más de 20.000 hombres que aún no habían combatido, además de refuerzos que le habían llegado, no osó atacar.

Luego, en la noche del 18, después de poner en ridículo al ejército de la Unión (o, mejor dicho, a su despreciable jefe), Lee condujo a sus tropas de vuelta a Virginia.

La batalla de Antietam fue un empate, según consideraciones estrictamente militares, pero, puesto que Lee se vio obligado a retirarse y el intento de invasión de la Unión llegó a su fin, estratégicamente fue una victoria de la Unión. Gran Bretaña lo consideró así, y el momento en que podía haber reconocido la independencia de la Confederación pasó y nunca volvió. Lincoln, por su parte, la aclamó como una victoria, y cinco días después de la batalla anunció que, como medida de guerra basada en sus poderes de comandante en jefe, los esclavos de todas las regiones ocupadas por las fuerzas confederadas serían libres desde el 1 de enero de 1863.

Esta Proclamación de Emancipación tuvo escasos efectos prácticos en lo concerniente a los esclavos. En aquellas zonas donde la esclavitud era legal y estaban controladas por fuerzas de la Unión, la Proclamación de la Emancipación no se aplicaba. Donde se declaraba la libertad, el control estaba en manos de la Confederación, y la Proclamación de la Emancipación no tenía ningún sentido. Por lo tanto, la proclamación no liberó a ningún esclavo.

En cambio, sí influyó en el pueblo británico, como había esperado Lincoln, y en lo sucesivo no hubo ninguna posibilidad de intervención británica directa en la guerra. También levantó los corazones de los unionistas que detestaban la esclavitud y les dio más razones para luchar. Además, no fue en modo alguno una maniobra cínica, pues dejaba claro que, una vez terminada la guerra, la esclavitud sería prohibida en todas partes y para siempre.

11. Robert E. Lee

Burnside fracasa

Mientras Lincoln, con magistral habilidad, maniobraba para mantener a Gran Bretaña fuera de la zona de peligro, no había nada que pudiera hacer con McClellan. Cualquier otro habría perseguido a Lee; pero McClellan no lo hizo. No cruzó el Potomac hasta seis semanas después de Antietam, y aun entonces sólo con su deliberada lentitud habitual.

En noviembre de 1862, Lincoln no pudo soportar más al reacio militar y lo relevó del mando. McClellan nunca condujo otro ejército ni libró otra batalla. Había hecho por la causa confederada más que nadie, dejando a un lado (quizá) a Lee.

Lincoln apeló a Burnside, quien había realizado una labor respetable en cargos subordinados. Lincoln ya le había querido asignar la tarea de conducir el Ejército del Potomac después del fracaso de Pope, pero Burnside había alegado incapacidad, y Lincoln había nombrado, con renuencia, a McClellan. Burnside había conducido bien a sus hombres en Antietam, por lo que Lincoln le ofreció el puesto por segunda vez y se negó a oírlo cuando Burnside, nuevamente, afirmó que no era lo bastante bueno*. Lincoln pensó que Burnside solamente era modesto, pero, ¡ay!, no lo era, sólo era sincero.

Una vez en el cargo, Burnside puso inmediatamente manos a la obra. Ansioso por no repetir el error de Mc-

---

* Burnside se dejaba crecer abundantemente el vello en la cara, según un estilo que fue llamado *burnsides* en su honor. Por una inversión de sílabas, se llamó a esto *sideburns,* y el autor de este libro, que lleva *sideburns,* le está agradecido a Burnside por ello.

Clellan de exceso de cautela, el nuevo jefe enfiló directamente hacia Richmond por Fredericksburg, ciudad situada a orillas del río Rappahannock, a 80 kilómetros al sur de Washington y a la misma distancia de Richmond. El plan era cruzar el río rápidamente y correr hacia el sur, hacia Richmond, antes de que Lee apostara a sus hombres entre el ejército de la Unión y la capital amenazada.

Pero, en el momento decisivo, Burnside vaciló. Llovía y el río estaba crecido. Burnside consideró que necesitaba pontones y decidió esperar a que llegaran antes de tratar de cruzar la corriente..., y tardaron toda una semana en llegar.

Esto dio tiempo a Lee para llegar a Fredericksburg y fortificar una posición prácticamente inexpugnable a lo largo de las alturas situadas al sur de la ciudad. La parte más fuerte de la posición confederada era la izquierda; allí había un camino bajo; más allá de él, una muralla de piedra de 1,20 m que protegía a los fusileros y, por encima de esta muralla, una colina en la que la artillería cubría cada metro cuadrado del camino de acceso.

Atacar ese punto era un modo de suicidio, pero esto fue precisamente lo que Burnside, el 13 de diciembre, insistió en que hiciera el ejército de la Unión. Oleada tras oleada, los soldados de la Unión fueron enviados adelante y barridos en un intento insensato y desolador de hacer lo que no se podía hacer y lo que ningún general en su sano juicio habría intentado hacer. Cuando se logró convencer a Burnside, en un estado de conmoción impotente, de que pusiera fin a la batalla, había 12.650 bajas de la Unión por 5.300 de los confederados. La batalla de Fredericksburg fue un total desastre para la Unión.

11. Robert E. Lee

El Gran Ejército del Potomac estaba quebrantado y no se sabe qué habría ocurrido si Lee hubiese contraatacado al día siguiente. Pero éste, quizá recordando el poder de recuperación de la Unión (como en Shiloh), pensó que había hecho lo suficiente y lo dejó marchar. Tal vez fuera un error tan grande como el de McClellan después de Antietam.

La moral de la Unión se hundió una vez más después de Fredericksburg, lo que anuló en gran medida el buen efecto de Antietam. Lincoln, sin embargo, que ya había anunciado la Proclamación de la Emancipación después de la dudosa victoria de Antietam, no la anuló tras la catastrófica derrota de Fredericksburg, pues gracias a ella Gran Bretaña no podía aprovechar esta oportunidad para intervenir directamente a favor de los confederados; pero sí podía hacerlo indirectamente.

Gran Bretaña, de hecho, permitía a los confederados construir barcos de guerra en su suelo. El caso más flagrante (pero en modo alguno el único) fue el del *Alabama*. Mientras se construía este barco, Adams, el embajador americano en Gran Bretaña, protestó airadamente. Los británicos se lo pensaron, dieron vueltas, demoraron las cosas y, finalmente, ordenaron la detención del proyecto sólo después de que el *Alabama* se escabullera por el mar en julio de 1862.

Al mando de Raphael Semmes (Maryland, 1809), el *Alabama* rondó por los mares durante dos años, atacando el comercio de la Unión, y penetrando hasta en el océano Índico para ello. Capturó 64 barcos, que representaban unas 100.000 toneladas en total. El temor al *Alabama* y a otros buques corsarios construidos por los británicos prácticamente expulsó del mar a la marina mercante de la Unión, que en algunos aspectos nunca se recuperó.

La Unión estaba furiosa con Gran Bretaña por esto, pero no podía hacer nada, y las hazañas corsarias del *Alabama* se sumaron al sombrío panorama dominante a medida que el año 1862 se acercaba a su desastroso final.

En cuanto a Francia, tenía los ojos puestos en México. Esta nación no había podido pagar sus deudas externas como resultado de la guerra civil que había estallado cuando los conservadores se opusieron a las reformas liberales llevadas a cabo por Benito Juárez. Gran Bretaña, Francia y España enviaron una fuerza armada conjunta que desembarcó en México a finales de 1861. Esto era contrario a la Doctrina Monroe (si es que las potencias europeas habían pensado siquiera en ella) y Estados Unidos, en circunstancias normales, habría tratado de impedir esta acción. Pero ahora Estados Unidos estaba dividido en dos y no podía hacer nada.

Gran Bretaña y España pronto se retiraron, pero Francia, bajo el emperador Napoleón III (que compartía las ambiciones de su famoso tío, Napoleón I, pero carecía de su capacidad), tenía el sueño de crear un imperio mexicano. En abril de 1862, el ejército francés inició el avance al interior. La Unión protestó enérgicamente contra esta acción, pero eso no detuvo a los franceses; la Unión no podía hacer nada más que protestar.

Por supuesto, la guerra no sólo se libraba en Virginia. Aunque era aquí y en los campos de batalla entre Washington y Richmond donde todos los ojos se fijaban, había enfrentamientos y vastos movimientos de tropas lejos de allí, en el Oeste, sucesos que iban a afectar a la fuerza económica de la Confederación, con lo cual influirían también en lo que ocurriese en Virginia.

Así, un intento confederado de hacer incursiones al Oeste desde Texas y poner el Suroeste americano, incluido el estado de California, de parte de los confederados fracasó en abril de 1862, de modo que todo el territorio situado al oeste y al norte de Texas permaneció firme y permanentemente en manos de la Unión. Asimismo, un ejército de la Unión ganó una batalla en Pea Ridge, Arkansas, en el noroeste del estado, lo cual dejó a todo Missouri y la mitad septentrional de Arkansas en su poder.

Pero el escenario principal en el Oeste fue Tennessee, donde ambos bandos se habían estancado desde que Halleck tomase Corinth, el 30 de mayo de 1862, y luego se trasladase a Washington para ocupar el cargo de general en jefe, en julio.

El 27 de junio de 1862, Braxton Bragg (Carolina del Norte, 1817), quien había combatido con particular distinción en Buena Vista, tomó el mando del ejército confederado en Tennessee. Inmediatamente empezó a preparar una ofensiva contra Buell en el este de Tennessee.

El 14 de agosto, Bragg envió a Edmund Kirby-Smith (La Florida, 1824) al norte, a Kentucky. Kirby-Smith, en una hábil campaña, dejó a un lado a las débiles fuerzas de la Unión y llegó a Lexington, Kentucky, en septiembre. El mismo Bragg, eludiendo al lento Buell, se dirigió al norte por otra ruta con la intención de llegar a Louisville, en el río Ohio, a 110 kilómetros al oeste de Lexington*.

---

* Fue en ese momento, con Lee en Maryland y Bragg en Kentucky, cuando la Confederación debió de haber parecido más peligrosa.

Pero Buell logró entrar en Louisville el 25 de septiembre, alcanzando antes el objetivo e impidiendo a los confederados llegar al Ohio. Luego salió a buscar batalla. El 7 de octubre, Buell se enfrentó a las fuerzas de Bragg cerca de Perryville, al suroeste de Lexington. Allí se libró una batalla accidental, mal organizada y no decisiva, al día siguiente.

Bragg podía haber obtenido el éxito si hubiera unido sus fuerzas con las de Kirby-Smith, pero los dos generales no se coordinaron de manera adecuada. Bragg se unió a Kirby-Smith sólo después de la batalla, y quizá sobrestimando el peligro en que se hallaba, abandonó Kentucky, como Lee había abandonado Maryland después de otra batalla empatada.

De la misma manera que McClellan no persiguió a Lee de modo eficaz, también Buell falló a la hora de perseguir a Bragg; el resultado fue el mismo: Buell fue relevado del mando el 30 de octubre y ya no volvió a tomar parte significativa en la guerra.

En reemplazo de Buell se nombró a William Rosecrans (Ohio, 1819), quien centró su objetivo en Chattanooga, un centro ferroviario del sureste de Tennessee. El 26 de diciembre de 1862 estaba listo y empezó la marcha hacia el sureste. Chattanooga estaba a 70 kilómetros de distancia y no se podía llegar a ella sin librar una batalla importante, pues a sólo 50 kilómetros al sureste de la base de Rosecrans, en Nashville, esperaban Bragg y su ejército, con la moral bien elevada y dichosos por las noticias de la gran victoria confederada en Fredericksburg.

El 31 de diciembre, los 45.000 hombres de Rosecrans se enfrentaron con los 38.000 de Bragg, a unos pocos kilómetros al oeste de la ciudad de Murfreesboro. Los ejércitos giraron lentamente en círculo, intentando cada bando rodear el flanco izquierdo de su rival. Los confederados llevaron la mejor parte ese día; de hecho, cuando cayó la noche, Rosecrans pensaba que había sido derrotado, y Bragg, por su parte, envió un mensaje de victoria a Richmond.

Pero Rosecrans decidió no retirarse y permanecer en el campo para reanudar la batalla al día siguiente. Lo que ocurrió fue una repetición de Shiloh. El ataque de la Unión al segundo día compensó con creces sus pérdidas del primero, y fue Bragg quien tuvo que retirarse.

La retirada confederada hizo que, técnicamente, la batalla de Murfreesboro fuese una victoria de la Unión, pero cada bando sufrió 12.000 bajas y Rosecrans juzgó que necesitaba tiempo para recuperarse. Observó cautelosamente cómo el ejército de Bragg se reunía en Tullahoma, pero no se movió. Durante el resto del invierno, la guerra se estancó en Tennessee.

Al comenzar el nuevo año de 1863, pues, la situación militar parecía ofrecer poca cosa que contribuyese a alegrar los corazones de la Unión. Una batalla indecisa contra Tennessee era todo lo que podía contraponerse al desastre de Virginia.

Sin embargo, pese a las desgarradoras pérdidas y al efecto desalentador de las repetidas derrotas frente a enemigos menos numerosos, la Unión siguió siendo fuerte; de hecho, se hizo cada vez más fuerte. Inmigrantes europeos afluían a la Unión sin cesar (unos 800.000, en total, en el curso de la Guerra Civil), de modo que las pérdidas en las batallas no provocaron ninguna escasez de mano de obra. La industria florecía, y se inventaban constantemente mecanismos que ahorraban trabajo.

Además, las granjas de la Unión producían abundantes cosechas, lo que proporcionó a Lincoln una poderosa herramienta para el comercio exterior.

En mayo de 1862, el Congreso aprobó la Ley de Granjas, que ofrecía, a un precio puramente nominal, unas 75 hectáreas de tierras de labrantío en los territorios occidentales a cualquiera que quisiese practicar la agricultura en ellas. Esta ley estimuló la migración al Oeste, expandió las tierras de labrantío y aumentó aún más las cosechas.

La Unión tampoco sufrió en su suelo los estragos directos de la contienda. Las grandes batallas se habían librado en territorio confederado, y fue allí donde el campo quedó arrasado, provocando un constante agotamiento económico que, aunque inadvertido frente a la gloria de las victorias militares de la Confederación, la estaba destruyendo silenciosamente.

No obstante, lo más importante de todo para la causa de la Unión fue el carácter del mismo presidente Lincoln. Ocurriera lo que ocurriese, nunca se desviaba ni por un momento del objetivo que previamente se había fijado: el de salvar la Unión a cualquier coste. Otros podían ser presas del pánico o la desesperación, pero Lincoln, aunque cada vez se mostraba más apesadumbrado y melancólico a medida que pasaba el tiempo*, continuó

---

* Después de Fredericksburg, decía tristemente: «Si hay algún lugar peor que el infierno, yo estoy en él».

siendo un líder inquebrantable y sin perder un ápice de su resolutiva actitud.

Hooker fracasa

Pero lo que Lincoln necesitaba desesperadamente para alentar a aquellos que se mostraban menos firmes que él era algo más que la presión inexorable pero inadvertida de la economía: necesitaba la excitación de una victoria. Lee aún mantenía a su ejército a orillas del río Rappahannock, y era menester hacer otro intento de abrirse paso a través de sus tropas para llegar a Richmond.

Burnside tenía que ser relevado del mando, desde luego, pero, a diferencia de McClellan y Buell, su error había sido luchar, no perder el tiempo, de modo que se le permitió seguir participando en la guerra en cargos subordinados. En enero de 1863 Joseph Hooker (Massachusetts, 1814) tomó el mando del Ejército del Potomac.

Hooker había luchado, con bastante distinción, en todas las batallas libradas por el Ejército del Potomac, incluso había sido herido en Antietam. Se había desenvuelto tan bien que se ganó el apodo de «Combativo Joe». Ahora, con rapidez y energía, reorganizó el ejército que había sido derrotado en Fredericksburg y lo convirtió una vez más en un instrumento eficaz.

A finales de abril, Hooker, con 94.000 hombres frente a 53.000 de Lee, se dirigió al sur. Lee estaba aún en Fredericksburg, y la intención de Hooker era mantenerlo allí fingiendo un ataque con casi la mitad de sus tropas, mientras las restantes cruzarían el río Rappahannock aguas arriba y (esperaba) caerían sobre la retaguardia de Lee como un rayo.

Lee fue retenido donde estaba y Hooker hizo que su ejército cruzase el río. El 29 de abril de 1863 llegó a Chancellorsville (a 10 kilómetros al oeste de Fredericksburg), a un cruce de caminos ocupado por una casa de ladrillos y rodeado por un terreno con árboles y malezas, cruzado por corrientes de agua, llamado «La Soledad». Hooker envió su ejército al este para atrapar a Lee, quien, por una vez, fue cogido por sorpresa. Comprendió lo que ocurría demasiado tarde, y cuando se volvió para hacer frente al nuevo ataque, se encontró ante el desastre.

Pero en ese momento el «Combativo Joe Hooker» se desanimó. Quizá la reputación de Lee pesaba demasiado sobre él; el recuerdo de sus pasadas hazañas era demasiado abrumador, y la probabilidad de ser aplastado en «La Soledad», demasiado grande. Fuera lo que fuese lo que pesaba en el corazón de Hooker, vaciló por un momento, y en vez de lanzar un vigoroso ataque de la Unión que podía haber aplastado a Lee y poner fin prácticamente a la guerra, se retiró a Chancellorsville.

Lee, comprendiendo que, una vez más, estaba ante un jefe de la Unión que se sentía medio derrotado antes de comenzar la batalla, asumió otro gran riesgo. Dividió su ejército en dos mitades e hizo que Jackson bordease el ejército de la Unión y atacase su flanco derecho, mientras él se enfrentaba con el izquierdo. Se trataba de un intento de rodear un ejército mayor con otro menor, y la maniobra tuvo éxito. Jackson efectuó un ataque totalmente por sorpresa el 2 de mayo.

Hooker, completamente desmoralizado, sólo pensó en retirarse.

Una vez más, un ejército de la Unión más grande se retiraba frente a un ejército confederado menor, y el 5 de mayo la Unión tuvo que admitir otra derrota, con pérdidas de 17.000 hombres, por 13.000 del ejército confederado.

Pero la pérdida de uno de esos 13.000 hombres fue desdichada para la Confederación. En la noche del 2 de mayo, Hooker se retiró presa del pánico, y pareció que la mayor velocidad y osadía de las fuerzas confederadas podían destruir totalmente al ejército de la Unión. Stonewall Jackson avanzó a caballo en la oscuridad para sondear por sí mismo las posibilidades, mas para entonces la línea confederada también estaba desorganizada y, en medio de las sombras, nadie sabía con seguridad quién rondaba por allí, ni si una oscura figura en la noche era un amigo o un enemigo.

Cuando Jackson pasó, los soldados confederados dispararon y Jackson cayó. Fue recogido con un brazo hecho pedazos. Se lo tuvieron que amputar, y, aunque por un momento pareció que se podría recuperar, con los primitivos tratamientos médicos de la época contrajo una neumonía; murió en mayo de 1863, a la edad de 39 años.

Los Estados Confederados habían perdido al hombre que era, quizá, su mayor táctico, y que parecía estar destinado a usar su habilidad para humillar a los ejércitos de la Unión. Así, el equipo formado por Lee y Jackson, que habían combatido y triunfado juntos durante un año, quedó disuelto. Lee, aunque conservó su genio militar hasta el fin, jamás ganaría otro Chancellorsville.

Mas, por el momento, Lee había triunfado, y al igual que después de la segunda batalla de Bull Run, quería continuar. La cuestión era: ¿cómo? Longstreet propuso avanzar al Oeste, pues allí, en el Misisipi, Vicksburg estaba en dificultades.

Vicksburg era la más poderosa fortaleza que le quedaba a la Confederación a orillas del Misisipi. Si Vicksburg, a 320 kilómetros aguas arriba de Nueva Orleans, era tomada, la Confederación quedaría dividida en dos. Había resistido con éxito un asalto exclusivamente naval cuando los barcos de Farragut se habían dirigido al norte después de la caída de Nueva Orleans. Pero ahora Grant quería tomarla por tierra.

En octubre de 1862, recibió permiso para avanzar, pero era evidente que no iba a ser una tarea sencilla. Halleck, bajo cuyo mando Grant había ganado fama por primera vez, aún sentía celos y no le facilitaría las cosas. Además, la posición de Vicksburg era sólida, estaba poderosamente fortificada y las fuerzas confederadas que la defendían estaban hábilmente conducidas; tampoco esas circunstancias le facilitarían las cosas.

Por último, presiones políticas habían dado como resultado el nombramiento de Alexander McClernand (Kentucky, 1812) para compartir el mando con Grant. McClernand había combatido junto a Grant en Fort Donelson y Shiloh, y había demostrado ser un hombre sediento de gloria que no tenía escrúpulos en magnificar su actuación en las batallas o en intrigar contra Grant. Obviamente, Grant no podía esperar a que tampoco McClernand le facilitara las cosas.

Lincoln no se hacía ilusiones sobre la competencia de McClernand, pero, como demócrata de la guerra, era políticamente importante y tenía que ser cortejado, sobre todo porque toda victoria de Lee fortalecía a los demócratas de la paz, que querían acabar con la guerra y aceptaban el fin de la Unión.

Para la mayoría de la Unión, que deseaba proseguir la guerra, los demócratas de la paz eran llamados *copperheads**, por el nombre de la serpiente venenosa que, a diferencia de la serpiente de cascabel, ataca sin avisar. El más destacado *copperhead* era Clement Vallandigham (Ohio, 1820). Como representante de Ohio, Vallandigham había hecho una campaña firme y efectiva contra la guerra, y mientras él recorriese el país, existía siempre el peligro de que partes diversas de la Unión –particularmente, los estados situados al norte del río Ohio– se negasen a seguir combatiendo.

Lincoln y su Partido de la Unión ganaron las elecciones para el Congreso de 1862, y Vallandigham fue derrotado para la reelección, pero esto había sucedido después de Antietam y antes de Fredericksburg. Los *copperheads* mantuvieron su fuerza, por lo que los demócratas de la guerra eran valiosísimos para Lincoln.

Grant, que era ante todo un soldado (por entonces y durante toda su vida), no se preocupaba por cuestiones políticas. Sólo sabía que McClernand era un general incompetente, otro de los muchos que infestaban la Unión, y que probablemente arruinaría cualquier campaña en la que tuviese una intervención destacada. Por ello, se apresuró a atacar Vicksburg –él mismo, por tierra, y su leal asociado Sherman, por el río– antes de que McClernand

---

* *Copperhead*, literalmente «cabeza de cobre», nombre de una serpiente venenosa americana, así llamada por su color cobrizo. [*N. del T.*]

llegase. Demasiado apresuradamente planeado y llevado a cabo, el ataque fracasó, el 29 de diciembre de 1862, lo cual hizo aumentar el pesimismo que invadía a la Unión desde Fredericksburg.

Grant estaba en una mala posición. Se encontraba en el lado desfavorable del río, el lado occidental, a 30 kilómetros aguas arriba de Vicksburg. Desde ese lado, no había ninguna posibilidad de realizar un asalto directo, pues Vicksburg estaba en las alturas del lado oriental del río. Además, McClernand había llegado, pero había embarcado a una parte de sus tropas en una inútil expedición a Arkansas en busca de gloria. Grant tuvo grandes dificultades para lograr que volviese y atendiera a la situación.

Pero retirarse no encajaba bien en la filosofía de Grant. Con mala posición o no, aumentó la presión. Durante los tres meses de invierno, Grant mantuvo ocupado a su ejército buscando algún medio de cruzar el ancho Misisipi. Mantuvo a sus hombres bien preparados y listos, y no dio descanso a las fuerzas confederadas que estaban en Vicksburg y a su alrededor.

Grant hizo cuatro intentos de cruzar el río, uno de los cuales exigía desviar su curso, pero los cuatro fracasaron. Llegó abril de 1863 y, mientras Hooker se disponía a lanzar sus tropas por Virginia, Grant aún contemplaba Vicksburg del otro lado del río. Muchos deben de haber pensado, para entonces, que Vicksburg no podía ser tomada, al menos no por Grant. Pero Grant no era de los que dudaban.

En primer lugar, la primavera secaría el terreno cenagoso que rodeaba Vicksburg y las maniobras resultarían más fáciles. En segundo lugar, a Grant se le ocurrió una nueva y atrevida idea.

Hasta entonces, todos los intentos de cruzar el río se habían efectuado al norte de Vicksburg, para mantener el contacto con las líneas de comunicaciones, todas las cuales iban en esa dirección. Pero si el cruce se realizaba al sur de la ciudad, los confederados, que no esperarían tal cosa, podían ser cogidos por sorpresa. Por supuesto, eso significaba romper las líneas de comunicaciones, pero ¿qué importaba? Grant pensó sencillamente que podía hacer vivir a sus hombres de los productos del lugar.

Grant dispuso que Sherman hiciese un ataque de cobertura en el norte, para mantener allí la atención de los confederados. Luego envió a la caballería a hacer incursiones por toda la región para destrozar las vías de ferrocarril y hacer más difícil para los confederados concentrar hombres rápidamente en algún lugar imprevisto.

Después marchó discretamente hacia el sur y esperó que se le unieran los barcos del río. En esto no se vio defraudado. Bajo el mando de David Porter (Pensilvania, 1813), quien se había batido bien al mando de Farragut en Nueva Orleans, los buques se abrieron paso por Vicksburg. Grant estaba listo.

El 30 de abril de 1863, justamente cuando, más al este, los ejércitos enemigos se preparaban para la batalla de Chancellorsville, Grant, con 20.000 hombres, finalmente cruzó el Misisipi, a 40 kilómetros al sur de Vicksburg.

Vicksburg estaba bajo el mando de John Pemberton (Pensilvania, 1818), mientras que Joseph Johnston, que se había recuperado de su herida en la Campaña Peninsular y estaba ahora al mando del ejército del Oeste, se hallaba a unos 65 kilómetros al este de Vicksburg, en Jackson. Ni Pemberton ni Johnston pensaron que Grant tuviera la osadía de abandonar la vecindad del río, que le resultaba fundamental, ya que de él dependía para recibir los suministros que necesitaba, de modo que ninguno de ellos pensó en llevar a cabo una acción enérgica.

Ahora Grant tenía campo libre, y procedió a demostrar que había un general de la Unión que, al menos, podía atacar con la potencia y la velocidad de Lee. A pesar de no contar con las líneas de comunicaciones ni con suministros, Grant se aseguró de que las fuerzas de Vicksburg también careciesen de ellos.

Condujo rápidamente a sus hombres hacia el noreste, y Pemberton, sorprendido por esta acción, atacó inútilmente hacia el sur en busca de una inexistente línea de comunicaciones.

El 14 de mayo, Grant llegó a Jackson, y Johnston, sorprendido, salió apresuradamente de la ciudad. Eso significaba que Grant se había situado entre Johnston y Pemberton, cortando de esa manera la única ruta por la cual podían llegar fácilmente a la ciudad suministros y refuerzos. Vicksburg estaba prácticamente bajo sitio, y Grant procedió a avanzar sobre ella y a hacer efectivo el asedio. Desde que cruzó el río hasta la formación de líneas de asedio alrededor de Vicksburg el 22 de mayo, Grant había obtenido cinco victorias en tres semanas, conduciendo su ejército a la perfección.

11. Robert E. Lee

El viraje

Ésta era la situación –victorias de Grant y el inminente asedio de Vicksburg– con la que se encontró Lee después de la batalla de Chancellorsville. ¿Debía, como sugería Longstreet, conducir su ejército al Oeste, a Kentucky y Tennessee, aplastar a Rosecrans y obligar a Grant a levantar el sitio de Vicksburg?

Lee pensaba de otro modo. No estaba seguro de poder trasladar su ejército con la rapidez y eficacia suficientes por las estropeadas líneas ferroviarias de la Confederación. Además, no quería dejar Virginia desprotegida ante un ataque de la Unión*. (Lee luchaba sólo por su estado.) Volvió entonces a su idea del año anterior: otra embestida hacia el norte.

Podía argüirse que Lee no necesitaba conquistar la Unión, ni siquiera permanecer en su territorio. Todo lo que tenía que hacer era obtener una gran victoria a la manera de Chancellorsville, y en medio del pánico general que se produciría en la Unión, los demócratas de la paz podían imponer el fin de la guerra. A fin de cuentas, no se exigiría a la Unión que cediese territorios, sino sólo que dejase en paz a la Confederación. Y una victoria así hasta podía bastar para obtener por fin la ayuda británica, en el caso improbable de que la Unión insistiese en continuar la lucha.

---

* Irónicamente, no fue a la Unión a la que Lee logró dividir durante la campaña del verano, sino a su estado natal, Virginia. El 20 de junio de 1863 Virginia Occidental entró oficialmente en la Unión como trigesimoquinto estado, con una Constitución en la que se estipulaba la gradual emancipación de los estados. Esta división de Virginia en dos estados fue el único cambio territorial que resultó de la Guerra Civil.

Al albergar esta esperanza, quizá Lee no estuviese muy desacertado. Las derrotas en batalla habían acabado con la afluencia de voluntarios en la Unión, y Lincoln se había visto obligado, en marzo de 1863, a anunciar un reclutamiento forzoso. El Congreso había aprobado una ley muy perversa: cualquiera podía comprarse un sustituto por 300 dólares, lo cual significaba que los pobres eran reclutados, mientras que los adinerados podían eximirse de la guerra pagando y sentarse en su casa mientras obtenían pingües beneficios de las industrias bélicas. Este sistema también dio a los políticos corruptos una oportunidad de cuidar de sus amigos.

No es sorprendente, pues, que se produjesen protestas y que la guerra llegase al máximo de su impopularidad. Los peores disturbios se produjeron del 13 al 16 de julio de 1863, cuando la ciudad de Nueva York pasó por cuatro días de anarquía. La población irlandesa americana de la ciudad, encolerizada por ser alistada en el ejército para luchar por la libertad de los negros, mientras los negros de la ciudad eran utilizados para reemplazarlos a ellos en algunos trabajos por salarios menores, se volvieron locos. Negros y funcionarios de la ciudad fueron linchados por centenares, a la par que se destruían propiedades por valor de millones de dólares. Fue necesario llevar contingentes armados, sacados de los campos de batalla, para restaurar el orden.

En cuanto a Gran Bretaña, aún ayudaba indirectamente a la Confederación. En la primavera de 1863, los astilleros británicos estaban trabajando en dos barcos de vapor acorazados, cada uno con un ariete perforador en la proa; era muy probable que estos *Merrimacks* muy mejorados, en manos de los marinos de la Confederación, pudieran romper el bloqueo de la Unión, que ahora era fuerte y sólido.

La Confederación también podía contar con la ayuda de Francia. El 7 de junio de 1863, un mes después de la batalla de Chancellorsville, un ejército francés ocupó Ciudad de México. Napoleón III no tenía esperanzas de conservar México si la Unión ganaba, de modo que era probable que usara México como base desde la cual mantener a la Confederación bien aprovisionada de alimentos y municiones.

Quizá pensando en todo esto, Lee empezó a mover su ejército, primero hacia el oeste y luego hacia el norte, mientras Hooker esperaba en el río Rappahannock. El ejército confederado –más hambriento que nunca y esperando, al menos, obtener alimentos y ropa– se dirigió al norte, al valle del Shenandoah.

Jeb Stuart, el gran jefe de caballería del ejército confederado, mantuvo a sus hombres en el flanco derecho del ejército, ocultando sus movimientos a Hooker y alerta ante posibles contraataques de las fuerzas de la Unión.

Durante los dos primeros años de la guerra, la caballería confederada se había mostrado muy superior a la de la Unión, de modo que en las grandes batallas habían sido siempre los confederados quienes tenían mucha mejor visión, mientras que las fuerzas de la Unión luchaban a ciegas, factor importante de las victorias confederadas.

Pero la caballería de la Unión fue mejorando gradualmente, y, en esta ocasión, un gran contingente de jinetes, al mando de John Buford (Kentucky, 1826), se enfrentó a Stuart el 9 de junio en Brandy Station, a unos 50 kilómetros al oeste de Fredericksburg. Allí se libró la mayor batalla de caballería en la historia del continente americano, con 10.000 hombres en cada bando. Stuart finalmente se llevó la mejor parte, pero sólo después de haber sido duramente golpeado por Buford, quien mostró una sorprendente agresividad.

Esta batalla tuvo dos consecuencias. En primer término, el ejército de la Unión tomó conocimiento, por primera vez, del movimiento hacia el norte de Lee. En segundo lugar, Stuart se sentía herido en su amor propio por haber estado a punto de ser derrotado, de modo que decidió hacer algo para convencerse a sí mismo de que aún era el mejor jefe de caballería del mundo: se llevó sus hombres para hacer una vasta incursión alrededor de todo el ejército de la Unión. Fue un espectáculo lucido, pero el resultado, en un momento crucial de la marcha de Lee hacia el norte, no fue demasiado exitoso para los confederados. El amor propio de Stuart contribuyó a arruinar a la Confederación.

Hooker, quien aún estaba al mando del Ejército del Potomac, quería atacar Richmond ahora que Lee estaba lejos, en el norte, pero Lincoln sabía que una victoria confederada en territorio de la Unión podía poner fin a la guerra, y que tener un ejército de la Unión inmovilizado en Richmond no cambiaría este hecho. Por ello ordenó a Hooker que siguiera al ejército de Lee y considerase que su objetivo era este ejército, no Richmond.

Lee hizo algo más que entrar en Maryland, como había hecho el año anterior. Hasta entonces, las invasiones de territorios de la Unión se habían limitado a los estados esclavistas fronterizos de Missouri, Kentucky y Maryland. Ahora, por primera vez, a finales de junio de 1863, un ejército confederado pisaba el suelo de un estado libre. Lee entró en Pensilvania.

Sin que Lee lo supiera, Hooker lo seguía tan rápidamente como podía. Sin Jeb Stuart, Lee estaba a ciegas, y cuando descubrió que lo seguían, sus comunicaciones ya estaban amenazadas y su libertad de maniobra había desaparecido.

Pero a Hooker no le encantaba, precisamente, la idea de enfrentarse a Lee de nuevo. El 28 de junio envió su dimisión, que fue aceptada de inmediato (aunque siguió combatiendo dignamente en puestos subordinados). En su lugar, fue nombrado George Gordon Meade (nacido en Cádiz, España, de padres americanos, en 1815), igualmente reacio a combatir.

Meade había luchado en todas las batallas de Virginia, había sido herido durante la Campaña Peninsular y había tratado de que Hooker atacase cuando éste retrocedió en Chancellorsville.

Meade siguió a Lee a Pensilvania, con la intención de mantener a su ejército entre los confederados y Washington. Hizo lo posible por ser cauto, tratando de imaginar lo que Lee planeaba hacer. Pero Lee, sin Stuart, no sabía exactamente dónde estaba Meade, y por tanto no estaba seguro de lo que iba a hacer. Cada ejército esperaba y trataba de conjeturar lo que haría el otro, y también de impedir ser sorprendido.

El ejército de Lee pareció que se centraba alrededor de Cashtown, a unos 19 kilómetros al norte de la Línea Mason-Dixon y a unos 88 kilómetros al noroeste de Baltimore. Meade envió la caballería de la Unión, al mando de Buford, para ver qué ocurría. La caballería pasó por Gettysburg, a 9 kilómetros al sureste de Cashtown. Allí, una brigada confederada, formada en su mayoría por hombres descalzos, había oído que había muchos zapatos almacenados en Gettysburg y se dirigió a la localidad para hacerse con ellos.

Se encontraron entonces con la caballería de Buford el 30 de junio. Buford, percatándose de la importante posición de Gettysburg, atacó a la brigada. Pero la lucha resultó ser una vorágine que absorbía cada vez a más soldados de ambos bandos. Durante los tres días siguientes se libró la batalla de Gettysburg, la mayor batalla de la Guerra Civil, la mayor batalla que se libró nunca en América, y una batalla que ninguna de las partes había planeado.

Ambos ejércitos estaban dispersos, y la cuestión era cuál podía concentrarse primero. Al final del primer día de lucha, los confederados llevaban ventaja (el mismo Meade no llegó al campo de batalla hasta el segundo día), pero Lee combatía a ciegas. No sabía dónde estaban concentradas las fuerzas de la Unión, y no osaba arriesgarse demasiado antes de que Longstreet llegara.

En cuanto a las fuerzas de la Unión, reconocieron la importancia que tenían las alturas del sur de Gettysburg y las ocuparon durante las primeras horas de la tarde del 1 de julio.

El 2 de julio, el segundo día de la batalla, el ejército confederado advirtió que su única opción era atacar las fuertes posiciones de la Unión en las alturas. Longstreet se opuso a ello –quería permanecer a la defensiva–, pero el ejército de la Unión no cooperaría. Podía esperar más tiempo que los hambrientos confederados, y procedió a hacerlo. A mitad de la tarde, los confederados atacaron desesperadamente. El combate prosiguió durante horas, pero las defensas de la Unión resistieron, y ambos ejércitos suspendieron la lucha al caer la noche.

Ambas partes habían sufrido muchos daños, y Meade no estaba seguro de si debía retirarse o no. Esa noche se celebró una reunión de oficiales y Meade decidió quedarse. En cuanto a Lee, tenía que hacer un último esfuerzo. Longstreet se opuso nuevamente, pero prevaleció el parecer de Lee.

Tropas frescas se unieron al ejército confederado al mando de George E. Pickett (Virginia, 1825); Lee planeó usar estas tropas en una carga que, esperaba, rompería las líneas de la Unión y obligaría al enemigo a efectuar una retirada desordenada que contagiaría al resto del campo de batalla y dejaría a los confederados en poder del terreno y de la victoria táctica.

A las tres de la tarde del 3 de julio, 15.000 soldados confederados avanzaron a través de 400 metros de campo abierto hacia las tropas de la Unión atrincheradas en las alturas. Como preparación, la artillería confederada había disparado durante dos horas, pero sus balas habían pasado por encima de las cabezas de los artilleros de la Unión, que ahora se preparaban para vengarse de Fredericksburg.

La artillería de la Unión, intacta y silenciosa, esperó a que la carga de los confederados los pusiese a una distancia conveniente, y luego los cañones empezaron a disparar incesantemente. La carga confederada se esfumó. Unos pocos hombres llegaron a las alturas donde el ejército de la Unión los estaba esperando, sólo para morir allí. No sobrevivió más que un número insignificante de soldados.

La «Carga de Pickett» es llamada a veces «el apogeo de la Confederación», como si fuese un intento de alcanzar la victoria que fracasó por muy poco. En realidad, la carga no tenía ninguna posibilidad de éxito.

Cuando terminó, Lee tenía que retirarse pues había sufrido una clara derrota. De nuevo permaneció en el campo de batalla hasta el día siguiente, como para demostrar que no había sido vencido, pero luego se marchó al Sur con lo que quedaba de su fatigado ejército. Había sufrido 28.000 bajas de su ejército de 75.000 hombres.

Al llegar al Potomac, lo encontró muy crecido por las lluvias e imposible de cruzar. Esto habría sido el colmo para el ejército de Lee si Meade lo hubiera perseguido y atacado de nuevo; Lincoln le ordenó desesperadamente que lo hiciera. Pero el ejército de la Unión también había sido duramente golpeado, con 23.000 bajas de los 80.000 hombres que habían combatido. Esto, sumado a las lluvias que caían y al terror que Lee inspiraba siempre a los generales de la Unión, hizo que Meade pensase que no podía desplazarse con suficiente rapidez.

Lee escapó a Virginia para volver a combatir algún día; el 1 de agosto, los dos ejércitos estaban nuevamente en las posiciones que habían ocupado en los dos años anteriores. Lincoln se lamentó de la oportunidad perdida, pero no destituyó a Meade. No podía quitar el mando a un general que acababa de derrotar a Lee.

El 4 de julio de 1863, mientras el ejército de Lee se hallaba desesperadamente herido y en retirada, llegó la noticia de que, después de un incesante bombardeo de seis semanas por el resuelto Grant, Vicksburg, con su guarnición de 30.000 hombres, se había rendido. Cinco días más tarde, Port Hudson, a 210 kilómetros al sur de Vicksburg, también se rindió, y todo el Misisipi quedaba en manos de la Unión. (Lincoln decía en una carta escrita poco después: «El Padre de las Aguas nuevamente va sin ser molestado hasta el mar».)

Ese mes de julio de 1863 marcó un claro viraje, y aunque los motines por el reclutamiento en Nueva York empañaron un poco el triunfo, todo el mundo comprendió que realmente lo era.

Aún se construían en Gran Bretaña los arietes acorazados, pero la Unión estaba construyendo a gran velocidad barcos que podían servir como buques corsarios. Adams pudo ahora decir fríamente al gobierno británico que, si se permitía que los barcos con arietes navegasen como barcos confederados, ello significaría la guerra. Después de Gettysburg, Gran Bretaña optó por no arriesgarse a un enfrentamiento y destinó los barcos a la Armada británica. También Francia dejó de enviar barcos con suministros a la Confederación; y con el Misisipi en manos de la Unión, no había ninguna probabilidad de que el ejército de Lee recibiera suministros de México.

12. Ulysses S. Grant

Rosecrans fracasa

Durante toda la primera mitad de 1863, Rosecrans, después de la estrecha victoria de la Unión en Murfreesboro, permaneció a la defensiva. Lincoln volvió a pedir mayor actividad, pero no consiguió nada. Ni siquiera la amenaza de destitución hizo que Rosecrans se moviera, hasta que él mismo decidiera que estaba listo.

Sólo a finales de junio de 1863, mientras en el este los ejércitos maniobraban para el combate que iba a estallar en Gettysburg, Rosecrans se consideró preparado para atacar. Siguieron dos meses de lentas marchas y hábiles maniobras por parte del ejército de la Unión, pues Rosecrans aspiraba a destruir las líneas de suministros de Bragg y forzó al ejército confederado a retirarse continuamente. Después de diez semanas de maniobras, prácticamente sin bajas, los confederados fueron expulsados de Tennessee casi totalmente. Rosecrans tomó Chattanooga, prácticamente sin lucha, el 8 de septiembre.

Rosecrans, tranquilizado por sus éxitos y pensando que Bragg estaba destrozado, ordenó una persecución general. Rosecrans hizo avanzar su ejército en columnas muy separadas, en un exceso de confianza.

Pero la Confederación padecía por sus derrotas en Gettysburg y Vicksburg, y Jefferson Davis ordenó personalmente a Longstreet trasladarse, con grandes fuerzas, del ejército de Lee al de Bragg.

Bragg, que no era uno de los mejores generales de la Confederación, perdió un par de oportunidades de derrotar al ejército de la Unión, pero de todos modos se preparaba para la batalla, pues sabía que pronto (cuando llegase Longstreet) se hallaría en una situación casi única para un general confederado: tendría la ventaja del número de tropas. En cuanto a Rosecrans, comprendió demasiado tarde que sus divisiones separadas se hallaban en peligro y debía reunirlas a toda velocidad, lo que agotó a sus hombres; él mismo sufrió una crisis nerviosa.

El 19 de septiembre, el ejército confederado atacó cerca de Chickamauga Creek, en el noroeste de Georgia, al sur de Chattanooga, una región tan enmarañada de bosques y malezas que era prácticamente imposible para un general de cualquier bando ver lo que estaba ocurriendo. Al terminar el día, el resultado era impreciso, pero Bragg tuvo la satisfacción de ver llegar a Longstreet esa noche.

Al segundo día, Rosecrans, comprendiendo que era superado en número, empezó a ceder bajo la tensión. Sus órdenes se volvieron apresuradas en exceso y su control de la línea de batalla se hizo vacilante.

Longstreet se preparaba para atacar la línea de la Unión, justamente cuando una orden de Rosecrans fue mal interpretada, de modo que una parte del ejército de la Unión se retiró de la línea, dejando una grieta. Longstreet aprovechó la situación, penetró en la grieta y todo el flanco derecho del ejército de la Unión se derrumbó.

Rosecrans inició una apresurada retirada, y telegrafió a Lincoln con pánico que había sufrido un completo desastre; pero era una afirmación prematura. En el centro, George Thomas y sus hombres resistían impasiblemente, rechazando a los confederados a suficiente distancia como para permitir al ejército de la Unión llevar a cabo una retirada ordenada hasta Chattanooga. Si Rosecrans hubiese tenido la frialdad y el temple necesarios para ver lo que estaba ocurriendo y agruparse alrededor de Thomas, la batalla podía haber terminado de otro modo.

Aunque la batalla de Chickamauga fue una victoria confederada, sus pérdidas fueron, en realidad, mayores que las de la Unión, nuevamente una situación extraña en una batalla de la Guerra Civil: las bajas confederadas ascendían a 18.450 hombres, frente a 16.170 de la Unión. Las tropas de Bragg, pues, no estaban en condiciones de perseguir al enemigo, y el ejército de la Unión atravesó los 16 kilómetros hacia el norte que había hasta Chattanooga sin ser molestado.

Pero una vez que sus hombres se recuperaron, Bragg avanzó hasta Chattanooga y la puso bajo sitio.

Esto fue el fin para Rosecrans. Lincoln había felicitado a Grant por la captura de Vicksburg y lo había elevado al rango de general de división. El 16 de octubre, Lincoln puso a Grant al mando de todos los ejércitos al oeste de los Apalaches. El primer acto de Grant fue reemplazar a Rosecrans por Thomas. Luego, acudió él mismo a Chattanooga y vio que la ciudad estaba casi rodeada, que sus líneas de suministros eran totalmente insuficientes y que el ejército de la Unión podía verse obligado a rendirse por hambre.

Reaccionó con su característica energía, apoderándose primero de los territorios situados a lo largo del río Tennessee, construyendo luego un puente con pontones sobre él y estableciendo comunicaciones adecuadas. Después reunió refuerzos bajo el mando de Hooker y Sherman y empezó a preparar una ofensiva.

Mientras ocurría todo esto, Lincoln viajaba a Gettysburg. Una parte de este gran campo de batalla se había convertido en un cementerio donde miles de soldados muertos aún estaban por ser enterrados. Iba a ser inaugurado el 19 de noviembre de 1863, y Edward Everett, que había sido candidato a vicepresidente por la Unión Constitucional tres años antes, pronunciaría una de esas largas y grandiosas oraciones por entonces en boga. Se preguntó a Lincoln si asistiría a la ceremonia, y éste aceptó.

Everett llegó al final. Había meteorizado su discurso de 13.000 palabras y lo había pronunciado durante un período de dos horas, con todo el floreo y lustre de un consumado orador.

Luego, finalmente, Lincoln se levantó y pronunció un discurso de tres minutos que no contenía ningún tono triunfal, ninguna llamada a odiar al enemigo. Habló tristemente de la muerte y del precio que los hombres deben pagar por la libertad, y afirmó, con calma y seguridad, que la libertad valía tal precio. La alocución de

Gettysburg es, quizá, el más breve de todos los grandes discursos conservados por la historia, y tal vez el más grande de todos. Aún nos suena a verdadero hoy en día, aunque cada una de sus frases ha llegado a formar parte del lenguaje común por la frecuencia con que se lo cita:

> Hace 87 años, nuestros padres crearon en este continente una nueva nación, concebida en libertad e imbuida de la creencia de que todos los hombres son creados iguales.
>
> Ahora estamos empeñados en una gran guerra civil, en la que se pone a prueba si esta nación o si cualquier nación así concebida y con tales ideales puede durar largo tiempo. Nos encontramos en un gran campo de batalla de esta guerra. Hemos venido a dedicar este campo como lugar final de reposo para aquellos que aquí dieron sus vidas para que esta nación viva. Es totalmente correcto y apropiado que hagamos esto.
>
> Pero, en un sentido más amplio, no podemos dedicar, no podemos consagrar, no podemos santificar, este terreno. Los valientes hombres, vivos y muertos, que lucharon aquí lo han consagrado, muy por encima de nuestro escaso poder de añadir o quitar. El mundo tomará poco en cuenta, y no recordará, lo que decimos aquí, pero nunca olvidará lo que ellos hicieron aquí. En cambio, nos corresponde a nosotros, los vivos, comprometernos a dedicarnos a la tarea inconclusa que quienes han combatido aquí han hecho avanzar tan noblemente hasta ahora. Nos corresponde comprometernos aquí a dedicarnos a la gran tarea que nos queda por delante: que por estos venerados muertos aumente nuestra devoción a la causa a la que ellos dieron toda su devoción; tomemos la firme resolución de que estos muertos no hayan muerto en

vano; de que esta nación, conducida por Dios, conozca un renacer de la libertad, y de que el gobierno del pueblo, por el pueblo y para el pueblo no desaparezca de la tierra.

Apenas Lincoln regresó a Washington, comenzaron las acciones en el frente de Chattanooga. El 24 de noviembre de 1863, Hooker atacó el ala izquierda confederada, y Sherman, el ala derecha. Chocaron con una firme resistencia, pues el ejército confederado ocupaba una posición defensiva fuerte. Bragg llevó a sus hombres de vuelta a Missionary Ridge, que sería particularmente difícil de tomar por las fuerzas de la Unión, y al día siguiente se reanudó la lucha.

En ese momento, los hombres del centro de la formación de Thomas, que estaban entre los que habían combatido y perdido en Chickamauga y se sentían irritados por las burlas de los que se habían incorporado hacía poco al ejército, fueron enviados contra los cañones confederados de la base de Missionary Ridge. Los contingentes de la Unión, sin recibir órdenes, cargaron trepando por la colina y tratando de llegar a la cima. Fue una acción temeraria, pero los soldados confederados no pudieron resistir más. La vista de esos hombres enfurecidos que avanzaban hacia ellos con el mayor arrojo, sin importarles el fuego de artillería que recibían, quebró su espíritu. Fue una «Carga de Pickett» que tuvo éxito, pues las fuerzas confederadas huyeron. Grant aprovechó instantáneamente la situación, lanzó nuevos ataques y Bragg tuvo que retirarse a Georgia.

La batalla de Chattanooga fue una victoria de la Unión (los confederados sufrieron 67.000 bajas por 58.000 de la Unión) que anuló completamente la derrota sufrida en Chickamauga.

Grant resultó ser el héroe del día para la Unión. Fue a Washington a recibir una medalla, otro ascenso y el agradecimiento personal de Lincoln. La apariencia de Grant no era muy impresionante, pero nadie se preocupó por ello. Ni siquiera los persistentes –y falsos– rumores de que era un borracho podían ya perjudicarlo. Lincoln les puso fin declarando secamente, cuando alguna de tales quejas llegaba a sus oídos: «Quisiera saber cuál es la marca de lo que bebe; les enviaría algunas cajas a mis otros generales».

Choque de gigantes

Lincoln sabía que finalmente había hallado el general que buscaba. Necesitaba un general que atacase, que siguiese atacando si era derrotado, y continuase haciéndolo enérgicamente si salía victorioso. En Grant tenía a ese hombre: en marzo de 1864 Lincoln le nombró comandante en jefe de todos los ejércitos de la Unión. Halleck, antaño superior de Grant y enemigo suyo, ahora era su subordinado.

Con Grant al mando, ocurrieron dos cosas. Los ejércitos separados de la Unión fueron unificados, por primera vez, en una sola fuerza. Ya ningún ejército actuó según los deseos de su jefe, sin consideración a lo que ocurría en otros escenarios. Ahora todos estaban bajo la supervisión de hierro de Grant, quien tenía la intención de hacer que todos se movieran al mismo tiempo, Meade en Virginia y Sherman en Georgia, en particular. En segundo lugar, Grant no tenía como meta ninguna ciudad, ni siquiera Richmond. Su objetivo eran los ejércitos confederados; una vez destruidos, las ciudades caerían solas.

Sherman, en el extremo noroccidental de Georgia, debía enfrentarse con Joseph Johnston, que había reemplazado a Bragg después de la batalla de Chattanooga. En cuanto al mismo Grant, acompañaría al ejército de Meade, que marcharía directamente contra el temible Lee, y tenía intención de no cejar hasta acabar con su labor.

Grant pasó marzo y abril organizando a sus ejércitos y dando instrucciones a sus generales. El 4 de mayo de 1864, el ejército de Grant (Meade estaba a su mando, en realidad, pero él y Grant trabajaban estrechamente unidos) puso rumbo al sur, y tres días después, el 7 de mayo, el ejército de Sherman también se dirigió al sur.

La intención de Grant era rodear el flanco de Lee, obligarlo a retirarse continuamente y luego atacarlo en algún punto elegido por él, haciendo lo que Rosecrans había hecho con Bragg casi un año antes, en Tennessee. Pero Lee no era Bragg. Atrapó al ejército de Grant, el 5 de mayo, en La Soledad, la accidentada región boscosa donde se había librado la batalla de Chancellorsville, perdida por la Unión justamente un año antes.

El terreno cubierto de vegetación impedía a Grant aprovechar al máximo su mayor número de hombres, y los confederados conocían mejor el lugar. Grant podía contar con el movimiento coordinado de un ejército de la Unión en la costa de Virginia, pero esas tropas estaban al mando del totalmente incompetente Butler, que nunca se movió. Grant, pues, tuvo que luchar sin la ayuda del ataque y diversión de flanco con que contaba.

En dos días de combate, Lee usó su ejército, más pequeño, con su consumada habilidad habitual, aprovechando todo elemento favorable y recibiendo pequeños refuerzos cuando los necesitaba*. Al terminar la batalla, las pérdidas totales de la Unión ascendían a cerca de 18.000 hombres, frente a los 10.000 confederados.

Pero Lee no tenía motivos de júbilo. La batalla había sido diferente de todas las que había librado anteriormente, pues por primera vez el general enemigo no le había dejado espacio para maniobrar, ni realizar el tipo de juego con el que había quebrado el espíritu de la Unión en la segunda batalla de Bull Run y en Chancellorsville. Las fuerzas de la Unión habían sido enviadas adelante sin descanso y había quedado acorralado. Si esa situación continuaba, sería derrotado.

Pero ¿continuaría? Hasta entonces, siempre que Lee había derrotado a un ejército de la Unión, éste se había escabullido a Washington (los mismos soldados de la Unión esperaban que esto ocurriese ahora). Pero esta vez no sucedió. Grant aceptó sin inmutarse las bajas y se dispuso a avanzar nuevamente, tratando aún de rodear el flanco derecho de Lee. Lee frustró también este segundo esfuerzo, pero para hacerlo tuvo que marchar al sureste; los dos ejércitos se enfrentaron una vez más en Spotsylvania, al sureste de Chancellorsville.

Durante otros cinco días, del 8 al 12 de mayo, los ejércitos combatieron aquí, en la que probablemente fue la ba-

---

* Cuando Lee trató de conducir a algunos de estos refuerzos a la batalla, éstos no se movieron y se negaron a avanzar hasta que Lee convino en permanecer detrás de ellos, donde debía estar.

talla más encarnizada y prolongada que se haya librado en suelo americano. Fue una repetición de La Soledad, con Grant atacando sin cesar y Lee parando los ataques hábilmente. De nuevo, las pérdidas de Grant fueron mucho mayores que las de Lee, y de nuevo Grant desechó la retirada. Cuando el combate terminó, Grant envió un seco mensaje a Washington diciendo: «Me propongo luchar siguiendo esta línea aunque me lleve todo el verano».

Grant siguió recibiendo refuerzos, y la habilidad de Lee fue finalmente neutralizada por el mero peso de su adversario, un bulldog que no soltaba su presa. Hasta la caballería confederada fracasó. El jefe de caballería de la Unión, Buford, había muerto en la cama en el anterior mes de diciembre, pero fue sucedido por un jefe aún más capacitado, Philip Sheridan (Nueva York, 1831, hijo de inmigrantes irlandeses).

Sheridan había luchado durante la guerra en Tennessee, logrando ascenso tras ascenso. Fue él, ante la mirada de Grant, quien condujo esa alocada carga por la montaña que obtuvo el triunfo en la batalla de Chattanooga. Ahora Grant le nombró jefe de la caballería de la Unión y complació al pequeño pero combativo general (sólo media 1,60 m) permitiéndole hacerse cargo nada menos que de Jeb Stuart.

Sheridan y Stuart se enfrentaron el 11 de mayo en Yellow Tavern, a unos 15 kilómetros al norte de Richmond. La caballería de la Unión superaba ampliamente en número a la de los confederados y los barrió. El mismo Stuart murió. En adelante, la caballería de la Unión dominó los campos de batalla. (Sin embargo, si Sheridan hubiese luchado en estrecha cooperación con la infantería de la Unión, en vez de tratar de ser más Stuart que Stuart, el avance de Grant podría haber resultado menos sangriento para la Unión.)

Una vez terminada la lucha en Spotsylvania, Grant trató una vez más de rodear el flanco derecho de Lee, y nuevamente éste trató de impedirlo. Esta vez, Lee preparó cuidadosamente el siguiente lugar de resistencia. Los dos ejércitos se desplazaron hacia el sureste, y el 1 de junio, Lee llegó a ese punto previsto, en Cold Harbor, a unos 15 kilómetros al este de Richmond. Dos años antes, el ejército de McClellan había combatido en esa región y, aunque sólo ligeramente dañado, se había retirado. Ahora era el ejército de Grant el que estaba allí, muy dañado pero sin retroceder nunca.

Aquí Grant cometió un grave error. Pensando que el ejército confederado había sido tan quebrantado en las batallas anteriores que una buena embestida podía hacer que se desplomase, y subestimando la fortaleza de la posición confederada, ordenó un avance general de toda la línea el 3 de junio de 1864.

Fue una matanza. En menos de una hora, Grant perdió 7.000 hombres, frente a sólo 2.500 bajas entre los confederados, y tuvo que suspender el ataque.

Pese a su éxito en Cold Harbor, Lee se hallaba en una situación muy delicada. En un mes de lucha, Grant había llegado a las vecindades de Richmond. Sin duda, había sufrido grandes pérdidas, pero Lee también. De hecho, las pérdidas de Lee habían sido mayores, en proporción a los hombres de que disponía. Su ejército se estaba convirtiendo en un fantasma —andrajoso y muerto de hambre— de lo que había sido, mientras que Grant disponía de suministros aparentemente inagotables de hombres, alimentos y materiales.

Era menester a toda costa quitar la mano de Grant de la garganta confederada. Si las sangrientas batallas no lo conseguían, Lee comprobaría si los corazones de los políticos de Washington eran menos firmes que el de Grant. Decidió entonces enviar un ejército al valle del Shenandoah y llegar lo más cerca posible de Washington, con la esperanza de que Grant fuese llamado de vuelta.

El ataque de diversión fue puesto al mando de Jubal Early (Virginia, 1816), quien, como Lee, se había opuesto enérgicamente a la secesión, pero luego se había colocado del lado de su estado. El 2 de julio de 1864, mientras se preparaba el pequeño asalto sangriento contra Cold Harbor, Early condujo a unos 20.000 hombres al norte, hacia Washington.

La velocidad era de suprema importancia. Early tenía que llegar a Washington de modo completamente sorpresivo y antes de que pudiesen movilizarse fuerzas contra él. Sólo si la ciudad era atrapada desprevenida y se le hacía sentir su indefensión, podía estar seguro de que el gobierno, atemorizado, pediría a gritos la protección de Grant.

El 9 de julio, Early había cruzado el Potomac y se hallaba a sólo 65 kilómetros al oeste de Washington; allí encontró fuerzas de la Unión al mando de Lew Wallace (Indiana, 1827). Wallace (quien 20 años más tarde escribiría la novela *Ben Hur,* que fue un *best-seller)* había combatido en Fort Donelson y Shiloh, pero fue el 9 de julio de 1864, en la batalla del Monocacy, cuando prestó sus mejores servicios a la nación.

Wallace era superado por más de dos a uno, pero ofreció una dura resistencia. Aunque fue derrotado, logró dos cosas: previno a Washington de lo que sucedía, y consiguió que Early se retrasara dos días, tiempo en el cual Grant logró enviar tropas a la ciudad. Cuando Early llegó a Washington, el 11 de julio, todo lo que pudo hacer fue intercambiar algunos disparos con soldados de la Unión y luego marcharse*.

De vuelta de su incursión, Early llevó al ejército de Lee suministros de material saqueado de los que había extrema necesidad; esto alentó a los confederados, pero la operación no había logrado lo que esperaba Lee. Grant no iba a permitir que el fogonazo de esta correría le hiciera aflojar la presión sobre Lee, ni Lincoln iba a ordenarle que volviera.

De hecho, después de Cold Harbor, Grant decidió hacer otro intento (el cuarto) de rodear el flanco derecho de Lee. Contra el consejo de Halleck, Grant cruzó el río James en junio, realizando este difícil movimiento a la perfección; finalmente fue más allá de donde estaba Lee. Su intención era capturar Petersburg, a 32 kilómetros al sur de Richmond, y desde allí atacar a Lee nuevamente.

El plan era factible. La rapidez de la acción de Grant hizo que Petersburg estuviese prácticamente indefensa. Pero los diversos comandantes de la Unión que estaban en

---

* El mismo Lincoln observó la escaramuza, y mientras permanecía absorto, con su 1,90 de estatura y su habitual sombrero de copa, ofrecía un blanco fácil. En el ardor del momento, un teniente lo cogió del brazo y le gritó: «¡Agáchese, idiota!». Pasado el peligro, Lincoln se volvió al teniente y le dijo, con su habitual sonrisa triste: «Me place ver que sabe usted cómo hablar con los civiles, teniente».

el lugar, sin Grant que los dirigiese, perdieron el tiempo por diversas razones, y la noche cayó antes de que pudiesen entrar en la ciudad. Durante la noche, Lee hizo entrar desesperadamente a su ejército en Petersburg, y por la mañana ya era demasiado tarde. Después de una batalla de cuatro días en las afueras de Petersburg, que costó a Grant 8.000 hombres más, puso sitio a la ciudad el 19 de junio.

Entre tanto, durante mayo y junio, mientras Grant y Lee se martillaban mutuamente con ahínco, Sherman realizaba un avance muy similar al de Grant en el noroeste de Georgia contra un enemigo muy semejante a Lee. Sherman golpeaba y Johnston paraba el golpe; Sherman se deslizaba alrededor del flanco y Johnston se retiraba; Sherman golpeaba de nuevo y Johnston eludía el golpe otra vez.

Para el 27 de junio, Sherman se había abierto camino hasta Kennesaw Mountain, a sólo 50 kilómetros al norte de Atlanta, que era el más importante centro ferroviario que le quedaba a la Confederación al sur de Virginia. Ahora, como Grant en Cold Harbor, Sherman decidió que había llegado el momento de un ataque frontal directo. El resultado fue el mismo. El ejército de la Unión sufrió 2.000 bajas, por 270 de la Confederación. Pero Sherman, como Grant, siguió avanzando.

Nueva candidatura

Grant y Sherman estaban destruyendo a la Confederación, pero a un gran coste, y la destrucción no era muy evidente para la ansiosa Unión. Aunque la Confederación se estaba desangrando y apenas podía mantenerse, mucha gente del pueblo pensaba que Grant y Sherman estaban golpeando a ciegas sin ningún resultado digno de mención.

La reputación de Grant, en particular, se desplomó. Su popularidad caía a medida que se elevaba la lista de bajas. Se convirtió en «el Carnicero Grant», y no se tomó en cuenta el hecho de que las bajas confederadas en realidad eran mayores en proporción al número total de sus hombres y de que el gran ejército de Lee había sido vapuleado hasta el punto de que nunca más pudo tomar la ofensiva.

No es de sorprender, pues, que, al aproximarse a su fin el año 1864, los demócratas se fortalecieran y el clamor por la paz, aun al precio de la independencia de la Confederación, fuese en aumento.

En cuanto a los republicanos radicales, se mostraban disgustados con Lincoln por no efectuar ningún tipo de venganza contra las zonas de la Confederación que estaban ya bajo control de la Unión y por no preparar una paz dura para el día en que la victoria fuese completa. El 31 de mayo, algunos republicanos radicales realizaron una convención en Cleveland y eligieron a Frémont candidato a presidente.

Lincoln se dio cuenta con aflicción de que era improbable que fuese reelegido. Además, su adversario victorioso tenía que ofrecer una plataforma de paz y luego proceder a destruir la Unión.

Lincoln pensó que podía tratar de hacer que se pospusiese la elección por la situación de emergencia nacional. A fin de cuentas, no se había realizado ninguna elección presidencial en tiempo de guerra, y aunque la Constitución no estipulaba nada respecto al retraso de elecciones, podía argüirse que la situación de 1864 jamás había sido prevista por los que elaboraron ese documento.

Pero Lincoln no se decidió a hacer el intento. Un rígido calendario electoral, después de todo, formaba parte de lo que «esta nación, concebida en libertad», era. Una vez sentado el precedente de una elección pospuesta, podía usarse el recurso una y otra vez para emergencias cada vez menores hasta convertirse meramente en un medio para perpetuar en el poder a un partido impopular. Entonces no habría ningún «gobierno del pueblo», y la Unión quedaría derrotada aunque ganase la guerra. Un pueblo libre, a fin de cuentas, debía admitir la posibilidad de que su libertad lo destruyese; si el pueblo merecía la libertad, esto no ocurriría.

Así, se ofreció al mundo el espectáculo de una nación en una emergencia de vida o muerte que llevaba a cabo un proceso electoral libre y abierto, en el que los adversarios del gobierno tenían libertad para censurar la política de éste y la guerra. Raramente Estados Unidos brilló con tanto esplendor en el mundo como en ese momento.

En junio, el Partido de la Unión (republicanos y demócratas de la guerra) se reunió en Baltimore. En la primera votación, Lincoln fue nuevamente elegido candidato, convirtiéndose así en el primer presidente que se presentaba para su reelección desde Martin Van Buren en 1840.

Pero Hannibal Hamlin no fue reelegido candidato. Era un republicano radical, y el Partido de la Unión debía demostrar que no era partidista y ganar la mayor cantidad posible de los decisivos votos demócratas. Se necesitaba, pues, a un demócrata de la guerra, y era probable que se eligiera a Andrew Johnson (Carolina del Norte, 1808).

Johnson se había criado en medio de una total pobreza y carecía de educación. Mientras trabajaba como aprendiz de sastre, había aprendido por sí solo a leer, pero a escribir no aprendió hasta después de casarse, cuando su mujer le enseñó. Cuando Johnson era joven, su familia se trasladó a Tennessee Oriental, donde los montañeses, como los de Virginia Occidental, no eran proesclavistas. Entró en la política, primero, como miembro de la Cámara de Representantes, luego fue gobernador de Tennessee y, posteriormente, senador.

Johnson se había opuesto a la secesión y llevó sus creencias hasta el punto de que él solo, de todos los senadores de los estados esclavistas, abandonó a su estado y permaneció en el Senado de Estados Unidos. Cuando fue retomado en su mayor parte por los ejércitos de la Unión, Lincoln nombró a Johnson gobernador militar de Tennessee.

La lealtad de Johnson a la Unión, pues, estaba probada, y era lógico nombrarlo candidato a vicepresidente, como prueba viva de que la Unión todavía existía.

Pero la candidatura significaba poco si era solamente un paso hacia la derrota de las elecciones de noviembre. Lincoln esperaba alguna buena noticia, algún suceso que hiciese evidente que la Unión estaba ganando la guerra. La espera parecía inútil, y pasó un duro verano.

El informe de la matanza sufrida por la Unión en Kennesaw Mountain llegó tres semanas después de la elección de candidatos, y luego vinieron las noticias particularmente inquietantes de la incursión de Early. Además, la lucha en Georgia y Virginia se había paralizado casi por completo.

En Georgia, Sherman finalmente había llegado a los alrededores de Atlanta. Jefferson Davis, enfadado con Johnston a pesar de su magistral retirada, lo había relevado del mando, reemplazándolo en julio por John Hood (Kentucky, 1831). Davis pensaba que Hood, quien había sido herido en Gettysburg y en Chickamauga, sería más agresivo que Johnston. Y lo era. Tres veces se lanzó contra el ejército de Sherman a finales de julio, y tres veces se estrelló contra él. Fue rechazado con grandes pérdidas y tuvo que retirarse a Atlanta.

Pero tampoco Sherman pudo proseguir esas victorias con avances espectaculares, así que se dispuso a asediar Atlanta.

Y mientras tanto, el sitio de Petersburg, que ya llevaba siete semanas, se vio marcado por una acción particularmente estúpida por parte de la Unión.

Burnside (quien, desde el desastre de Fredericksburg, se había desenvuelto bastante bien) autorizó la colocación de una mina bajo un sector de las defensas de Petersburg. Se cavó el túnel y se colocaron cuatro toneladas de pólvora bajo un saliente descubierto de las líneas confederadas, con una mecha de 155 metros que llegaba hasta la parte de la Unión. La idea era abrir un gran agujero en las líneas confederadas y luego enviar hombres por él, bajo la protección de la artillería, lo que aumentaría la confusión de los confederados.

El 30 de julio, todo estaba listo. Después de algunos problemas con la mecha, la pólvora estalló, volando una batería de cañones confederados y varios cientos de hombres. Ahora las tropas de la Unión tenían que atacar por la grieta abierta en la línea confederada. La explosión había formado un enorme cráter de 50 metros de largo por 18 de ancho y 9 de profundidad; lo sensato habría sido enviar hombres a ambos lados del cráter, pues los supervivientes confederados cercanos a él estaban en una total confusión.

Pero Burnside dejó de contar con el apoyo de la artillería y envió a sus hombres al interior del cráter. Mientras trataban de trepar por el reborde más alejado, los confederados se recuperaron y, al ver que había una enorme masa de soldados inermes en un gran agujero, mataron a todos los que pudieron. La Unión perdió unos 4.000 hombres. Por fin Burnside fue retirado del ejército*.

La situación en el frente político ese verano no era mejor. Los republicanos radicales, convencidos de que no conseguirían de Lincoln que impusiese un castigo lo bastante feroz a los estados separados, prepararon un proyecto de ley que quitaba la «reconstrucción» de esos estados de las manos de Lincoln y ponía su responsabilidad en el Congreso, en el cual, los republicanos radicales eran poderosos.

El proyecto fue aprobado por ambas Cámaras el 4 de julio de 1864, pero Lincoln se negó a firmarlo antes de que el Congreso terminase sus sesiones, lo cual equivalía a vetarlo. Esto provocó un nuevo acceso de furia en los ra-

---

* A los generales, por supuesto, se les permite ser mucho más idiotas que a los seres humanos ordinarios, pero esto era demasiado, hasta para un militar. El acosado Lincoln observó: «Sólo Burnside podía haber dado tal golpe, arrancando una espectacular derrota final de las mandíbulas de la victoria».

dicales, y pareció que Frémont arrebataría a Lincoln un número de votos que sería fatal.

La influencia radical se hacía sentir hasta en el gabinete de Lincoln. Salmon P. Chase había demostrado ser un eficaz secretario del Tesoro, pero esperaba ansiosamente reemplazar a Lincoln como presidente e intrigaba cada vez más abiertamente para lograr ese objetivo. Era un hombre de mal genio, y tan absolutamente convencido de que era indispensable, que en varias ocasiones había presentado su dimisión, pero Lincoln la había rechazado, valorando la capacidad de Chase más allá de sus intrigas. Sin embargo, el 28 de junio de 1864, Chase ofreció nuevamente su dimisión por una pequeña diferencia fácil de resolver, y el 29 de junio Lincoln la aceptó con serenidad.

Sólo en el mar hubo algo que alivió el sombrío panorama de ese duro verano. El buque corsario confederado *Alabama* fue localizado en Cherburgo, Francia, por el buque de guerra de la Unión *Kearsarge,* cuyo capitán era John Winslow (Carolina del Norte, 1811). El *Kearsarge* esperó al *Alabama* fuera del puerto; cuando apareció, los barcos sostuvieron un duelo de una hora y media, y el *Alabama* se hundió bajo el embate de la artillería superior del *Kearsarge.*

También se hicieron progresos en el puerto de Mobile, Alabama, uno de los últimos puntos costeros importantes que quedaban en poder de los confederados. Farragut, quien más de dos años antes había tomado Nueva Orleans, ahora entró en la bahía de Mobile. Uno de los barcos se hundió al chocar con un contenedor explosivo flotante (ahora llamados «minas», pero por entonces llamados «torpedos») y Farragut fue urgido por algunos de sus oficiales a retroceder. Con furia, Farragut gritó: «¡Al demonio los torpedos!». Ordenó avanzar a toda velocidad, rápidamente dominó la bahía y obligó a los fuertes de la costa a rendirse.

La reelección

Las dos buenas noticias concernientes a la lucha en el mar fueron bien recibidas, pero eran sucesos al margen de la guerra, por así decir, y no compensaron el aparente fracaso en Virginia y Georgia, después de tanto tiempo y tanta efusión de sangre. Cuando los demócratas finalmente se reunieron en Chicago en agosto de 1864, lo hicieron con un ánimo de victoria expectante (si convencer a una nación de que aceptara la derrota podía llamarse victoria). La convención fue dominada por derrotistas declarados, y el mismo Vallandigham escribió la parte del programa para la campaña que pedía el cese del fuego.

Los demócratas pusieron entonces en práctica una estrategia que ellos consideraron notable, eligiendo como candidato nada menos que a McClellan. Podía ser presentado como el gran general a quien la envidia y la incapacidad de Lincoln habían impedido ganar la guerra. McClellan, aún en uniforme, pero ocioso desde Antietam, aceptó.

McClellan no tuvo el descaro de aceptar el programa de paz; lo repudió y llamó a la continuación de la guerra hasta la victoria. Pero ¿quién podía dudar de que, una vez que fuera presidente, dada su innata incapacidad para actuar y su seguro fracaso en resistir a los demócratas de la paz que lo rodearían, pondría fin a la Guerra Civil y concedería la independencia a los Estados Confederados de América?*

Como candidato a vicepresidente, los demócratas eligieron a un derrotista que era miembro del Congreso por Ohio, George Pendleton (Ohio, 1825, aunque descendía de una vieja familia de Virginia).

Sin embargo, casi inmediatamente después de que los demócratas concluyesen con éxito su convención, todo empezó a derrumbarse para ellos.

Durante todo el mes de agosto, Sherman había extendido metódicamente sus líneas alrededor de Atlanta, hasta que, al terminar el mes, y mientras los demócratas se reunían, había rodeado prácticamente por completo la ciudad. Hood no se atrevió a quedarse. En septiembre, inmediatamente después de que McClellan fuese elegido candidato, Hood sacó su ejército de la ciudad y Sherman entró en ella. La noticia de la captura de Atlanta produjo un entusiasmo histérico en la Unión.

Otras buenas noticias empezaron a llegar de Virginia. Mientras el ejército continuaba ante Petersburg, Grant decidió que no habría más correrías en el valle de Shenandoah, como aquella con la que Early había atemorizado a Washington. Phil Sheridan, que había dado fin a

---

* Tan seguro estaba Lincoln de esto que hizo jurar a su gabinete que cooperaría totalmente con McClellan después de la esperada victoria de éste en noviembre para que la guerra terminase antes de su investidura en marzo. Si la Unión no podía ser salvada entonces, decía Lincoln, tampoco podría ser salvada después.

Jeb Stuart, fue enviado en agosto a realizar la tarea. Debía expulsar a las tropas confederadas del valle y luego devastarlo para impedir que fuese usado como almacén de alimentos para el ejército de Lee.

Sheridan se puso a trabajar con entusiasmo. En teoría, se suponía que su ejército no perjudicaría a los no combatientes y se evitaría la destrucción de todo lo que no fuese de utilidad para la guerra. Pero tales consideraciones eran poco válidas cuando la guerra había arreciado allí durante tres años y los soldados de ambos bandos habían hecho saqueos y cometido atrocidades*. Los soldados de la Unión empezaron a destruir todo lo que estaba a la vista, convirtiendo el hermoso y fructífero valle en una tierra asolada. Las noticias de la batida de Sheridan por el valle se sumaron a las de la captura de Atlanta por Sherman, y aumentó el júbilo de los corazones de la Unión.

Early fue enviado para detener a Sheridan, pero ahora la caballería de la Unión era imbatible. El 19 de septiembre, Sheridan derrotó a Early en Winchester y nuevamente en Fisher's Hill, el 22 de septiembre.

La devastación efectuada por las tropas de Sheridan continuó, pero Early hizo un último intento. El ejército de la Unión estaba en Cedar Creek, al sur de Winchester, seguro de que los confederados no atacarían. Pero Early atacó el 19 de octubre de 1864, y empezó a hacer retroceder a las fuerzas dispersas de la Unión, que habían

---

* Había, por ejemplo, un jugador, ladrón y asesino llamado William Quantrill (Ohio, 1837) que, como capitán del ejército confederado, condujo una tropa de guerrilleros en ataques contra los civiles. Su incursión más famosa fue en Lawrence, Kansas, el 21 de agosto de 1863, donde mató a más de 150 hombres, mujeres y niños.

12. Ulysses S. Grant

sido cogidas por sorpresa. Sheridan, informado de estos sucesos, se apresuró a marchar al escenario de la lucha, espoleando a su caballo como un loco. Detuvo a sus hombres en retirada, que estallaron de alegría al verlo, y los condujo de vuelta a la batalla, obteniendo una victoria completa. La Confederación fue expulsada para siempre del valle del Shenandoah.

La «Cabalgada de Sheridan» también contribuyó a elevar el espíritu de la gente de la Unión, que durante tanto tiempo sólo había oído hablar de hazañas confederadas.

El brillo de estas victorias se produjo justo a tiempo para aumentar la popularidad de Lincoln. La nación empezó a comprender que sólo él, a pesar de la losa de un desastre tras otro, no había desfallecido ni cedido, sino que había permanecido firme mientras todos los demás aullaban a su alrededor. En septiembre, Frémont renunció a la candidatura republicana radical, y los radicales empezaron a afluir a Lincoln nuevamente hasta el último hombre, mientras los demócratas sentían que su público empezaba a enfriarse.

Los estados esclavistas siguieron reduciendo su territorio, y los estados libres aumentándolo. En octubre de 1864, Maryland adoptó una constitución antiesclavista y se convirtió en un estado libre (el vigesimoprimero, incluyendo a Virginia Occidental). Todo estado libre contaba, pues los republicanos radicales planeaban prohibir la esclavitud en los Estados Unidos mediante una enmienda constitucional y acabar con ella para siempre. Para lograr este propósito necesitaban más votos en el Senado. El Territorio de Nevada, con una población creciente a causa de sus minas de plata, era ardientemente antiesclavista, y aunque la población aún no había alcanzado el nivel requerido para entrar en la Unión, se le permitió entrar en en octubre de 1864, convirtiéndose así en el trigésimo sexto estado de la Unión (y el vigesimosegundo estado libre, ahora que Maryland había cambiado).

El 8 de noviembre de 1864 se realizaron las elecciones presidenciales y Lincoln logró el triunfo, pasando a ser el primer presidente reelegido desde Jackson, en 1832. En lo concerniente al voto popular, Lincoln obtuvo 2,2 millones (el 55 % del total), frente a 1,8 millones de McClellan. Los 11 estados de la Confederación no votaron, aunque su territorio estaba bajo el control de la Unión. De los 25 estados restantes, McClellan ganó los 21 votos electorales de dos estados fronterizos, Delaware y Kentucky, además de Nueva Jersey.

Los republicanos también aumentaron su número en ambas cámaras del Trigesimonoveno Congreso, con 42 a 10 en el Senado y 149 a 47 en la Cámara de Representantes. El Partido Demócrata, que había sido el partido mayoritario en Estados Unidos durante más de 60 años, quedó tan desprestigiado por esa última campaña que no recuperó esa posición durante otros 60 años.

Era evidente ahora que los días de la Confederación estaban contados. Los jefes confederados hablaban con bravura de obligar a Sherman a abandonar Atlanta cortando sus líneas de comunicaciones y destrozándolo en su retirada, pero eso no ocurrió. Hood envió contingentes a Tennessee para destruir esas líneas de comunicaciones, pero Thomas, los estaba esperando. El 16 de diciembre, el ejército de Hood fue derrotado en Nashville (pese a los prodigiosos actos de valor que realizó Forrest, el único jefe de caballería confederado que nunca fue derrotado) y salió de Tennessee para no volver jamás.

Mientras tanto, Sherman había decidido olvidarse totalmente de sus líneas de comunicaciones (como él y Grant habían hecho en Vicksburg). Cuando abandonó Atlanta (en llamas), no fue para retirarse, sino para avanzar hacia el sureste, hacia Georgia.

El 16 de noviembre de 1864, con un ejército de 60.000 hombres, comenzó una marcha de 430 kilómetros hacia el mar, viviendo sobre el terreno y destruyendo todo lo demás. En su camino, una extensión de unos 100 kilómetros de ancho fue asolada totalmente y luego incendiada.

Sherman no se inmutaba con las villanías de sus hombres. «La guerra es un infierno», decía. En efecto, y es muy triste que los seres humanos nunca hayan aprendido esta lección, la más obvia y repetida de todas.

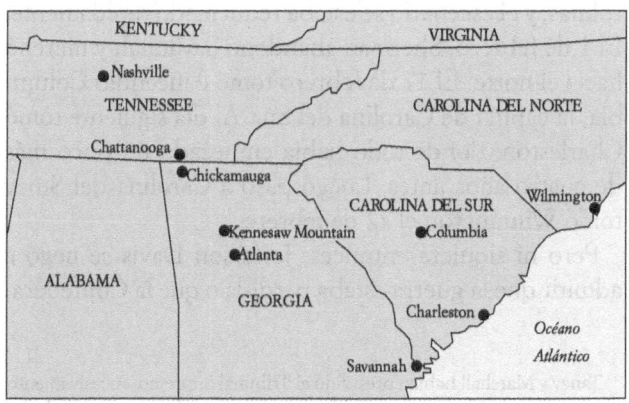

Georgia y las Carolinas en la Guerra Civil

El 22 de diciembre, Sherman estaba en Savannah, en la costa de Georgia; envió la noticia a Lincoln como regalo de Navidad.

Otro acontecimiento del año que estaba llegando a su fin fue la muerte del viejo jacksoniano Taney, presidente del Tribunal Supremo, que había escrito la fatídica decisión sobre Dred Scott. Taney falleció en octubre de 1864, después de 28 años como presidente del Tribunal Supremo*. Murió en la desesperación, pues era simpatizante de los confederados y había albergado la esperanza de que el movimiento secesionista tuviese éxito. Habría usado el Tribunal Supremo para anular muchos de los poderes de guerra (probablemente inconstitucionales) asumidos por Lincoln, pero nunca tuvo la oportunidad de hacerlo. El 6 de diciembre, Lincoln eligió a Chas (su rival republicano radical) para reemplazar a Taney.

A comienzos de 1865, pues, la capacidad efectiva de lucha de la Confederación se limitaba a Virginia y las Carolinas, y el escenario se estaba reduciendo rápidamente. El 1 de febrero, Sherman abandonó Savannah y marchó hacia el norte. El 17 de febrero tomó e incendió Columbia, la capital de Carolina del Sur. Al día siguiente tomó Charleston, donde todo había empezado un poco más de cuatro años antes. Luego pasó a Carolina del Sur y tomó Wilmington el 22 de febrero.

Pero ni siquiera entonces, Jefferson Davis se negó a admitir que la guerra estaba perdida o que la Confedera-

---

* Taney y Marshall habían presidido el Tribunal Supremo, sucesivamente, durante más de 60 años, un notable récord de estabilidad para una democracia electiva.

ción debía pedir la paz. Nombró a Lee comandante en jefe del ejército de la Confederación el 31 de enero de 1865; en verdad, mientras Lee estuviese allí, la guerra no habría terminado.

Así, Lincoln llegó a su segunda investidura, el 4 de marzo de 1865, cuando la guerra aún perduraba, aunque débilmente, y con Lee –el más destacado soldado de una causa perdida que el mundo había visto desde Aníbal, más de 2.000 años antes– todavía sin haber sido derrotado.

En cuanto a Lincoln, la cercanía del fin de la guerra no era una ocasión para el júbilo, como tampoco lo era el triunfo partidista sobre un enemigo caído que había combatido tan maravillosamente. En vez de eso, Lincoln –sin duda, el más grande estadounidense que haya existido– habló de enemigos que dejarían de serlo desde el momento en que los cañones callasen, para volver a ser compatriotas estadounidenses. Terminó su discurso inaugural con palabras similares a su alocución de Gettysburg:

> Sin rencor hacia nadie, con benevolencia para todos, con firmeza en el bien, en la medida en que Dios nos permite ver el bien, tratemos de terminar la labor en la que estamos empeñados, de curar las heridas de la nación, de cuidar del que ha combatido o de su viuda y su huérfano, de hacer todo lo que permita lograr y mantener una paz justa y perdurable entre nosotros y con todas las naciones.

Victoria... y muerte

El ejército cada vez más debilitado de 54.000 hombres de Lee no podía conservar Petersburg ante la incesante e incansable presión de Grant, cuyo ejército ascendía ahora a 115.000 hombres. Sistemáticamente, Grant golpeaba y golpeaba.

El 1 de abril de 1865, Lee efectuó un último ataque; cuando fue rechazado, decidió abandonar Petersburg y unirse al ejército de Johnston, que estaba en Carolina del Norte. Juntos podían continuar la lucha de algún modo.

El 12 de abril, Lee retiró sus tropas de Petersburg y Richmond, y el gobierno confederado también abandonó su capital*. Grant persiguió a Lee, intentando no destruirlo en una batalla, sino situarse entre él y Johnston hasta que Lee no pudiera moverse.

Tuvo éxito, y el 9 de abril, con su ejército reducido a 30.000 hombres, todos muriéndose de hambre e incapaces de dar un paso más, Lee se rindió a Grant en Appomattox Court House. Johnston rindió su ejército a Sherman el 18 de abril, y en diversos lugares de la zona confederada otros grupos armados depusieron sus armas esa primavera. Los ejércitos que quedaban en la parte de la Confederación al oeste del Misisipi se rindieron el 26 de mayo, aunque Galveston, Texas, no lo hizo hasta el 2 de junio.

La Guerra Civil terminó y no estalló inmediatamente la furia de la venganza. No hubo juicios, ejecuciones ni

---

* El 5 de abril Lincoln llegó a Richmond, y caminó por la ciudad por la que sus ejércitos tanto habían luchado.

matanzas inmediatos. Los términos de la rendición fueron suaves, de acuerdo con la moderación de la segunda alocución inaugural de Lincoln.

Después de todo, ya había habido bastantes matanzas. En total hubo casi 1.000.000 de bajas, con mucho las más sangrientas pérdidas americanas –en proporción a la población– que Estados Unidos hubo sufrido nunca o hubiese de sufrir en una guerra hasta hoy.

Y el 14 de abril de 1865, a todas esas bajas se añadió una más..., la más trágica de todas.

Washington se hallaba en un estado de gran júbilo ese día por las noticias de la rendición de Lee y el conocimiento de que, aparte de algunos detalles rutinarios, la guerra había terminado. Lincoln, libre del peso enorme que soportaban sus hombros, decidió ver una representación en el Ford's Theater esa noche.

En el teatro había un actor que, al ser conocido de todos, podía ir de un lugar a otro sin ser advertido. Era John Wilkes Booth (Maryland, 1838), miembro de una renombrada familia de la escena y único miembro del grupo que era simpatizante de los confederados, aunque había actuado en toda la Unión durante la guerra.

Booth no podía resignarse a la derrota confederada. Acusando de esa derrota a Lincoln (con razón), al parecer decidió que algo se podía ganar matando al presidente en ese momento, aunque ya todo hubiese terminado.

Los guardias del servicio secreto que, se suponía, debían estar vigilando el palco de Lincoln se encontraban, en cambio, viendo la obra. Booth entró en el palco, disparó sobre el presidente a bocajarro y luego saltó del palco al escenario, rompiéndose el tobillo. Blandiendo un cuchillo, gritó: «*Sic semper tyrannys*» («Así siempre, con los tiranos»), que es el lema del estado de Virginia, y logró escapar. Fue perseguido y finalmente muerto a tiros el 26 de octubre, en un granero cercano a Bowling Green, Virginia, a 100 kilómetros al sur de Washington.

Pero ¿de qué sirvió esto? ¿Qué importaba la miserable vida de Booth? A las 7:22 de la mañana del día 15 de abril, Lincoln murió; fue el primer presidente americano asesinado. El secretario de Guerra, Stanton, murmuró: «Ahora pertenece a la eternidad».

Lincoln murió en el momento de la victoria, después de haber sido, prácticamente él solo, la columna dorsal y la sabiduría que salvó a la Unión. La nación, en sus momento de júbilo, fue arrojada a la aflicción.

Walt Whitman (Nueva York, 1819) expresó la congoja de todos en los primeros versos de «¡Oh, capitán! ¡Mi capitán!»:

¡Oh, capitán! ¡Mi capitán!, nuestro temible viaje ha terminado.
El barco ha resistido todos los temporales, ganamos el premio
 que ansiábamos.
El puerto está cerca, oigo las campanas, la gente está exultante,
mientras los ojos siguen la firme quilla, el barco tenaz y osado.
 Pero, ¡oh, corazón!, ¡corazón!, ¡corazón!
  ¡Oh!, las sangrientas gotas rojas,
   en la cubierta donde yace mi capitán,
    caído, frío y muerto.

Pero el asesinato de Lincoln no fue sólo una tragedia personal; fue una profunda derrota para los Estados Unidos y, sobre todo, para aquellos estados que habían formado los ahora difuntos Estados Confederados de América. Lincoln, con el enorme prestigio de su victoria, podía haber frenado a los republicanos radicales que dominaban el Congreso, podía haber establecido la paz magnánima que deseaba y curado las heridas de la guerra antes de que terminase su segundo mandato.

En cambio, ahora era presidente Andrew Johnson. Era un buen hombre, que hizo lo que pudo, pero carecía de las aptitudes que exigían los tiempos, y la nación cayó en décadas de veneno y corrupción, casi tan trágicas como la guerra misma y que dejarían secuelas que nos perturban hasta hoy.

Cronología

1816 *10 de abril:* se crea el segundo Banco de los Estados Unidos. *27 de abril:* se establece el arancel de 1816, el primero de carácter proteccionista. *27 de julio:* Primera Guerra Seminola. *4 de diciembre:* James Monroe, quinto presidente de Estados Unidos. *11 de diciembre:* Indiana, decimonoveno estado de la Unión (décimo estado libre).
1817 *4 de marzo:* Monroe es investido presidente. *10 de diciembre:* Misisipi, vigésimo estado de la Unión (décimo estado esclavista). *26 de diciembre:* Andrew Jackson asume el mando en la Primera Guerra Seminola.
1818 *4 de abril:* diseño actual de la bandera americana. *7 de abril:* Jackson toma San Marcos, en Florida. *16 de abril:* es aprobado el Tratado Rush-Bagot. *29 de abril:* Jackson ahorca a dos ingleses en Florida. *24 de mayo:* Jackson toma Pensacola, en Florida. *3 de diciembre:* Illinois, vigesimoprimer estado de la Unión (undécimo estado libre).
1819 *2 de febrero:* el Tribunal Supremo decide sobre el caso del Dartmouth College. *22 de febrero:* Tratado Adams-Onís; Estados Unidos se anexiona Florida. *6 de marzo:* sentencia del Tribunal Supremo en el caso «McCullough contra Maryland». *14 de diciembre:* Alabama, vigesimosegundo estado de la Unión (undécimo estado esclavista).

1820 La población de Estados Unidos es de 9.638.453 personas. *6 de marzo:* Compromiso de Missouri. *15 de marzo:* Maine, vigesimotercer estado de la Unión (duodécimo estado libre). *6 de diciembre:* Monroe es elegido presidente.

1821 *17 de enero:* Moses Austin recibe una carta para establecerse en Texas. *24 de febrero:* independencia de México. *5 de marzo:* Monroe es investido presidente por segunda vez. *10 de agosto:* Missouri, vigesimocuarto estado de la Unión (duodécimo estado esclavista).

1822 *12 de diciembre:* Estados Unidos reconoce la independencia de México.

1823 *2 de diciembre:* Doctrina Monroe.

1824 *14 de febrero:* última reunión electoral para elegir candidatos presidenciales. *14 de agosto:* llega a Estados Unidos el marqués de Lafayette. *1 de diciembre:* elecciones presidenciales de resultado no concluyente.

1825 *9 de febrero:* John Quincy Adams, sexto presidente de los Estados Unidos. *4 de marzo:* Adams es investido. *24 de marzo:* México abre las puertas a los colonos estadounidenses en Texas. *17 de junio:* Lafayette pone la piedra inaugural del Monumento de Bunker Hill. *26 de octubre:* es terminado el Canal de Erie.

1826 *4 de julio:* mueren John Adams y Thomas Jefferson.

1827 22 de septiembre: Joseph Smith halla láminas de oro con el *Libro de Mormón*.

1828 *19 de mayo:* el «Arancel de las abominaciones» se convierte en ley. *4 de julio:* construcción del primer ferrocarril de Estados Unidos entre Baltimore y Ohio. *3 de diciembre:* Andrew Jackson, séptimo presidente de los Estados Unidos.

1829 *4 de marzo*: investidura de Jackson.

1830 La población de Estados Unidos es de 12.866.020 personas. *19-27 de enero:* debate Webster-Hayne. *6 de abril*: Iglesia de los Santos del Último Día (mormones), primera secta religiosa totalmente estadounidense. *13 de abril:* Jackson brinda por «Nuestra Unión Federal...»: *24 de mayo;* primeros 20 kilómetros del ferrocarril Baltimore-Ohio.

1831 *1 de enero:* William Lloyd Garrison funda *The Liberator.* *4 de julio:* muere Monroe. *21 de agosto:* rebelión de Nat Turner. *26 de septiembre:* se funda el Partido Antimasón.

1832 *9 de enero:* intento de Biddle de dar una nueva carta al Banco de los Estados Unidos. *27 de enero:* discurso de William L. March y «sistema de los despojos». *6 de abril:* Guerra de Halcón Negro. *1 de junio:* muere Thomas Sumter, último general superviviente de la Guerra Revolucionaria. *2 de agosto:* fin de la Guerra de Halcón Negro. *14 de noviembre:* muere Charles Carroll, último firmante superviviente de la Declaración de Independencia. *24 de noviembre:* Carolina del Sur aprueba la Ordenanza de Anulación. *5 de diciembre:* Jackson es reelegido presidente. *10 de diciembre:* Jackson hace conocer la proclamación contra la anulación.

1833 *2 de marzo:* Jackson aprueba la Ley de Uso de la Fuerza. *4 de marzo:* Jackson es investido presidente por segunda vez. *15 de marzo:* Carolina del Sur rescinde la Ordenanza de Anulación. *28 de agosto:* Gran Bretaña suprime la esclavitud en todas sus posesiones.

1834 *1 de octubre:* el gobierno retira sus depósitos del Banco de los Estados Unidos.

1834 Cyrus H. McCormick inventa la segadora mecánica.

1835 *6 de julio:* muere John Marshall. *29 de octubre*: aparece la facción *locofoco* entre los demócratas. *Noviembre:* Segunda Guerra Seminola.

1836 *2 de marzo:* Texas se declara independiente de México. *6 de marzo:* Santa Anna toma El Álamo. *15 de marzo:*

Roger B. Taney, presidente del Tribunal Supremo. *21 de abril:* batalla de San Jacinto. *26 de mayo:* la Cámara de Representantes adopta la «regla mordaza» sobre la esclavitud. *15 de junio:* Arkansas, vigesimoquinto estado de la Unión (decimotercer estado esclavista). *28 de junio:* muere James Madison, último de los padres fundadores. *11 de julio:* «Circular del Metálico». *22 de octubre:* Sam Houston, primer presidente de Texas. *7 de diciembre:* Martin van Buren, octavo presidente de los Estados Unidos.

1837 *26 de enero:* Michigan, vigesimosexto estado de la Unión como (decimotercer estado libre). *3 de marzo:* Estados Unidos reconoce la independencia de Texas. *4 de marzo:* es investido presidente Van Buren. *10 de mayo:* pánico de 1837. *7 de noviembre:* Elijah P. Lovejoy es asesinado por una multitud antiabolicionista. *4 de diciembre:* rebelión de William L. McKenzie en Canadá. *29 de diciembre:* los canadienses incendian el *Caroline.*

1838 *18 de agosto:* Charles Wilkes inicia su expedición exploratoria de la Antártida.

1839 *11 de febrero:* informe de Durham, que servirá de base para la autonomía canadiense. *Febrero y marzo:* Guerra del Aroostook. *25 de septiembre:* Francia reconoce la independencia de Texas. *13 de noviembre:* se funda el Partido de la Libertad.

1840 La población de Estados Unidos es de 17.069.453 habitantes. *19 de enero:* Wilkes descubre la Antártida. *31 de marzo:* jornada laboral de 10 horas en los organismos federales. *12 de noviembre*: arresto de Alexander McLeod por la cuestión del *Caroline;* crisis con Gran Bretaña. *13 de noviembre:* Gran Bretaña reconoce la independencia de Texas. *2 de diciembre:* William Henry Harrison, noveno presidente de los Estados Unidos.

1841 *4 de marzo:* es investido Harrison. *9 de marzo:* el Tribunal Supremo decide a favor de los negros en el caso *Amistad*. *4 de abril:* muere el presidente Harrison; el vicepresidente John Tyler, décimo presidente de los Estados Unidos. *16 de agosto:* Tyler veta el Proyecto de Ley sobre el Banco. *9 de septiembre:* Tyler veta el Segundo Proyecto de Ley sobre el Banco. *12 de octubre:* McLeod es absuelto; crisis de guerra. *27 de octubre:* rebelión de esclavos en el *Creole*.

1842 *18 de mayo:* rebelión de Dorr en Rhode Island. *9 de agosto:* Tratado Webster-Ashburton que establece la frontera estadounidense-canadiense hasta las Montañas Rocosas.

1843 *14 de agosto:* termina la Segunda Guerra Seminola.

1844 *28 de febrero:* muere el secretario de Estado Abel P. Upshur en un accidente. *24 de mayo:* Samuel F. B. Morse envía el primer mensaje telegráfico. *27 de junio:* Joseph Smith es asesinado por una muchedumbre; los mormones huyen de Nauvoo. *3 de diciembre:* John Quincy Adams pone fin a la «regla mordaza» sobre la esclavitud. *4 de diciembre:* James K. Polk, undécimo presidente de los Estados Unidos.

1845 *3 de marzo:* Florida, vigesimoséptimo estado de la Unión (decimocuarto estado esclavista). *4 de marzo:* es investido Polk. *8 de junio:* muere Andrew Jackson. *29 de diciembre:* Texas, vigesimoctavo estado de la Unión (decimoquinto estado esclavista).

1846 *25 de abril:* primer enfrentamiento sangriento en la frontera mexicana. *9 de mayo:* Zachary Taylor arroja a los mexicanos al otro lado del río Grande. *13 de mayo:* Estados Unidos declara la guerra a México. *18 de mayo:* Taylor invade México. *14 de junio:* se proclama en California la «República de la Bandera del Oso». *15 de junio:* Tratado de Oregón; se fija la actual frontera con Canadá; Estados Unidos llega al océano Pacífico. *8 de agosto:* «Salvedad de Wilmot». *13 de agosto:* John C. Frémont toma Los Ángeles. *18 de agosto:* Stephen W. Kearny toma Santa Fe. *10 de septiembre:* Elias Howe patenta la máquina de coser. *14 de septiembre:* Santa Anna, comandante en jefe del ejército mexicano. *24 de septiembre:* batalla de Monterrey. *28 de diciembre:* Iowa, vigesimonoveno estado de la Unión (decimocuarto estado libre).

1847 *23 de febrero:* batalla de Buena Vista. *29 de marzo:* Winfield Scott toma Veracruz. *24 de julio:* los mormones, guiados por Brigham Young, llegan al Gran Lago Salado. *14 de septiembre:* Scott toma Ciudad de México.

1848 *24 de enero:* se descubre oro en California. *2 de febrero:* Tratado de Guadalupe Hidalgo; México cede los territorios que conforman el actual Suroeste estadounidense, incluida California. *23 de febrero:* muere John Quincy Adams. *29 de mayo:* Wisconsin, trigésimo estado de la Unión (decimoquinto estado libre). *9 de agosto:* se funda el Partido de la Tierra Libre. *7 de noviembre:* Zachary Taylor, duodécimo presidente de los Estados Unidos.

1849 *5 de marzo:* Taylor recibe su investidura. *15 de junio:* muere James K. Polk.

1850 La población de Estados Unidos es de 23.191.876 personas. *29 de enero:* debate sobre el Compromiso de 1850. *5 de febrero:* discurso de Henry Clay. *4 de marzo:* discurso de John C. Calhoun. *7 de marzo:* discurso de Daniel Webster. *11 de marzo:* discurso de William H. Seward. *31 de marzo:* muere John C. Calhoun. *19 de abril:* Tratado Clayton-Bulwer; fin de las disputas británico-estadounidenses en América Central. *9 de julio:* muere el presidente Taylor. Millard Fillmore, decimotercer presidente de los Estados Unidos. *9 de septiembre:* California, trigesimoprimer estado de la Unión (decimosexto estado libre). *18 de septiembre:* Ley sobre el Esclavo Fugitivo. *20 de septiembre:* el comercio de esclavos es abolido en el Distrito de Columbia.

1851 *5 de diciembre:* el rebelde húngaro Luis Kossuth llega a los Estados Unidos.

1852 *29 de junio:* muere Henry Clay. *24 de agosto:* se publica *La cabaña del Tío Tom. 24 de octubre:* fallece Daniel Webster. *2 de noviembre:* Franklin Pierce, decimocuarto presidente de los Estados Unidos.

1853 *4 de marzo:* Pierce es investido presidente. *18 de abril:* muere el vicepresidente William R. King. *8 de julio:* Matthew C. Perry fuerza su entrada en Tokio y abre Japón al comercio. *30 de diciembre:* Compra de Gadsden; se define la actual frontera con México.

1854 *23 de enero:* Stephen A. Douglas presenta el Proyecto de Ley sobre Kansas y Nebraska. *30 de mayo:* el proyecto se convierte en ley. *6 de julio:* se funda el Partido Republicano. *18 de octubre:* Manifiesto de Ostende.

1855 *30 de marzo*: cámara proesclavista en Kansas. *3 de septiembre:* Walker en Nicaragua.

1856 *15 de enero:* cámara antiesclavista en Kansas. *21 de mayo:* una muchedumbre proesclavista saquea Lawrence. *22 de mayo*, Preston S. Brooks golpea al senador Charles Sumner. *24 de mayo:* asesinato de 5 proesclavistas en Pottawotamie Creek por John Brown. *4 de noviembre:* James Buchanan, decimoquinto presidente de los Estados Unidos.

1857 *4 de marzo:* Buchanan es investido presidente. *6 de marzo*: decisión del, Tribunal Supremo sobre Dred Scott. *7 de noviembre:* el Kansas proesclavista aprueba la Constitución de Lecompton.

1858 *4 de enero:* una votación en Kansas rechaza la Constitución de Lecompton. *2 de febrero:* Buchanan apoya la Constitución de Lecompton. *11 de mayo:* Minnesota, trigesimosegundo estado de la Unión (decimoséptimo estado libre). *16 de junio:* Abraham Lincoln, candidato a senador en Illinois por el Partido Republicano. *2 de agosto:* Kansas rechaza definitivamente la Constitución de Lecompton. *27 de agosto:* Lincoln desarbola a Douglas en sus debates. *25 de octubre:* Seward habla del «conflicto incontenible».

1859 *14 de febrero:* Oregón, trigesimotercer estado de la Unión (decimoctavo estado libre). *27 de agosto:* Edwin L. Drake realiza perforaciones de pozos de petróleo por primera vez. *4 de octubre:* Constitución antiesclavista de Wyandotte en Kansas. *16 de octubre:* incursión de John Brown en Harpers Ferry. *2 de diciembre:* John Brown muere ahorcado.

1860 La población de Estados Unidos es de 31.443.321 habitantes. *27 de febrero:* Lincoln da una conferencia en la Unión de Toneleros. *30 de abril:* delegados esclavistas abandonan la convención demócrata. *9 de mayo:* la Unión Constitucional elige a John Bell candidato a presidente. *16-18 de mayo:* los republicanos eligen a Lincoln candidato a presidente. *18-23 de junio:* los demócratas eligen a Douglas candidato a presidente; los demócratas de los estados esclavistas eligen candidato a Breckenridge. *6 de noviembre:* Abraham Lincoln, decimosexto presidente de los Estados Unidos. *18 de diciembre:* Compromiso de Crittenden. *20 de diciembre:* Carolina del Sur se separa de la Unión; se convierte en el primer estado que lo hace.

1861 *9 de enero:* Misisipi se separa de la Unión: segundo estado que lo hace. Florida es el tercero (10 de enero). Alabama el cuarto (11 de enero). Georgia el quinto (19 de enero). Luisiana el sexto (26 de enero). Texas el séptimo (1 de febrero). *4 de febrero:* se crean los Estados Confederados de América. *9 de febrero:* Jefferson Davis, presidente de la Confederación. *18 de febrero:* investidura de Davis. *4 de marzo:* Lincoln es investido presidente. *12 de abril:* los confederados disparan sobre Fort Sumter; comienza la Guerra Civil. *14 de abril:* se rinde Fort Sumter. *15 de abril:* Lincoln llama a voluntarios. *17 de abril:* Virginia, octavo estado que se separa de la Unión. *19 de abril:* soldados de la Unión son atacados en Baltimore; primer derramamiento de sangre de la Guerra Civil. Lincoln declara el bloqueo a la Confederación. *6 de mayo:* Arkansas, noveno estado que se separa de la Unión. *20 de mayo:* Carolina del Norte, décimo estado en separarse. *8 de junio:* Tennessee, undécimo (y último) estado que se separa de la Unión. *11 de junio:* los condados occidentales de Virginia organizan un gobierno favorable a la Unión. *21 de julio:* batalla de Bull Run. Beauregard (C*) derrota a McDowell (U). *10 de agosto:* batalla de Wilsons's Creek. Lyons (U) muere, pero asegura el control de Missouri para la Unión. *28-29 de agosto:* Butler (U) se adueña de las islas situadas frente a la costa de Carolina del Norte. *6 de septiembre:* Grant (U) ocupa Paducah. *1 de noviembre:* George B. McClellan, general en jefe de los ejércitos de la Unión. *8 de noviembre:* Mason y Slidell son sacados del *Trent*; peligro de guerra con Gran Bretaña. *9 de diciembre*: el Congreso crea la Comisión para la Conducción de la Guerra, dominada por los republicanos radicales. *26 de diciembre:* son liberados Mason y Slidell.

---

* (C): Confederados. (U): Unión. *[N. del T.]*

1862 *11 de enero:* Edwin M. Stanton, secretario de Guerra. *18 de enero:* muere John Tyler. *19 de enero:* batalla de Mill Springs. Thomas (U) derrota a Crittenden (C). *6 de febrero:* Grant (U) toma Fort Henry. *16 de febrero:* Fort Donelson se rinde a Grant. *23 de febrero:* Andrew Johnson, gobernador militar de Tennessee. *25 de febrero:* Grant toma Nashville. *8 de marzo:* el *Merrimack* (C) destruye barcos de la Unión en el río James. *9 de marzo:* se enfrentan el *Monitor* (U) y el *Merrimack. Abril-mayo:* campaña triunfal en el valle del Shenandoah de Stonewall Jackson (C). *5 de abril:* McClellan (U) pone sitio a Yorktown. *6-7 de abril:* batalla de Shiloh; Grant derrota a Johnston (C), que muere. *7 de abril:* Pope (U) toma la Isla n.º 10. *25 de abril:* Farragut (U) toma Nueva Orleans. *4 de mayo:* McClellan toma Yorktown. *20 de mayo:* el Congreso aprueba la Ley de Granjas. *30 de mayo:* Halleck (U) ocupa Corinth. *31 de mayo:* batalla de Fair Oaks con resultado no concluyente; J. E. Johnston es herido; Robert E. Lee al mando del ejército confederado de Virginia. *6 de junio:* cañoneras de la Unión toman Memphis. *25 de junio-1 de julio:* batalla de los Siete Días. Lee obliga a McClellan a retirarse de Richmond. *11 de julio:* Halleck reemplaza a McClellan como general en jefe de los ejércitos de la Unión. *24 de julio:* muere Martin van Buren. *29 de julio:* el *Alabama* (C) inicia actividades corsarias. *29-30 de agosto:* segunda batalla de Bull Run. Lee derrota a Pope. *4 de septiembre:* Lee cruza el Potomac e invade la Unión. *17 de septiembre:* batalla de Antietam; McClellan obliga a Lee a retirarse. *22 de septiembre:* Lincoln anuncia la Proclamación de la Emancipación. *7 de octubre:* batalla de Perryville. Buell (U) derrota a Bragg (C). *13 de diciembre:* batalla de Fredericksburg; Lee derrota a Burnside (U).

31 de diciembre: batalla de Murfreesboro. Rosecrans (U) obliga a Bragg a retirarse.

1863 *1 de enero:* entra en vigor la Proclamación de la Emancipación. *30 de enero:* Grant (U) toma el mando del ataque contra Vicksburg. *3 de marzo:* reclutamiento obligatorio en la Unión. *30 de abril:* Grant cruza con éxito el río Misisipi. *1-4 de mayo:* batalla de Chancellorsville. Lee (C) derrota a Hooker (U). *10 de mayo:* muere Stonewall Jackson. *22 de mayo:* Grant sitia Vicksburg. *9 de junio:* batalla de caballería en Brandy Station; Stuart (C) derrota a Buford (U). *20 de junio:* Virginia Occidental entra en la Unión como trigesimoquinto estado. *24 de junio:* Lee cruza el Potomac por segunda vez. *28 de junio:* Lee invade Pensilvania, estado libre. *1-3 de julio:* batalla de Gettysburg; Meade (U) derrota a Lee. Viraje en la guerra. *4 de julio:* Grant toma Vicksburg. *8 de julio:* Port Hudson, cae en manos de la Unión, que controla todo el río Misisipi. *13-16 de julio:* disturbios por el reclutamiento en Nueva York. *8 de septiembre:* Rosecrans toma Chattanooga. *19-20 de septiembre:* batalla de Chickamauga; Bragg derrota a Rosecrans. *16 de octubre:* se otorga a Grant el mando de los ejércitos de la Unión al oeste de los Apalaches. *19 de noviembre:* Lincoln pronuncia la alocución de Gettysburg. *23-25 de noviembre:* batalla de Chattanooga. Grant derrota a Bragg.

1864 *9 de marzo:* Grant, general en jefe de los ejércitos de la Unión. *5-6 de mayo:* batalla de La Soledad; Grant obliga a Lee a retirarse. *8-12 de mayo:* batalla de Spotsylvania; Grant fuerza a Lee a retirarse. *31 de mayo:* Frémont, candidato a presidente de los republicanos radicales. *1-3 de junio:* batalla de Cold Harbor; Lee rechaza a Grant. *7 de junio:* Lincoln candidato a presidente de los republicanos. *12 de junio:* Grant cruza el río James. *19 de junio:* Grant sitia Petersburg; el *Kearsarge* (U) hunde al *Alabama* (C). *27 de junio:* se libra la batalla de Kenesaw Mountain; Johnston (C) derrota a Sherman (U). *9 de julio:* batalla del río Monocacy; Early (C) derrota a Wallace (U). *11 de julio:* correría de Early por las afueras de Washington. *22 de julio:* Sherman sitia Atlanta. *30 de julio:* fracasa la explosión de la mina en el asedio de Petersburg. *23 de agosto:* Farragut (U) toma varios fuertes en la bahía de Mobile. *29 de agosto:* McClellan candidato a presidente por los demócratas. *2 de septiembre:* Sherman toma Atlanta. *19 de septiembre:* batalla de Winchester; Sheridan (U) derrota a Early (C). *22 de septiembre:* Frémont renuncia a la competición presidencial. *12 de octubre:* muere Taney, presidente del Tribunal Supremo. *19 de octubre:* batalla de Cedar Hill; Sheridan cabalga hasta el lugar de la batalla y derrota a Early. *31 de octubre:* Nevada, trigesimosexto estado de la Unión. *8 de noviembre:* Lincoln es reelegido. *16 de noviembre:* Sherman marcha a través de Georgia. *6 de diciembre:* Salmon Chase, presidente del Tribunal Supremo. *15-16 de diciembre:* batalla de Nashville. Thomas (U) derrota a Hood (C). *22 de diciembre:* Sherman toma Savannah, Georgia.

1865 *31 de enero:* Lee, comandante en jefe de los ejércitos confederados. *17 de febrero:* Sherman toma Columbia, capital de Carolina del Sur. *18 de febrero:* Sherman toma Charleston. *22 de febrero:* Sherman toma Wilmington. *4 de marzo:* Lincoln es investido por segunda vez. *2 de abril:* el gobierno confederado evacua Richmond. *9 de abril:* Lee se rinde a Grant en Appomattox Curthouse. *13 de abril:* Sherman toma Raleigh. *14 de abril:* Lincoln es asesinado por John Wilkes Booth (muere el 15 de abril). *19 de abril:* funerales de Lincoln. *26 de abril:* Johnston se rinde a Sherman; John Wilkes Booth es atrapado y fusilado. *4 de mayo:* Lincoln es enterrado en Springfield. *10 de mayo:* Jefferson Davis es capturado y encarcelado. *26 de mayo:* Kirby-Smith (C) se rinde a Canby (U) en Nueva Orleans; fin de la guerra al oeste del Misisipi. *2 de junio:* se rinde Galveston; último acto de la Guerra Civil.

Índice analítico

abolicionistas, 37-44, 79-80, 104, 111-116, 120, 135-136, 148, 157, 161, 163, 185, 192, 202, 207-208, 210, 233-234, 247, 257-258, 277; *véase también* Partido de la Libertad
Adams, Charles Francis, político, 192, 298, 355, 377
Adams, John, presidente de los Estados Unidos, 12, 16, 20, 25, 41, 59, 69, 71-72, 138, 210
Adams, John Quincy, presidente de los Estados Unidos, 23, 25, 30-31, 34, 49, 52-53, 56-58, 112-113, 121, 148, 190, 192
   como presidente, 59-63, 65-67, 70, 73-74, 81, 91, 101, 138
Adams-Onís, tratado (1819), 32
África, 38, 79, 135, 147-148, 195, 276
Alabama, 22, 29, 42, 162-163, 196, 264
   secesión y guerra, 272, 290, 397
Alabama, barco confederado, 355-356, 397
Alaska, 50-51, 53, 157
Alberto de Sajonia-Coburgo, esposo de Victoria de Gran Bretaña, 309
Alejandro I, zar de Rusia, 50
Alemania, alemanes, 153, 187, 194
Alton, 113
Ambruster, Robert C., comerciante británico, 30

América Central, 28, 211-212
América del Sur, 28, 140, 194
América Latina, 48, 62-63
   independencia de las colonias españolas, 47-49, 53, 115, 168
Amistad, barco español, 148-149
Anderson, Robert, comandante de la Unión, 274, 285-286
Antártida, 141
anticatólicos, 153
antiesclavistas, 79-80, 100, 111, 113, 150, 155, 157-158, 182, 191, 193-194, 197, 200-202, 227-229, 231-236, 239-244, 247, 250-252, 259-261, 265-268, 347, 401-402
   Ferrocarril Subterráneo, 198-199, 207-208, 233
   Ley Del Esclavo Fugitivo, 206-209, 215, 217-218, 225, 227, 308
Antietam, batalla (1862), 350-353, 355, 361, 365
antimasones, *véase* Partido Antimasón
Apalaches, montes, 258, 289, 381
Apalachicola, río, 29
Appomatox Court House, 406
«Arancel de las abominaciones», 67-68, 84, 97
Arbuthnot, Alexander, comerciante británico, 30
Arkansas, 114

secesión y guerra, 288, 357, 366, 400
Aroostook, río, 132
Ashburton, lord (Alexander Baring), embajador británico, 146
Asociación Americana Nativa, 153
Atlanta, 391, 395, 399-400, 402-403
Atlántico, océano, 23, 146, 167, 194, 219, 296, 326
Austin, 120
Austin, Moses, colonizador de Texas, 115
Austin, Stephen Fuller, político texano, 115-116, 120
Australia, 141
Austria-Hungría, 49, 214

Baden (Alemania), 187
Bagot, Charles, embajador de Francia, 25
    Tratado Rush-Bagot (1818), 25, 52, 127
Bahamas, islas, 149
Baja California, 219, 221
Ball's Bluff, batalla (1861), 311
Baltimore, 16, 136, 140, 280-281, 289, 293, 307
    convenciones de partidos, 100-101, 122, 135, 159-160, 190, 215-216, 263-264, 393
    Ferrocarril Baltimore-Ohio, 83
Banco de los Estados Unidos, 13-17, 19, 35-36, 98-99, 102-103, 108-109, 124-125
Baranov, Alexander, gobernador ruso, 51
Baring, Alexander, *véase* Ashburton, lord
barnburners, radicales demócratas, 190-191, 193, 217
Batavia, 76
Beauregard, Pierre Gustave Toutant de, general confederado, 286, 299-300, 324

Bee, Bernard, general confederado, 301
Bélgica, 221
Bell, John, político, 264, 266-267, 270
Ben-Hur (Wallace), 389
Benton, Thomas Hart, político, 35, 43, 85, 87, 98, 110, 169, 174
Biddle, Nicholas, presidente del Banco de los Estados Unidos, 98-99, 108, 144
Biloxi, 307
Birney, James Gillespie, abolicionista, 135-136, 139, 161, 163
Bolívar, Simón, político y general latinoamericano, 62
Bonaparte, José, rey de España, 47
Booth, John Wilkes, asesino de Lincoln, 407-408
Borden, Gail, inventor, 261
Bosques, lago de los, 26-27
Boston, 33, 42, 56, 80, 154, 208, 229-230, 308
Bowie, James, aventurero, 118
Bowling Green, 408
Bragg, Braxton, general confederado, 357-359, 378-380, 383, 385
Brandy Station, batalla (1863), 372
Brasil, 48
Brazos, río, 115
Breckenridge, John C., político, 237, 264, 266-267, 307, 312
Brooks, Preston S., político, 232-233
Brown, John, abolicionista, 233-234, 258-260, 291, 300, 338
Buchanan, James, presidente de los Estados Unidos, 167, 216, 220,
    como presidente, 236-239, 242-244, 246, 253-254, 263-264, 269, 272-275, 312, 318
Buckner, Simón Bolívar, militar confederado, 318-319

Buell, Carlos, militar de la Unión, 314-315, 318, 321, 324, 357-358, 361
Buena Vista, batalla (1847), 177-178, 264, 357
Buffalo, 128-129
Buford. John, general de la Unión, 371-372, 374, 387
Bull Run,
  primera batalla (1861), 299-303, 307, 323-324, 332, 337-338
  segunda batalla (1862), 344-346, 364, 386
Bulwer, Henry L., embajador británico, 212
  Tratado Clayton-Bulwer, 212
Buncombe County, 28
Bunker Hill, batalla (1775), 25, 71
Burnside, Ambrose E., militar de la Unión, 326, 353-354, 361, 395-396
Butler, Andrew P., político, 232
Butler, Benjamin, general de la Unión, 306-307, 326, 385
Butler, William Orlando, político, 191

Cádiz, 373
Cairo, 306
Calhoun, Floride, esposa de John C. Calhoun, 90, 97
Calhoun, John C., político, 14-15, 18, 30-31, 53, 55-56, 58, 64-65, 68, 73-74, 85, 88, 90-92, 97, 99, 101, 105-106, 109, 121, 157, 161, 183, 189, 200-201, 218
California, 168, 187-189, 194-197, 200, 204, 213, 221, 227, 236, 270-271, 302, 314
  Baja California, 219, 221
  descubrimiento de oro, 188, 194, 262
  Guerra Civil, 357
  República de la Bandera del Oso, 169-170, 172-174, 187
Cámara de Representantes, 14-15, 21, 33, 36, 40, 42, 59, 61, 102, 112, 118, 123, 138, 154, 160, 164, 175, 183, 190, 207, 235-236, 238, 244, 253, 260, 266-267, 270
Campaña Peninsular, 333, 342, 346, 368, 373
Cameron, Simon, secretario de Guerra de la Unión, 311-312
Canadá, 23, 26-27, 126-132, 146, 167, 198, 220
Canada Inferior, 127
Canadá Superior, 127-128
Canning, George, ministro británico de Exteriores, 52, 62-63
Caribe, mar, 211
Carolina del Norte, 28, 35, 42, 89, 122-123, 198, 216-217, 257, 264
  secesión y guerra, 288, 304, 306-307, 326, 357, 394, 397, 406
Carolina del Sur, 14, 36, 42, 56, 67, 70, 85, 87, 91, 97-98, 102-108, 118, 123-124, 157, 160, 219, 232, 255, 262, 269-271
  secesión y guerra, 271-275, 282, 285-287, 307, 312, 337, 404
  «Exposición y protesta de Carolina del Sur», 68, 84
Caroline, barco americano, 129-131
Carroll, Charles, firmante de la Independencia, 72, 83
Carthage, 186
Cashtown, 373-374
Cass, Lewis, político, 183, 191-193, 212, 216
católicos, grupo religioso, 116, 153, 201, 229-230, 262
Cedar Creek, batalla, (1864), 400-401
Centerville, 300

Cerro Gordo, batalla (1847), 173, 178
Champlain, lago, 23
Chancellorsville, batalla, (1863), 362-363, 367, 369, 371, 373, 385-386
Charleston, 105, 262, 264, 274, 404
Charlestown, 71
Chase, Salmon P., político, 193, 397
Chattanooga, batalla (1863), 358, 379-381, 383, 385, 387
Cherburgo, 397
cherokee, tribu india, 94, 123
Cheves, Langdom, presidente del Banco de los Estados Unidos, 36
Chicago, 194, 250, 265, 398
Chickahominy, río, 336-339
Chickamauga Creek, batalla (1863), 379-380, 383-384, 395, 398
China, 195, 222
Cincinatti, 136, 236
«Circular del Metálico», 126
Ciudad de México, 115-116, 175-176, 178-180, 291, 371
Clark, fuerte, 306
Clay, Henry («El Gran compromisario»), político, 15, 18, 31, 44, 48, 56-60, 63, 82, 99-102, 107-108, 134, 143-144, 154, 158-163, 192, 195-197, 200-203
   Compromiso de 1850, 204, 207, 215, 295
Clayton, John Middelton, secretario de Estado, 212
   Tratado Clayton-Bulwer (1850), 212
Clinton, 251
Clinton, De Witt, gobernador de Nueva York, 65
Clinton George, vicepresidente de los Estados Unidos, 65

Coffin, Lewin, cuáquero, 198
Cold Harbor, batalla, (1864), 388-391
Colombia, 134
Colt, Samuel, inventor, 139
Columbia, 105, 269, 404
Columbia, río, 158
Columbia Centinel, 33
Columbus, 306
Comisión Conjunta para la Conducción de la Guerra, 311
Compañía de Ayuda al Emigrante de Nueva Inglaterra, 228
Compromiso de 1850, 204, 206-208, 215, 217-218, 225, 237, 267, 295
Compromiso de Crittenden (1860), 270-271
Compromiso de MissourI (1820), 43-45, 56, 114, 182, 184, 188, 195-196, 227, 240, 270
Comstock, filón de, 262
Concord, batalla (1775), 128
Confederación, *véase* Estados Confederados de América,
Congreso Confederado, 276, 282, 290
Congreso de los Estados Unidos, 14-15, 19-21, 31, 33, 44, 55-56, 59-61, 64, 77-78, 97, 99-100, 102, 107, 112, 121, 131, 135, 138, 140, 144-145, 154, 164, 175, 184, 197, 200-202, 218, 220, 228-230, 235, 240, 243, 246-248, 250, 253, 277-278,
   durante la Guerra Civil, 360, 365, 370, 396, 402
Connecticut, 21, 38, 41, 85, 115, 124, 139-140, 148, 209, 233, 304
Constitución Confederada, 275-276, 283
Constitución de Lecompton, 242-245, 251, 263, 276

Constitución de los Estados Unidos, 11-12, 16-17, 37, 40, 58, 69-70, 77, 86, 153, 186, 270, 276, 393
enmiendas, 112, 124, 278
Constitución de Topeka, 231, 235
Constitución de Wyandotte, 277
Convención Constitucional, 150
Cooper, Thomas, político, 68
Cooper Union, 261, 265
copperheads, véase demócratas de la paz
Corinth, 320-321, 324-325, 357
Corpus Christi, 169
Crawford, William Harris, político, 20, 54-58, 66, 91
Creole, barco americano, 149
Crimea, véase Guerra de Crimea
Crittenden, George, militar confederado, 316
Crittenden, John J., político, 270
Compromiso de Crittenden, 270-271
Crittenden, Thomas, militar de la Unión, 316
Crockett, Davy, héroe popular, 118
cuáqueros, grupo religioso, 79, 198, 202
Cuba, 148, 213, 218-221, 263
Cumberland, río, 315-317
Curtis, Benjamin R., juez, 240

Dallas, 161
Dallas, Alexander James, político, 14
Dallas, George M., político, 161
Dartmouth, colegio universitario, 34
Davis, Jefferson, presidente de los Estados Confederados, 96, 218-219, 276, 307, 334, 379, 395, 404
Dayton, William Lewis, político, 236
Declaración de Derechos, 37

Declaración de Independencia, 11, 69, 71-72, 83, 123, 280
Delaware, 42, 109, 212, 288
demócratas, véase Partido Demócrata
demócratas de la guerra, 312, 364-365, 393-394
demócratas de la paz *(copperheads)*, 312, 365, 369, 399
demócratas republicanos, véase Partido Demócrata Republicano
Distrito de Columbia, 105, 197, 204, 207
Doctrina Monroe (1823), 53-54, 56, 62, 211, 214, 356
Donelson, Andrew J., político, 235
Dorr, Thomas W., político, 151
rebelión de Dorr, 151-152
Douglas, Stephen A., político, 212, 226-227, 232, 235-236, 244, 248-249, 252-253, 261, 263-264, 266-267
Doctrina de Freeport, 250-251, 263
Douglass, Frederick, líder antiesclavista, 199
Drake, Edmoin Laurentine, perforador de petróleo, 262
Drewry's Bluff, 336
Duane, William J., secretario del Tesoro, 109
Durham, lord (John George Lambdon), gobernador de Canadá, 130

Early, Jubal, militar confederado, 389-390, 395, 399-400
Easton, 199
Eaton, John Henry, político, 89-90
Eaton, Peggy, véase O'Neale, Peggy 90-91, 97
Egipto, 81, 297

Eire, canal, 65
Eire, lago, 23
El Álamo, asedio (1836), 118-119, 177
El Paso, 218
Ellmaker, Amos, político, 101
Emerson, John, cirujano, 239
Emerson, Ralph Waldo, escritor, 259
Ericsson, John, inventor, 328-329
Erie, canal, 65
Erie, lago, 23, 127
  batalla (1813), 223
esclavitud, esclavos, 29, 36-37, 56, 63, 79, 97, 136, 147, 154, 162, 187-188, 203-204, 225, 232-235, 248-249, 261, 273-274, 279
  estados esclavistas, 38-48, 67-68, 80, 84, 105-106, 111-116, 120-121, 135, 149, 155-160, 164-166, 182-186, 189-196, 200-202, 213, 219, 222, 226, 228-231, 236-247, 251-252, 255-257, 264-278
  caso Dred Scott, 239-241, 250, 253-254, 263, 404
  «Ferrocarril Subterráneo», 198-199, 207-208, 233
  Guerra Civil, 280-282, 288, 290-291, 296-297, 310-311, 314, 319, 352-353, 394, 401-402
  La cabaña del Tío Tom (Stowe), 209-210
  Ley del Esclavo Fugitivo, 197, 199, 206-209, 215, 217-218, 225, 227, 263, 270, 308
  rebeliones, 39, 104, 148, 150, 258-260, 347
Escocia, escoceses, 14, 128, 281
España, 23, 32, 45, 47-51, 92, 115, 148, 167-168, 187, 213, 220-221, 356, 373
Estados Confederados de América, 273-274, 277-279; *véase también* Guerra Civil

Congreso Confederado, 276, 282, 290
Constitución Confederada, 275-276, 283
Everett, Edward, político, 264

Fair Oaks, *véase* Seven Pines
Farragut, David Glasgow, almirante de la Unión, 327, 364, 367, 397-398
federalistas, *véase* Partido Federalista
Fernando VII, rey de España, 48
Ferrocarril Baltimore-Ohio, 83
«Ferrocarril Subterráneo», 198-199, 207-208, 233
Filadelfia, 15, 22, 75, 79, 110, 192, 235-236
Fillmore, Millard, presidente de los Estados Unidos, 192, 203-204, 215-216, 219, 223, 229-230, 235, 238, 264
Fisher's hill, batalla (1864), 400
Florida, 47, 49, 56, 91, 96, 114-115, 164, 213, 357
  secesión y guerra, 272
  territorio español, 23, 27-32
Floyd, John, político, 102
Floyd, John Buchanan, militar confederado, 318-319
Foot, Samuel A., político, 85
Foote, Andrew Hull, comodoro de la Unión, 317, 321, 328
Foots, Henry Stuart, político, 203
Forrest, Nathan, militar confederado, 318, 403
Fort Apalachicola, 29
Fort Clark, 306
Fort Donelson, batalla, (1862), 316-319, 364, 389
Fort Hatteras, 306
Fort Henry, batalla (1862), 316-317, 328
Fort Johnson, 286

Fort Leavenworth, 172
Fort Sumter, batalla (1861) 274-275, 280, 283-287, 289, 294, 299, 304, 307, 324
fortyniners, inmigrantes, 188
Foster, Stephen Collins, compositor, 210
Francia, 20, 26-27, 49-50, 71, 92-93, 97, 155, 171, 194, 220, 308-309, 328, 397
   intervención en México, 356, 371
   en la Guerra Civil, 272, 284, 346, 371, 377
Franklin, Benjamin, político y científico estadounidense, 75, 140
Frayser's Farem, batalla (1862), 340
Frederick, 348-349
Fredericksburg, 362, 372
   batalla (1862), 354-355, 358, 360-361, 365-366, 375, 395
Freeport, 250-251, 263
Frelinghuysen, Theodore, político, 159
Frémont, John Chales, explorador y político, 169, 173-174, 187, 236-237, 314, 392, 397, 401

Gadsden, James, embajador, 219
«Compra de Gadsden», 220, 226
Gaines' Mill, batalla (1862), 339-340
Galveston, 406
Gante, tratado (1814), 25
Garrett, Thomas, cuáquero, 198
Garrison, William Lloyd, abolicionista, 79-80, 111, 193, 208
Geary, John White, gobernador de Kansas, 234, 241-242
Georgia, 20, 42, 55-56, 94, 96, 118, 123, 155, 169, 196, 260, 264, 269

secesión y guerra, 272, 379, 383-385, 391, 395, 398, 403-404
Gettysburg, batalla (1863), 374, 377-379, 381-382, 395
Giddins, Joshua Reed, político, 150
Gila, río, 219
Gist, William Henry, gobernador de Carolina del Sur, 255, 268
Golfo de Florida, 28
Golfo de México, 32, 326
Goliad, 119
Goodyear, Charles, inventor, 140
Gran Bretaña, 29-32, 50, 75, 83, 92-93, 101, 103, 116, 125, 140, 149-150, 164-165, 185-186, 194, 211-212, 220, 222, 237, 261, 276
   guerras con Estados Unidos, 11, 13-14, 28, 49, 69, 95, 127, 147
   en la Guerra Civil, 284, 296-299, 307-309, 328, 346-347, 352-353, 355-356, 369-370, 377
   México y Texas, 155-157, 161, 164, 170-171
   relaciones comerciales con Estados Unidos, 39, 64, 255-256, 272
   y Canadá, 23, 25-27, 126-132, 145-146, 158, 166-167
   y la independencia de colonias españolas, 51-54, 62-63
Grande, río, 168-172, 174
Grandes Lagos, 22-23, 25
Granger, Francis, político, 124
Grant, Ulysses Simpson, general de la Unión, 304-306, 317-321, 323-326, 364-369, 377-392, 399, 403, 406
Guadalupe Hidalgo, tratado (1848), 180, 218
Guerra Civil (1861-1865), 280-409
   Campaña Peninsular, 333-342, 346, 368, 373
Guerra con México (1846-1848), 168-181, 183, 186-188, 190-192,

194-195, 211, 213, 216, 247, 254, 264, 270, 286, 293, 302, 305
Guerra de 1812, 13-15, 18-19, 25, 28-29, 33, 43, 61, 69, 95, 106, 109, 117, 122, 127, 147, 169, 181, 191, 200, 223, 308, 327
Guerra de Crimea (1853-1856), 328
Guerra de Halcón Negro (1832), 95, 169, 218, 247
Guerra de la Independencia (1775-1783), 20-21, 26, 42, 85, 94, 127, 131, 146, 159, 167, 169, 197, 274
Guerra de la Independencia de Texas (1836), 118-120, 315
Guerra de Secesión, *véase* Guerra Civil
Guerra del Aroostook (1838), 132
«Guerra del señor Polk», véase Guerra con México
Guerra Revolucionaria, *véase* Guerra de la Independencia
guerras napoleónicas, 47, 49
Guerras Seminolas, 29, 31, 96, 169

Halcón Negro, jefe indio, 95
  Guerra de Halcón Negro, 95, 169, 218, 247
Hale, John P., político, 217
Halleck, Henry Wager, militar de la Unión, 314-318, 320, 323, 325, 342-343, 346, 357, 384, 390
Hamilton, Alexander, secretario del Tesoro, 13
Hamilton, James, político, 105
Hamlin, Hannibal, político, 393
Hampton Roads, 149
Harpers Ferry, 258, 291, 338, 349-351
Harrisburg, 134, 280
Harrison, Benjamin, político, 123
Harrison, William Henry, presidente de los Estados Unidos, 123, 134, 136-139, 142-143, 145, 169, 204
Harrison's Landing, 340-343
Hatteras, cabo, 336
Hayne, Robert Young, político, 85-87, 106
  debate Hayne-Webster, 85, 105
Helper, Hinton Roward, autor, 257
Henry, Joseph, científico, 140
Hoboken, 83
Holanda, holandeses, 25, 124, 132, 145, 194
Honduras, 210
Hood, John Bell, militar confederado, 395, 399, 402
Hooker, Joseph, general de la Unión, 361-363, 366, 371-373, 381, 383
Houston, 120
Houston, Samuel, presidente de Texas, 117-120, 156, 269, 273
Howard, John Eager, político, 21
Howe, Elias, inventor, 194
Hudson, río, 23
Hungría, húngaro, 214
hunkers, demócratas conservadores, 190

«Ichabod» (Whittier), 202
Iglesia de Jesucristo de los Santos del Último Día, *véase* mormones
Illinois, 22, 42, 44, 95, 113, 171, 185-186, 212, 226, 232, 239, 246-248, 250-253, 261, 265, 280
  Guerra Civil, 306
India, 222, 297
Indiana, 21, 41, 246, 253, 326, 389
Índico, océano, 141
indios americanos, 21-22, 29, 94, 97, 118, 122-123, 225, 271
  guerras y revueltas, 28-31, 35, 95-96, 117-118, 169, 188, 218

Inglaterra, *véase* Gran Bretaña
Instituto Militar de Virginia, 293
Iowa, 164-165
Irlanda, 109, 153, 194, 229-230, 261, 370, 387
Isla del Príncipe Eduardo, 127

Jackson, 368
Jackson, Andrew, presidente de los Estados Unidos, 28-32, 35, 56-67, 73-77, 160, 162, 164, 269
 como presidente, 78-79, 81-84, 87-111, 116-118, 120-126, 133-134, 137, 144, 154-155, 179, 191, 196, 235, 237, 268, 402
Jackson, Thomas Jonathan («Stonewall»), militar confederado, 293, 300-302, 335, 339-340, 343-344, 350, 362-363
Jamaica, 14
James, río, 329-331, 333, 336, 340, 390
Japón, 222-224
Jefferson, Thomas, presidente de los Estados Unidos, 12, 20, 38, 41, 52, 55, 59, 65, 69, 71-72, 87, 91, 210, 229
Jefferson City, 304
Jerusalén, 81
Johnson, Andrew, presidente de los Estados Unidos, 394, 409
Johnson, Herschel, político, 264
Johnson, Richard Mentor, político, 122-124, 135
Johnston, Albert, militar confederado, 315, 319-321, 324
Johnston, Joseph E., militar confederado, 292, 299-300, 315, 332, 334, 336-338, 367-368, 385, 391, 395, 406
Jorge III, rey de Inglaterra, 280
Juárez, Benito, presidente de México, 356

Kansas, 172, 226, 230-233, 235-237, 241-245, 254, 276-277, 289
 Ley de Kansas y Nebraska, 227-228, 232, 237, 247, 253, 270
Kearny, Stephen Watts, general americano, 172-174
Kearsarge, barco de la Unión, 397
Kennesaw Mountain, batalla (1864), 391
Kentucky, 15, 22, 42, 56, 69, 95-96, 122, 135-136, 191, 237, 264, 267, 270, 274
 Guerra Civil, 289, 304-306, 315-316, 318, 321, 326, 357-358, 364, 371, 373, 395
Key, Francis Scott, escritor, 109
King, Rufus, político, 21, 72
King, Samuel W., político, 151-152
King, William Rufus D., político, 217-218
Kirby-Smith, Edmund, general confederado, 357-358
know-nothing, véase «Partido de los *know-nothing*»,
Kossuth, Lajos, dirigente húngaro, 214

La cabaña del Tío Tom (Stowe), 209-210
La Habana, 220
La inminente crisis del Sur: cómo hacerle frente (Helper), 257
La Soledad, batalla (1864), 362, 385, 387
Lafayette, marqués, general francés, 70-71, 412
Lamar, Mirabeau Buonaparte, presidente de Texas, 155
Lambdon, John George, *véase* Durham, lord Lancaster,
Lane, Joseph, político, 264
Lawrence, 231-234, 288, 400, 402
Lebanon, 315

Lecompton, Constitución de, 241-245, 251, 263, 276
Lee, Robert Edward, general confederado, 291-294, 300, 334-335, 338-355, 357-359, 361-365, 367-377, 379, 385-392, 394, 400, 405-407
Lejano Oriente, 222
Lexington, 357
Ley de Granjas, 360
Ley de Kansas y Nebraska, 227-228, 232, 237, 247, 253, 270
Ley de Uso de la Fuerza, 107-108
Ley del Esclavo Fugitivo, 197, 199, 206-209, 215, 217-218, 225, 227, 263, 270, 308
Liberia, 38
Libro de Mormón, 81
Línea Mason-Dixon, 38, 373
Lincoln, Abraham, presidente de los Estados Unidos, 95-96, 171, 246-248, 260-261, 265-268, 272
 como presidente, 279-289, 298, 309-314, 320, 325-326, 329, 332-333, 342, 345-347, 352-355, 360-361, 364-365, 370, 372, 376-378, 380, 384, 390, 392-399, 401-402, 404-409
 debates con Stephen A. Douglas, 249-252
 discurso de Gettysburg, 381-383
locofocos, radicales demócratas, 133, 190
Londres, 25, 126, 195
Longstreet, James, comandante confederado, 337, 345, 349, 364, 369, 374-375, 379-380
López, Narciso, exiliado cubano, 213, 220
Louisville, 357-358
Lovejoy, Elijah, Parish, abolicionista, 113-114
Luisiana, 42-43, 45, 115, 170, 220

Compra de Luisiana, 20-21, 26-27, 115
 secesión y guerra, 272, 286
Lundy, Benjamin, cuáquero, 79
Lyon, Nathaniel, general de la Unión, 304, 314

Mackenzie, William Lyon, político canadiense, 128-129
MacCormyck, Cyrus Hall, inventor, 139
Madison, James, presidente de los Estados Unidos, 12, 14, 19-20, 25, 52, 55, 59, 65, 69, 72, 91, 94, 161
Magruder, John Bankhead, militar confederado, 333-334, 338-340
Maine, 26, 42-44, 113, 131, 138, 145-147, 265
Malvern Hill, batalla (1862), 340
Manassas, batalla, 299-301, 344; *véase también* Bull Run, primera batalla
Mangum, Willie Person, político, 123
Marcy, William Ncarned, político, 82, 216, 220
Marshall, James Wilson, descubridor de oro, 187
Marshall, John, presidente del Tribunal Supremo, 16-17, 19, 34, 70, 94, 110, 239-240, 404
Martín Pescador, jefe indio, 123
Maryland, 16, 19, 21, 38, 42, 72, 109, 198, 237, 280, 288-289
 Guerra Civil, 346-349, 355, 357-358, 372-373, 401-402, 407
Mason, George, 197
Mason, James M., político, 197, 200, 308-309
Mason, John Y., político, 220
masonería, masones, 75-76; *véase también* Partido Antimasón
Massachusetts, 20-21, 23, 33, 41-

43, 77, 79, 82, 85, 123, 127, 140, 145-146, 192, 194, 202, 208, 228, 230, 232-233, 240, 260, 264-265
Guerra Civil, 289, 306-307, 361
Matamoros, 170, 172
McClellan, George, general de la Unión, 293-294, 303, 311, 313-314, 318, 325, 332-351, 355, 358, 361, 398-399, 402
McClernand, Alexander, general de la Unión, 364-366
McCullogh, James, tesorero de Maryland, 16
«McCullogh contra Maryland», caso, 16, 19
McDowell, Irvin, general de la Unión, 299-300, 303, 337
McLane, Louis, político, 109
McLeod, Alexander, funcionario de Niágara, 130-131
Meade, George Gordon, general de la Unión, 373-376, 384-385
Mechanicsville, batalla, (1862), 339
Melville, escritor, 210
Merrimack, barco de la Unión, 329-331, 334, 336, 370
México,
 colonia española, 23, 28, 48, 115, 167
 independiente, 45, 48-49, 63, 115-116, 168, 218-221, 226, 326, 377
 Guerra con Estados Unidos (1846-1848), 168-181, 183, 186-188, 190-192, 194-195, 211, 213, 216, 247, 254, 264, 269-270, 286, 292-293, 299, 302, 305, 308
 independencia de Texas (1836), 118-121, 155, 157, 161, 164-166, 315
 ocupación francesa, 356, 371

México, golfo de, 32, 326
México D. F., *véase* Ciudad de México
Michigan, 114, 183
Mill Springs, batalla (1862), 316
Miller, Stephen D., gobernador de Carolina del Sur, 84
Minnesota, 225, 240, 254
Misisipi, estado, 22, 42, 203, 218, 242, 260
 secesión y Guerra Civil, 272, 276, 307, 320
Misisipi, río, 22, 27, 95, 118, 185-186, 252, 296, 298, 306, 320-321, 326-327, 364, 366-367, 377, 406
Missionary Ridge, 383
Missouri, 35, 85, 98, 113, 115, 169, 185, 187, 204, 227-228, 230, 239, 252-253, 267
 Compromiso de Missouri (1820), 43-45, 56, 114, 182, 184, 188, 195-196, 227, 240, 270
 Guerra Civil, 281, 288-289, 304, 306, 314, 373
Missouri, río, 186, 230
Mobile, 28-29, 327
Moby Dick (Melville), 210
Monitor, barco de la Unión, 329, 331, 336
Monocacy, batalla (1864), 389
Monroe, James, presidente de los estados Unidos, 20-21, 23, 25, 30-34, 38, 40-41, 52-55, 60, 94, 100
 Doctrina Monroe (1823), 53-54, 56, 62, 211, 214, 356
Monrovia, 38
Monterrey, batalla (1846), 174-177, 191
Montgomery, 275-276, 290
Morgan, William, masón, 76
mormones, grupo religioso, 81, 184-186, 315

Morse, Samuel, inventor, 140
Murfreesboro, batalla, (1862), 359, 378

Nabucodonosor, rey de Babilonia, 81
Napoleón I, *véase* Bonaparte, Napoleón, 47, 49, 71, 93, 293-294, 356
Napoleón III, emperador francés, 356, 371
Nashville, 189, 207, 358
batalla (1864), 319-320, 330, 402
nativismo, 152-154, 229 ; *véase también* Asociación Americana Nativa
Nauvoo, 185-186
Navy, isla, 128
Nebraska, 226
Ley de Kansas y Nebraska, 226-228, 232, 237, 247, 253, 270
Nevada, 262, 401
New Brunswick, 127, 131-132, 146
New Hampshire, 15, 33-34, 41, 179, 183, 193, 217, 238, 338
New Haven, 148
Newport, 151
Niágara, 130
Niágara, río, 128
Nicaragua, 221-222
Norfolk Navy Yard, 329
Nueces, río, 168-170
Nueva Arcángel, *véase* Sitka
Nueva Escocia, 127, 132
Nueva Inglaterra, 15, 33, 39, 64-66, 69, 122, 146, 172, 179, 208, 228, 231, 235, 259
Nueva Jersey, 79, 83, 159, 172, 187, 236, 260, 267, 402
Nueva Orleans, 149, 213, 247, 326-327, 364, 367, 397
batalla (1815), 28, 56, 76
Nueva York, ciudad, 22, 64-65, 70, 76, 79, 82, 99, 126, 133, 136, 139, 153-154, 194, 217, 229, 256-257, 261, 275, 278, 286, 329, 370, 377
catedral de San Patricio, 262
Nueva York, estado, 21, 23, 44, 76-77, 81, 89, 124, 128, 130-131, 140, 159, 163, 170, 184, 190, 192-193, 201, 210, 238, 254-255, 258, 261-262
Guerra Civil, 314, 329, 387, 408
Nuevo México, 219, 225, 257

Ohio, 41, 123, 136, 150, 185, 193, 231, 260
Guerra Civil, 293, 299, 301, 304, 306, 312, 314, 323, 358, 365, 399-400
Ferrocarril Baltimore-Ohio, 83
Ohio, río, 37, 136-137, 290, 326, 357-358, 365
Oklahoma, 114
O'Neale, Peggy, esposa de John Eaton, 90-91, 97
Onís, Luis de, embajador español, 30
Tratado Adams-Onís, 32
Ontario, provincia canadiense, 127
Orden de la Bandera Estrellada, 229
Oregón, Territorio, 27, 51, 54, 157-158, 165, 167-170, 180, 183, 225, 240, 254
Oregón, estado, 254, 264, 271
Osawatomie, 234
Osceola, jefe seminola, 96
Ostende, Manifiesto de (1854), 221, 237
Otis, Elisha Graves, inventor, 210

Pacífico, océano, 27, 32, 51, 54, 140, 155, 165, 167, 194, 211, 219, 222-223
Paducah, 306

Países Bajos, *véase* Holanda
Palmyra, 81
Panamá, 62-63, 101
«Pánico de 1819», crisis económica, 36, 115
«Pánico de 1837», crisis económica, 126
París, tratado (1783), 26
Partido Americano, 230
Partido Antimasón 76, 99-103, 124, 135, 192, 201
Partido de la Libertad, 135-136, 139, 161, 163, 191-193, 258
Partido de la Tierra Libre, 192-193, 207-208, 217, 229, 238, 258, 298
Partido de la Unión, 312, 365, 393
Partido de la Unión Constitucional, 264
«Partido de los *know-nothing*», 229-230, 235-238, 264
Partido del Estado Libre, 231
Partido del Pueblo, 151
Partido Demócrata, 60, 75, 77-78, 101-103, 122, 132-138, 143-145, 154-162, 185, 189-193, 207, 212, 216-217, 228-229, 236-238, 244-246, 249-250, 253, 262-266, 307, 310, 314, 392-393, 398-402; *véase también* demócratas de la guerra y demócratas de la paz
Partido Demócrata Republicano, 12-14, 20-21, 25, 33-36, 42, 44, 55, 60, 75, 229
Partido Federalista, 12-13, 16, 21, 25, 33-34, 36, 44, 55, 70, 75, 109-110, 228
Partido Nacional Republicano, 60, 102
Partido Republicano, 60, 229-230, 235-238, 246, 248, 252-254, 259-261, 264-268, 270-271, 284, 298, 312, 402

republicanos radicales, 310-311, 314, 392-393, 396, 401, 404, 409
Partido Republicano Americano, 153
Partido Republicano Nacional, 60, 74-75, 78, 100-103
Partido Whig, 122, 138, 145, 154-155, 192, 196, 207, 215, 228, 235
Pea Ridge, batalla (1862), 257
Pemberton, John Clifford, militar confederado, 367-368
Pendleton, George Hunt, político, 399
Pensacola, 30
Pensilvania, 25, 36, 38, 41, 101, 134, 136, 150, 161, 167, 183, 198, 210, 217, 231, 234, 242, 278, 280
  Guerra Civil, 293, 310-311, 348, 367, 373
Peoria, 185
Perry, Matthew C., comodoro, 223-224
Perry, Oliver, marinero, 223
Perryville, batalla (1862), 358
Petersbourg, batalla (1864), 390-391, 395, 406
Philippi, 294
Pickett, George E., militar confederado, 375-376, 383
Pierce, Franklin, presidente de los Estados Unidos, 179, 216-220, 227, 231, 234, 236-238
Pillow, Gideon, militar confederado, 318-319
Pinkerton, Alian, detective, 281, 313
Pittsburg, 217, 262
Pittsburg Landing, 321-323
Plumer, William, gobernador de New Hampshire, 33-34
Polk, James Knox, presidente de los Estados Unidos, 160-165,

167-172, 174-177, 179-180, 183, 189-191, 211, 216, 220, 237, 242, 247
Polk, Leonidas, militar confederado, 304, 306
Polo Sur, 141
Pope, John, militar de la Unión, 321, 342-347, 353
Port Hudson, 377
Port Royal, 307
Porter, David Dixon, almirante de la Unión, 367
Porter, Fitz-John, militar de la Unión, 338-340, 345
Portugal, 48, 51
Potomac, río, 258, 311, 322, 335, 349-350, 353, 376, 389
  Ejército del Potomac, 303, 343, 346, 348, 355, 361, 372
Pottawatomie Creek, matanza, 234, 258
presbiterianos, grupo religioso, 113
Princeton, barco americano, 157, 328
Proclamación de la Emancipación, 352, 355
protestantes, grupo religioso, 116, 153
Providence, 151
Prusia, 25, 49
Puebla, 178-179
Pullman, George M., inventor, 262

Quantrill, William Clarje, militar confederado, 400
Quebec, provincia canadiense, 127, 132, 146
Quincy, 252

Rappahannock, río, 354, 361, 371
Red, río, 168
Reeder, Andrew H., gobernador de Kansas, 231

Republican, periódico, 136
republicanos, *véase* Partido Nacional Republicano y Partido Republicano
republicanos radicales, *véase* Partido Republicano
Rhode Island, 41, 150-151, 223
  Constitución, 152
Rich Mountain, 294
Richmond, 264, 276, 290, 324, 326, 329, 331-336, 338, 340-341, 343, 354, 356, 359, 361, 372, 385, 387-388, 390, 406
Rochester, 255
Rock Island, 239
Rocosas, montañas, 27, 131, 146-, 157
Rosecrans, William, general de la Unión, 358-359, 369, 378-381, 385
Rush, Richard, secretario de estado, 25, 52, 74
Tratado Rush-Bagot (1818), 25, 52, 127
Rusia, 25, 49-51, 53, 161, 214, 237, 261
Russell, John, ministro de Exteriores británico, 297

Saint Louis, 35, 43, 113, 241, 304
Salt Lake City, 186
«Salvedad de Wilmot», 183-184, 196
San Agustín, 179
San Antonio de Texas, 118
San Francisco, 51
San Jacinto, barco de la Unión, 308
San Jacinto, batalla (1836), 119-121, 155
San Marcos, 30
Santa Alianza, 50-51
Santa Anna, Antonio López de, presidente de México, 116, 118-119, 155, 175-179, 183, 219-220

Santa Fe, 173
Santo Domingo, isla, 39
Savage Station, 340
Savannah, 404
Savannah, barco de vapor, 23
Scarsdale, 21
Scott, Dred, esclavo, 239-241, 250, 253-254, 263, 404
Scott, Winfield, 106, 172, 175-176, 178-179, 192, 215, 217, 223, 291-293, 298, 306, 311
seminolas, triub india, 29, 31, 96
Senado de los Estados Unidos, 15, 21, 25, 33, 41, 44-45, 61, 64, 73, 82, 102, 106, 109-110, 112, 123-124, 138, 154, 156, 161-162, 164, 167, 180, 183, 195, 197, 199, 201, 207-208, 218, 232-233, 235-236, 238, 244, 251, 253, 267, 269, 271
 durante la Guerra Civil, 312, 394, 401-402
Sergeant, John, político, 101
Seven Pines, batalla (1862), 337
Seward, William Henry, político, 201, 254, 265, 284, 309, 347
Shannon, Wilson, gobernador de Kansas, 231
Sharpsburg, 350
Shawnee, 230-231
Shenandoah, río, 335, 337, 339, 371, 389, 401
Sheridan, Philip H., general de la Unión, 387, 399-401
Sherman, John, político, 260
Sherman, William T., general de la Unión, 301-302, 323, 365, 367, 381, 383-385, 391-392, 395, 399-400, 402-404, 406
Shiloh, batalla (1862), 323-325, 355, 359, 364, 389
Ship Island, 307
Siete Días, batallas de los (1862), 339, 341, 344

Sitka (Nueva Arkangel), 51
Slidell, John, político, 170, 308-309
Smith, Gerrit, filántropo, 258
Smith, Hyrum, líder mormón, 186
Smith, Joseph, líder mormón, 80, 185-186
Sociedad Americana de Colonización, 38
Sociedad Humanitaria de la Unión, 79
Soulé, Pierre, embajador en Cuba, 220-221
Spotsylvania, batalla (1864), 386, 388
Springfield, 247, 280
Stanton, Edwin, secretario de Guerra de laUnión, 312-313, 330, 408
Star of the West, barco de la Unión, 274
Stephens, Alexander H., vicepresidente confederado, 269, 276
Stevens, John, inventor, 83
Stevens, Thaddeus, político, 310
Stowe, Harriet Elizabeth Beecher, autora, 209-210
Stuart, Evell Brown («Jeb»), militar confederado, 300, 338-339, 343, 371-373, 387-388, 400
Suiza, 187
Sullivan, John L., periodista, 165
Sumner, Charles , político, 208-209, 232-233
 «El crimen contra Kansas», 232
Sumter, Thomas, militar, 94, 274
Superior, lago, 26
Sutter, Johann Augustus, ganadero, 188
Swanee Rive (Foster), 210

Tallmage, James, político, 44
Taney, Robert Brooke, presidente del Tribunal Supremo, 109-110, 148, 239-241, 404

Taylor, Zachary, presidente de los Estados Unidos, 169-172, 174-177
 como presidente, 192-193, 201, 203, 212, 238, 247
Tecumseh, jefe indio, 122-123
Tennessee, 28, 42, 56, 73, 77, 89, 118, 122-123, 160, 207, 264, 267, 276
 secesión y guerra, 288, 305, 315, 317, 319-321, 326-327, 330, 357-359, 369, 379, 385, 387, 394, 402-403
Tennesee, río, 306, 316-317, 381
Terranova, 127
Texas, 114-121, 132, 176, 182-183, 195-197, 204, 213, 225
 anexión a Estados Unidos, 136, 155-162, 164-165, 168, 170, 172-173, 175, 180, 235, 242
 Guerra de Independencia (1836), 118-120, 315
 secesión y guerra, 272-273, 291, 357, 406
Thames, batalla (1813), 122
The Liberator, periódico, 80
Thomas, George, militar de la Unión, 315-316, 327, 380-381, 383, 402
Thomas, Jesse Burgess, político, 44
Thoreau, Henry David, escritor, 260
Tierra de Wilkes, 141
Timby, Theodore R. inventor, 329
Tippecanoe, batalla (1811), 134
Tippecanoe, río, 123
Titusville, 262
Tokio, 223-224
Tompkins, Daniel D., político, 21, 33,
Topeka, 241
Constitución de Topeka, 231, 235
Toronto, 128
Tratado Clayton-Bulwer, 212

Tratado Rush-Bagot, tratado (1818), 25, 52, 127
Travis, William Barret, militar, 118
Trent, barco británico, 308
Trenton, batalla (1776), 20
Tribunal Supremo de los Estados Unidos, 16, 34, 70, 78, 94, 105, 110, 148, 239-241, 250, 263, 267, 275, 404
Trist, Nicholas Philip, político, 178-180
Tubman, Harriet, líder antiesclavista, 198
Tullahoma, 359
Turner, Nat, esclavo insurrecto, 104, 112
Tyler, John, presidente de los Estados Unidos, 124, 134-135, 137, 142
 como presidente, 143-145, 152, 154-157, 159, 164, 204, 220, 278

Upshur, Abel Parker, político, 156-157, 161
Utah, 205, 225, 227
Utica, 191

Vallandigham, Clement, dirigente *copperhead,* 365
Van Buren, Martin, presidente de los Estados Unidos, 65-66, 77, 82, 89-92, 101, 110, 122-123, 159-160, 191, 216
 como presidente, 124, 126, 128, 132-133, 135-139, 144, 148, 393
Vancouver, isla, 51
Veracruz, batalla (1847), 176, 178-179, 273
Vermont, 80, 102, 128, 185, 210, 212
Vicksburg, batalla (1863), 364-369, 377, 379-380, 403
Victoria I, reina de Gan Bretaña, 309

Viena, 139
Virginia, 15-16, 38, 41-42, 44, 77, 94, 100, 102, 104, 106, 115, 117, 123, 124, 127, 138-139, 149, 156, 169, 178, 197, 203, 220, 239, 258-259, 264, 267, 274, 276, 278, 280, 284
«Dinastía de Virginia», 19-21, 55
secesión y guerra, 288-293, 300, 311, 318, 329, 332-333, 342, 349, 351-352, 356-357, 359, 366, 369, 373, 375-376, 384-385, 389, 391, 395, 398-399, 404, 408
Instituto Militar de Virginia, 293
Virginia Occidental, 289-290, 293-294, 315, 335, 369, 394, 401

Walker, Felix, político, 28
Walker, Robert John, político, 242-243
Walker, William, aventurero, 221-222
Wallace, Lee, escritor, 389-390
Washington D. C., 25, 66, 140, 171-172, 258, 278, 280
Guerra Civil, 285, 288-290, 299, 302, 311, 326, 330, 332-333, 335, 343-345, 347-349, 354, 356, 373, 389-390, 407-408
Washington, estado, 240
Washington, George, presidente de los Estados Unidos, 12, 20, 25, 29, 33-34, 36, 38, 41, 70, 75, 141
Weed, Thurlow, político, 76
Webster, Daniel, político, 15-16, 34, 71, 85, 87, 99, 122-123, 142-143, 145, 156, 203-204, 214-215, 264, 295
debate Hayne-Webster, 85-86, 105
Discurso del Siete de Marzo, 201-202, 226
Tratado Webster-Ashburton (1842), 146
West Point, 96, 286, 291-293, 304, 306, 311
Western Union Telegraph Company, 262
Wheeling, 290
White, Hugh L., político, 122-123
Whitman, Walt, poeta, 408
Whitney, Eli, inventor, 38
Whittier, John Greenlaf, poeta, 202
Wilkes, Charles, explorador, 140-141, 308
Williamsburg, 336-337
Wilmington, 404
Wilmot, David, político, 182
«Salvedad de Wilmot», 183-184, 196
Wilson's Creek, batalla (1861), 304
Winchester, batalla (1864), 400
Wirt, William, político, 100-102
Wisconsin, 165, 229, 239-240
Wood, Fernando, alcalde de Nueva York, 278
Wyandotte, 277
Constitución de Wyandotte, 277

Yancey, William Lowndes, político, 196
York, río, 333
Yorktown, 333-334
batalla (1781), 70
Young, Brigham, líder mormón, 185-186